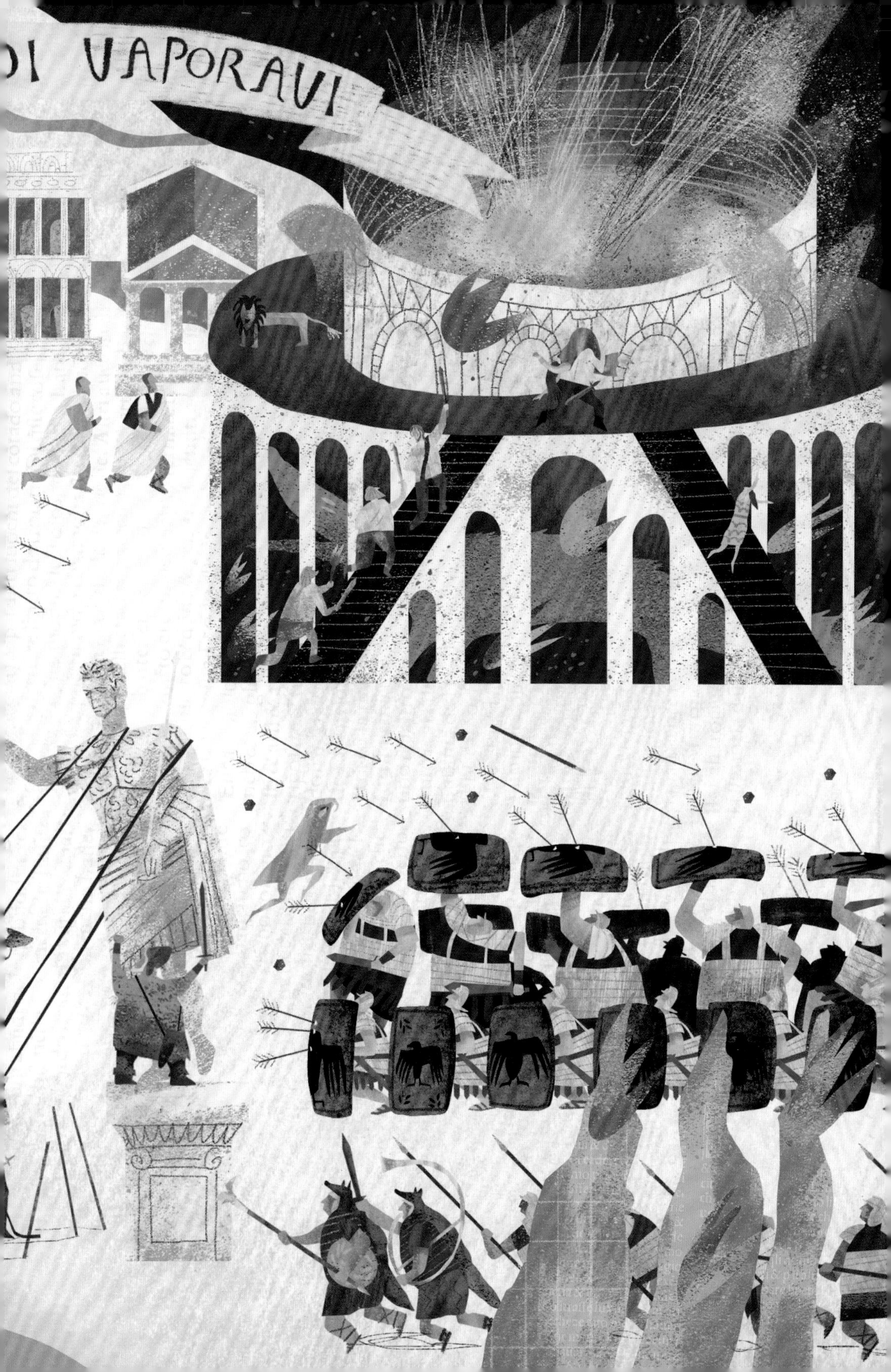
DI VAPORAVI

SENATVS POPVLVSQVE R

如果你生在
罗马帝国

IF YOU WERE BORN IN THE
ROMAN EMPIRE

薄海昆　著

CS 湖南文艺出版社
PUBLISHING & MEDIA　HUNAN LITERATURE AND ART PUBLISHING HOUSE
博集天卷
CS-BOOKY

序 关于活法

你正过着怎样的生活？是志得意满、汪洋恣肆，还是颠沛流离、失魂落魄，抑或是恬淡怡然、自得其乐？世界那么大，生活着80亿人，就有80亿种活法。世界那么古老，据说至少生活过800亿人，他们又有过什么样的活法？给你一次机会，让你亲身体验中国以外的土地上的前人生活，你会怎么应对？

若生在罗马帝国，你是会住在罗马城里天天宴饮、沐浴、看戏、看角斗、看马戏，舒舒服服做个寄生虫，还是会跟着"凯撒"戍守边境，跟黑森林里层出不穷的蛮族战士斗勇、斗狠、斗智、斗力？

你可能会说，这不就是"穿越"嘛，见得多了。的确，这个本来存于想象中的概念，近些年已变得近乎常识，类似"关公战秦琼"的故事早已稀松平常。现代人穿越到过去某个时代会怎样？真的像某些小说里那样，可以凭着自己掌握的历史知识和现代文明，在那个时代呼风唤雨、纵横捭阖、出人头地、金屋藏娇吗？大多数人当然知道这都是假的，也就过过瘾罢了。它们只是满足了人类某种天性，让我们在面对残酷现实生活的时候，显得不那么憋屈，仅此而已。

既然你来到这么个时代，就别指望能带上多少现代人的东西过来。你将一个人面对的，是一个跟现在同样复杂的人类社会，有那个时代独有的逻辑和运行规则。在这样的世界里，你同样是个小小的"我"，你碰到的，照样是硬生生的时代背景和冷冰冰的周遭现实。

我们尽力让书中的描述有凭有据。你可能从中看到有趣，看到俏皮，看到惊讶，看到滑稽，看到痛心疾首，看到回肠荡气，看到惨不忍睹，看到不可思议……但原则是：言之有据。大多事例都能找到出处，只不过会换个说法。

实际上，我们根本用不着胡编乱造，因为历史本身已经非常有趣。甚至在大多数情况下，其实是我们可怜的想象力在丰富的史实前显得贫乏无力。很多时候，我们无法理解当时人们的那些活法。我们通常会站在自己的价值立场上评判别人，这正是一切误解和冲突的根源吧，而人类已经这么一误再误了几千年。

阅读本书其实是一个机会。请放下作为现代人的优越感，身临其境去感受古人的活法。他们可能活得好，可能活得不好，他们同样是人，也曾真真切切地活过。

本书正文的注释部分分为两类，脚注用 †、‡、§ 等标识，主要说明文献来源；章后注用 ♩⋯→¹⋅²⋅³等来标识，帮助读者扩展阅读，增进对正文内容的理解。特此说明。

崔岩

2022年8月15日

草于轩辕十四工作室

目录

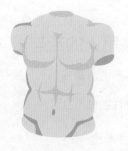

导言

投胎是个技术活

确定准备好了吗？你马上要去的可是古老而遥远的罗马帝国。穿越前必须先声明一下：罗马帝国并不等同于今天的意大利首都罗马，你投胎之处未必是罗马城，更有可能在意大利其他地方，或者在法国、德国、西班牙……或者在气候炎热的北非、西亚。你将面对一个极其广袤的帝国，横跨欧、亚、非三大洲，鼎盛时期面积约有 590 万平方千米。

公元前 1 世纪末到公元 5 世纪末，人类文明相当大的部分都被这个叫"罗马帝国"的庞然大物锁闭在边界内。同一时段的中国，经历了西汉末、东汉、三国、西晋、东晋十六国和南北朝初期，与罗马帝国遥遥相隔、东西相望。

即将穿越成功的你，应该先冷静自问：对这个两千年前的世界，我都知道些什么？最有可能让你跟罗马帝国联系起来的，大概是"凯撒"这个名字。你也许会崇拜他，也许会按照穿越小说的套路，迫不及待地找机会接近他、结交他，甚至取代他。

如果真这样想，你的确中了穿越小说的毒，因为你根本没机会见到凯撒本人。倒不是他深居简出、护卫森严，让你无法靠近，而是你所穿越的时代跟他恰恰不在一个时段。

再次强调，你穿越去的时代叫"罗马帝国"（公元前 27—公元 476 年）。这位最有名的"凯撒大帝"生于公元前 102 或 100 年，卒于公元前 44 年，实际上是罗马帝国前一个阶段——罗马共和国（公元前 509—前 27 年）晚期的政治家、军事家。凯撒 🏌 ···›¹生前没想也没敢给自己加上"大帝"这种名号，他是罗马共和国遇到危难之时，为了提高政府办事效率才被推选出来的"独裁官"（dictator）。由于盖世无双，"凯撒"之名成为后世很多专制君主显示至尊地位的头衔，从罗马帝国诸元首开始，到神圣罗马帝国，再到俄罗斯帝国†、德意志帝国†——这些曾经的帝国君主无不以号称"凯撒"为荣。

等穿越到罗马帝国，你才发现这里不只在历史上有过一位凯撒，现世中也有一大群"凯撒"（罗马帝国君主的一种称谓）。这些大大小小的"凯撒"之于罗马帝国，就像黑暗夜空中闪耀的群星。你穿越到罗马帝国时代，就如同置身于"凯撒"的星空下。那片暗夜星空，一定璀璨异常，光耀夺目。

你即将开启在罗马帝国的生活，是不是早就期待着悠闲穿过罗马城中纵横交错的街道，去见见货真价实的"凯撒"，滔滔不绝地凭借现代知识和技能，取得他们的信任和重用？

正如刚才所澄清的，罗马帝国是一个体量惊人的怪物，谁知道你会随机降生到哪个角落！据不完全统计，幅员辽阔的罗马帝国在极盛时期的公元2世纪二三十年代，有六七千万人口。如此算来，帝国风云500年，生活过好几亿人。而做过"凯撒"的人也就只有八十几位——当上"凯撒"的概率微乎其微。

你说，做不做君主无所谓，好不容易穿越过去了，跻身上层社会当个贵族总不算太过分的要求吧？事实上，贵族也不那么好当，罗马帝国贵族通常都有很深的历史渊源，可以追溯到传说中的王政时代（约公元前753—前509年）。当年，罗马国王（rex）为找到政治助手，从人民公社组织"库里亚"（curia）中陆续选出300个最富有、最优秀、最顺眼的人组成元老院（senate）🚩⋯→² ，垄断祭祀、军事、行政、司法等只消费不生产的活动，还规定只有这些人的亲戚和后人才能进入元老院，代代相承，绝不外传。这才是根正苗红的300家传统贵族。当时，国王还挑选有钱人在战时组成骑兵部队，这些人的子孙除了当兵打仗、参与政治，还做生意、开矿山，这就是罗马骑士阶层的由来。假如你遇到一个胖乎乎的商人或矿老板，别小瞧，说不定他就是位正宗的骑士。

---

† 俄语"沙皇"（царь）一词即源自拉丁文 Caesar。
† 德语"皇帝"一词即为 Kaiser。

荷兰阿姆斯特丹国立博物馆馆藏凯撒半身胸像

在很多人心目中,凯撒几乎是罗马帝国的代名词。可惜,他并不是罗马帝国的人。在很多人心目中,凯撒应该雄姿英发、魁梧挺拔。可惜,历史文物资料表明,他是个外貌猥琐丑陋的家伙。

传统贵族这个特权阶层历经风风雨雨几百年,有的日益兴旺,有的中途衰落。到共和国晚期,几次强烈的政治冲击对他们造成毁灭性打击。公元前1世纪80年代,军阀马略和苏拉两大政治集团争权夺利,互相伤害,对敌手血腥清洗,造成大批传统贵族家破人亡,能够留存到帝国时代的传统贵族,似乎比珍稀动物都少了。

旧的死了,新的就要补上,毕竟元老院的座位不能空着。很多对国家有突出贡献或者靠努力发财致富的骑士与平民,在帝国时期摇身一变为新贵族。所以,你也并非完全没机会,唯一需要的东西就是钱。帝国对元老和骑士的身份认证做出明确财产规定:

元老,100万(塞斯退斯)。⛳--→³

骑士,40万(塞斯退斯)。

你来罗马帝国之前数一数有多少存款，就大概知道自己能跨入哪个阶层。如果你在能月入1万元的单位上60年班，把收入不吃不喝全都攒下来，似乎还有机会当骑士。至于元老阶层，如果你不是富×代，恐怕要等下辈子喽。

其实，要在罗马帝国好好过下去，也不是必须成为君主或显赫人物，何况那些高高在上的老爷未必比普通老百姓活得舒服自在，甚至不如平民生活方式灵活多变、丰富多彩。对你这个穿越到罗马帝国的体验者而言，脚踏实地做一个普通公民（civis romanus），已经是不错的选择。然而，残酷的现实告诉你，就连当个公民也不那么容易，概率也挺低。帝国公民身份自古以来就让许多人羡慕不已，这可是当时世界上一个超级强国的公民权。

如果连公民都当不上，你就得自求多福了，恐怕日子不太好过。占帝国人口大多数的，其实是奴隶、蛮族、外邦人†，从概率上来看，这才是你最有可能获得的身份。即使你只能在"凯撒"的星空下做一个底层劳动人民，也会碰到

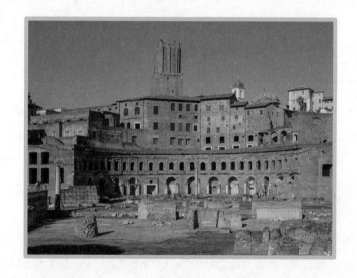

罗马城中的图拉真市场
　　共和国时代，在广场或市场这种公共场所，罗马公民经常举行集会，发表政治意见。有意见就会有矛盾，有矛盾就会有流血事件，历史上曾经发生过数次公民被政敌残酷清洗的事件。

† 一般指罗马共和国时期和罗马帝国前期未获得罗马公民权的外来自由民，本书不做专章介绍。

跟你现在所熟悉的生活截然不同的境遇，可能是新鲜有趣的，也可能是残酷悲哀的，就看你的命运与造化了。投胎实在是个技术活。

 注释

📖1 　不但把高卢和埃及等广大区域纳入罗马领土，还打败国内保守势力，为养子奥古斯都（屋大维）真正建立罗马帝国夯实了基础。可以说，他是罗马帝国的奠基人，却不能算是罗马帝国时期的人。

📖2 　古罗马史学家尤特罗庇乌斯的《罗马国史大纲》提到罗马城建立者罗慕路斯挑选100人为元老，后来的国王塔克文又从民众中选出100人为元老，加上之前新增的成员，至此元老院人数达到300人。19世纪的德国史学家特奥多尔·蒙森认为："在远古时，也许在未有罗马之时，元老院成员的数目对民社来说并不考虑当时实有的氏族数字而定为一百，因此，在三个原始民社合并之后，元老院议席便增至三百，三百便成为固定的正常数额。"参见特奥多尔·蒙森：《罗马史》，第一卷，李稼年译，商务印书馆，1994，第70页。可见，历史上罗马元老数目是因人口暴增而逐渐增加的，反映了罗马人与周边萨宾人、维伊人等部落的合并。

📖3 　"塞斯退斯"（sestertius）是罗马帝国的一种青铜货币单位，100塞斯退斯合1块罗马金币（单位是奥雷，aureus），1块标准的奥雷金币重约5.4克。2022年12月，中国黄金价格大约是1克405.7元人民币，粗略换算一下，相当于：元老，2191万元人民币；骑士，876万元人民币。

第一章

成为君主谈何容易

你肯定特别想体验在罗马帝国当君主的感觉。如果你想投胎成为罗马帝国的君主，也就是"元首"（princeps），得先看你是不是生在贵胄之家，因为在罗马帝国这样一个讲究"拼爹"的国度，必须出身高贵才有更大概率成为元首。除了血统这副好牌，你往往还需要惊人的毅力、逆天的运气和超强的实力才能荣登大位。元首这个职业并不代表享受，你责任重大，工作甚多，有时还要倒贴钱做事。另外，元首还属于高危职业，玩得好可以名垂青史，玩不好连命都丢掉，看你选择当什么类型的元首，以及如何使用帝王心术。对普通人而言，帝国君主的位子不是白送的，要通过努力乃至奉献生命去获得。

虽然这对绝大多数生活在罗马帝国的人民来说永远是个梦想，本书却可以尽力帮你实现这个愿望，给你指一条当上君主的光明大道。罗马帝国的一切即将掌握在你手中，疆土、财富、贵族、人民、军队……无一不受到你的支配。罗马帝国的命运即将受你左右，是盛是衰，是兴是亡，取决于你的能力和态度，这个庞然大物也将被你看得更加透彻。你站在权力巅峰，环视四周，没有谁能对你发号施令，没有谁比你更了解这片土地上正在发生的事情。

第一节

你有帝王相乎

宝座离你有多远

1.身为亲子

大多数古代文明中，君主都是世袭的：爹爹死了儿子继承，儿子死了孙子继承，子子孙孙无穷尽也。如果你生在罗马元首之家，身为元首的儿子，是不是肯定会顺理成章地继承君主之位，不费吹灰之力呢？

很可惜，这种途径从理论上看确实不错，实践中却未必行得通。罗马帝国的"凯撒"真正把位子交给自己亲生儿子的屈指可数。史书明确记载：公元1世纪末，提图斯†和图密善是弗拉维王朝首任元首韦斯巴芗的亲生儿子；公元2世纪末，安敦尼努王朝末代元首康茂德（就是好莱坞电影《角斗士》里那位邪恶阴险的年轻元首）是马可·奥勒留的亲生儿子；公元3世纪的卡拉卡拉是塞维鲁王朝开创者塞普提米·塞维鲁的亲生儿子。除此之外大概还有那么几组父子相承的君主。但也就这些了。总体来说，多数元首死后，君主宝座让给了非直系亲缘关系者。

这并不意味着他们的精神觉悟有多高，更不是他们推崇禅让制，而是很多君主尚未来得及把位子交给儿子就丢了性命，还有很多君主压根就没有儿子，要么只有女儿，要么断子绝孙。

2.身为养子

既然亲子路线不太好走，就改走养子路线试试。你不是元首的亲儿子不要紧，假若被元首收养为干儿子，照样有机会爬上权力巅峰。

遗憾的是，元首的干儿子也并非谁都能当。一般来说，元首更愿意收自己

---

† 请参见附录二罗马帝国君主世系表。

德国柏林旧博物馆的古罗马元首和妻子的半身雕像

罗马帝国制造了很多人物的半身像,这和罗马人的祖先崇拜传统有关。家家户户都要把祖先的半身像供奉在显要位置,祈求祖先对他们的保护。

的亲戚当养子。你要么是元首的外甥,要么是元首的侄儿,要么是元首夫人和她前夫的儿子,要么是元首的孙子,要么是元首的兄弟。某些时候,元首也愿意收自己最信得过、能力最强的心腹当养子,前提是这个人要比元首岁数小。比如公元2世纪前期,安敦尼努王朝第三任元首哈德良就把和自己毫无亲属关系的宠臣安敦尼努·庇乌收为养子,最终将君主宝座传给了他。安敦尼努·庇乌可能为了报答老领导,也可能为了遵从哈德良的遗嘱,反过来收哈德良的外甥马可·奥勒留(此君就是中国史书中记载的给东汉桓帝送去象牙的大秦王安敦)为养子,死后将君权交还哈德良家族。

这说明你得发奋工作,拼命工作,还得拥有极高情商,只有赢得元首青睐才有机会踏入皇室成为养子。当上养子就一定能获得继承权吗?不,这仅仅是个开始,后面的路还很长。

第一,你要多多表现,让元首看到你确实有非凡军事能力、政治能力和足够威望。

罗马帝国第一位元首奥古斯都(屋大维)♩····¹曾想让养子德鲁苏斯当继承人,因为他帮助奥古斯都开疆拓土,平复日耳曼尼亚地区的乱局,巩固了罗马帝国的安全。奥古斯都的另一个养子提比略之所以最终成为元首，也是因为功勋卓著。† 公元2世纪的安敦尼努王朝时期，元首习惯上让被指定为继承人的养子跟自己一起处理政务。这一方面是让养子帮自己分担工作，另一方面也是在考察养子是否具有成为统治者的能力。

如果你能力不够或品行不端，现任元首通常不会让你成为帝国统治者。反正你是领养的，没你根本无所谓。奥古斯都曾经考虑让家族中一个叫波斯图姆斯的年轻人成为继承人，但后来放弃了这个想法，因为波斯图姆斯实在不靠谱。这个人脾气很大，不适合指挥军队，还花费大部分时间去钓鱼，甚至自封为海神涅普顿。他暴躁且易怒，辱骂继母利维娅，常说奥古斯都坏话。经过考察，奥古斯都发现波斯图姆斯没有半点进步，便失望地剥夺他的继承权，利维娅将他流放到科西嘉岛附近的小岛普拉纳西亚岛。‡ 这是多么深刻的教训，身为养子行为不检，不仅当元首没戏，当个自由人都很难。

第二，你须保重身体，绝不能在现任元首死前倒下，否则继承人就换人了。

上文说到的德鲁苏斯确实很能打仗，他多次渡过罗马帝国边界莱茵河，把日耳曼人打得抱头鼠窜，差点把帝国边境推进到易北河。然而有一次出征归来，他得了重病，到达莱茵河前就一命呜呼了。若不是他英年早逝，继承奥古斯都元首之位应该轮不到提比略。

第三，你得心狠手辣，除掉一切竞争对手。

元首的位子金灿灿，谁看了都眼热。如果你没点心眼儿，位子早就被别人抢走了，自己也会丢掉性命。帝国第二任元首提比略做养子时，就给别人下过绊。奥古斯都本来很喜欢两个颇有作为的孙辈年轻人盖乌斯和路西乌斯，有意让他们继承帝国统治大权。但是提比略的亲生母亲，§ 也就是奥古斯都的夫人利维娅涉嫌与提比略合谋偷偷害死了那两个年轻人。¶

---

† 事例出自古罗马史学家卡西乌斯·狄奥《罗马史》。

‡ 同上。

§ 据苏维托尼乌斯《罗马十二帝王传》记载，提比略亲生父亲为共和国时期的将领尼禄，他应奥古斯都要求，将已经怀孕的妻子利维娅转让给奥古斯都，后来利维娅生下提比略。

¶ 塔西佗《编年史》和卡西乌斯·狄奥《罗马史》均提到此事，前者认为是提比略之母利维娅独自暗算了两个年轻人。

第四，你还得有点运气。

想从养子最终变成元首，还得靠运气。你的努力、健康、心机，都是必要条件，但不是充分条件，元首喜欢谁或不喜欢谁由不得你。何况他未必选择一个完美之人做继承人。

奥古斯都最后选择提比略，并非因为提比略是好人。相反，奥古斯都这样做，恰恰是看中了提比略的阴险、狭隘、狡诈、无耻、卑劣。他想让提比略衬托自己的伟大，也想让臣民在提比略的邪恶统治下怀念他在世时给大家的好处。

3.非亲非养

如果你不是元首的亲子，也不是他的养子，仍有可能幸运当上元首，只是碰上这种好事的概率低得不能再低。

这种情况发生的前提是现任元首不幸暴亡，大家为了维护帝国稳定，急于选一个人出来当领导；而你，运气又好得不得了，正好被大家选中。命运的变化突如其来，让人措手不及，恐怕你当上元首之后都想不明白为什么自己被推举为元首。喀劳狄王朝第四任元首喀劳狄就是这样莫名其妙当上最高统治者的。上一任元首卡里古拉［意大利电影大师丁度·巴拉斯拍过一部名为《卡里古拉》(又译《罗马帝国艳情史》)的荒诞情色电影］被人刺死后，局面陷入混乱，贵族人人自危。喀劳狄听到侄子被谋杀的消息感到特别恐惧，躲到阳台窗帘后面瑟瑟发抖。他是个生性懦弱的人，根本没想着要趁此时机夺权。

一个士兵看到他露在外面的脚后跟，就过去把他拖出来。喀劳狄误以为自己要被杀，吓得跪在士兵脚下求饶。这个士兵认出了喀劳狄，知道他是皇亲国戚，是卡里古拉的叔叔，于是高喊说找到了新君主，并叫来同伴把他抬到军营中保护起来。就这样，在士兵的呼喊声中，喀劳狄战战兢兢登上了元首宝座。†

元首喀劳狄的登基确实不怎么光彩，他本人也是个优柔寡断、懦弱无能的家伙。可正是在他统治时期，罗马帝国征服了不列颠南部，帝国行省 🚩···²与帝国核心区域的隔阂被打破，希腊文化也在罗马帝国得到弘扬。

† 事例出自塔西佗《编年史》和苏维托尼乌斯《罗马十二帝王传》。

11

油画：喀劳狄被士兵推上君主宝座

4.身为野心家

天上掉馅饼的事可遇不可求。如果你既不是元首的亲子，也不是元首的养子，又没有那么好的运气，摆在你面前的只有一条路：通过残酷斗争获得元首地位。

走这条路的关键是找准时机。你应该知道，罗马帝国同样存在"分久必合，合久必分"规律，经常在大治之后有大乱，大乱平息后又是大治。如果在治世搞政变，无异于自寻死路，历史上几乎没有谁在国家稳定时成功推翻过时任元首。只有当你生逢乱世，君主岗位空缺时，才有异军突起、争霸天下的机会。罗马历史上有那么几个时间段，适合你这个"野心家""投机分子"的发展。

第一是公元前1世纪的共和国末期，群雄四起，新旧势力摩拳擦掌，一决胜负。

第二是公元1世纪60年代末，昏君无道，天下民心基本丧尽，军阀伺机而动，妄图重新洗牌。

第三是公元2世纪末，帝国历经百余年大治，逐渐走下坡路。内忧外患陡然而生，只有真正强大的人才配坐上元首宝座，力挽狂澜。

第四是公元3世纪到公元4世纪初，帝国陷入史无前例的大危机，经济崩溃、外族入侵、社会动荡、军阀混战。

机会出现的时候，挑战也随之出现。想趁乱爬上元首宝座的不止你一个，爬得越快，摔得越狠，比如公元3世纪的"三十僭主"，君主像走马灯一样换来换去，你方唱罢我登场。你必须凭借实力、毅力、智慧、勇气和运气战胜一个又一个强大的竞争对手。这犹如拿命赌博，赢则一统江山，输则万劫不复，走上去就是不归路。你，可要仔细想好了。

首先，你有实力吗？和别人竞争前，你先要仔细掂量一下筹码，看看胜算有多少，千万别一时冲动就跑去跟人拼命，那无异于快速自杀。在你这个时代，军队是最重要的资本。手中有兵，心里不慌。你至少要身为军团司令，才具备控制军队的条件。你看那些曾经起兵参与竞争的野心家，个个都是挥斥方遒的军阀。

公元69年，喀劳狄王朝第五任元首"嗜血者"尼禄被杀后的乱局中，起兵的加尔巴、奥托、维特里乌斯和韦斯巴芗分别是西班牙行省总督、禁卫军的掌握者、下日耳曼尼亚行省总督和犹太行省总督。公元3世纪，那些打得你死我活的野心家也都出身行伍，手握重兵，没有一个是省油灯。如果你没有现成军队，就必须想办法招兵买马。私募武装在治世绝对违法，在乱世谁管得着呢？

其次，你有必胜信念吗？想彻底战胜对手，你还得有足够的毅力和信念。你的敌人往往不是一个，而是一群，一个比一个强大。在他们全部被消灭前，你可能坐卧不安，精神紧绷，焦虑万分。而且，你和群雄角逐的时间往往要延续数年甚至数十年。†假如你在困难面前信心不足，则坚持不到最后。你的毅力来源于智慧和勇气，只有内心强大的人才能横扫群雄。

最后，你能不断取得胜利吗？你必须赢了决战，否则一切铺垫都是徒劳。和敌人的竞争中，决战在所难免，这是任何一个觊觎帝位的野心家都必须闯过的关口。闯过去的成为赢家，闯不过去的输掉全部家当，包括身家性命。你只能成功，不能失败，失败者注定会死得很惨。

---

† 奥古斯都在多年斗争生涯中，凭借必胜信念先后打败了以刺杀凯撒的凶手布鲁图斯和卡西乌斯为首的共和派，凯撒死敌庞培的残余势力，强势的李必达，可怕的安东尼。直到最后，除了奥古斯都本人外，再也无人能问鼎罗马的最高领导权。

公元1世纪中叶，继禁卫军领袖奥托取代短命元首加尔巴后，军阀维特里乌斯很快在贝德利亚库姆战役中打败元首奥托，却在后来的罗马城保卫战中输给了另一个军阀韦斯巴芗。之前曾被维特里乌斯打败的奥托选择用匕首自杀，而短暂获胜的维特里乌斯被韦斯巴芗逮捕后下场更惨：他双手被反绑，脖子套着绳索，衣服破碎不堪，身体半露在外面，被带到广场上接受人民的谴责。人民群众不管跟他有仇没仇都百般羞辱他，揪住他的头发往后拉，还用刀尖顶住他的下巴，不让他低头。同时一些人向他身上投掷脏东西和粪便。最后维特里乌斯被活活折磨而死。甚至死了也不能消停，他的尸体被人们用铁钩拖到台伯河中扔掉。†

公元2世纪末，来自非洲的军阀塞维鲁击败竞争者尼格尔后，将其头颅砍下，插在长矛上到罗马城中游街示众，还将他的老婆和孩子通通杀死，将他的财产全部没收。塞维鲁的另一个竞争对手阿尔比努斯战败后也遭受了斩首的惩罚。可见，争夺帝位的斗争是多么残酷、血腥。

当"凯撒"有那么清闲吗

假设你冲破血雨腥风，如愿以偿当上君主，的确值得恭喜。但你要做好思想准备，这个职业不是玩过家家，更不是你想象的那般清闲自在。在如此庞大的帝国，几乎每天都有棘手事情发生。你要能够处理国事，要明白自己的重要责任。

一旦当上元首，你就掌握了帝国最高统治权。可是你不解：为什么罗马帝国在公元284年戴克里先以前的最高统治者总是被称作"元首"，而不是"皇帝"。因为，罗马帝国的"元首"和中文语境下的"皇帝"基本是两个概念。虽然身为最高统治者，但罗马帝国前期的元首并不像中国皇帝那样拥有绝对君权。这个职业不提倡从业人员太张扬，毕竟罗马帝国脱胎于罗马共和国，民主共和观念在人们思想深处始终占据一席之地，大家都不希望有人大张旗鼓凌驾于国家和人民之上。做元首之人若想长治久安，最好低调，低调，再低调。

戴克里先结束了公元3世纪的军阀混战。他废除了虚伪的元首制，直言不讳称自己为"皇帝"。从戴克里先开始，罗马帝国才是真正意义上的帝国。

† 事例出自苏维托尼乌斯《罗马十二帝王传》。

"元首"本身不是明确的官职，也没有法律授予的权力，但凡元首通常都兼任执政官、保民官、监察官等好几个职务，让人觉得是通过选举产生的，是延续下来的罗马共和国政府的代表。实际上，你披着共和政治的外衣，把征兵、集资、宣战、媾和、否决、审判、监督、行政的大权，全都集中在自己手里。

行政运作方法上，你的意图通过元老院发布命令并执行，让人觉得这是集体决断，而不是个人独裁。这意味着，你不能随意发号施令，要善于在法律许可范围内运用各种大权，要善于摆布元老院和各层官员，善于平衡各方面利益，让他们去实现你的意志。

实质上，你当元首不仅得到很多权力，还要承担很多义务。你就是帝国，帝国就是你，你比谁都要操心劳神。同时，身为大祭司的你已经成了老百姓的精神支柱和定心丸。帝国时代，几乎所有人的眼睛都在望着你。只要你年富力强，足以维持全国的和平、稳定、安全，人们就不会有什么忧愁。但当你年老多病、体力不支、离大去之日不远时，人心就会变得混乱。可见一个强有力、负责任的君主对维持国家繁荣稳定昌盛的意义多么重大。为了国家和人民的美好明天，你得好好活着，慢慢操心。

退休的戴克里先

1.为人民服务

当上元首后，你最先想到的应该是采取措施保持国家和社会稳定，这意味着稳定人心。罗马帝国人民其实比较容易满足，只要你能保证他们吃上面包、喝上酒，经常能看到"文艺演出"就足够了。"文艺演出"很烧钱，虽然大臣们也会赞助这些活动，但作为国家最高领导，你很有必要自掏腰包举办赛马、角斗、体育竞技、戏剧演出等多种公共娱乐活动，让老百姓打心眼儿里念你的好，拥护你的英明领导。

"文艺演出"固然重要，对老百姓而言，吃饱喝足才是头等大事。不管你是贤君还是暴君，时刻都要想着民生问题，把解决大多数老百姓吃、穿、用、住等方面的困难落在实处。为做到这一点，只靠公共国库根本不够用，你要继续破费，动用私人钱财。为提高人民生活水平，你应当无理由地给老百姓发钱。奥古斯都曾经给每个公民发了60第纳里乌斯（denarius）银币，他真的爱民如子，大公无私，特别喜欢犒赏人民群众，去世前还给罗马人民留下了总计4000万塞斯退斯的钱财。†----▶³

2.为贵族服务

除了收买老百姓，你还不能忽视那些达官显贵以及国家工作人员。他们是你的左膀右臂，是稳固帝国统治的基石，绝对伤不起。你的一项重要任务是维持贵族队伍的稳定性。贵族的地位是用金钱衡量的，很多元老级与骑士级贵族往往因为家业衰落而变穷了，面临着失去贵族身份的危险。

作为贵族集团核心人物，你必须及时援助他们，救他们于水火之中。得到你救助的人势必会死心塌地为你工作。奥古斯都在这方面做得很好，他为大约80个濒临破产的贵族提供了120万塞斯退斯贫困补助金，维系了这帮败家子的脸面与身份。†

3.为军队服务

你还须特别照顾国家机器。例如奥古斯都曾立下遗嘱，要把遗产分发给老百

---

† 事例出自卡西乌斯·狄奥《罗马史》。

姓和军人，其中给禁卫军士兵每人1000塞斯退斯、城市步兵团每人500塞斯退斯、军团士兵每人300塞斯退斯。军队是元首权力的根本来源，如果不能收买军队获得其支持，这个元首就成了空架子。

4.为工程服务

　　除去收买人心，你花钱的地方还多着呢。你须自掏腰包发展国家基本建设。修路、架桥、盖房子、造神庙，各种公共工程的费用都得由你承担。别忘了，你是元首，是国家发展带头人，你不掏钱干这事，还指望着让老百姓集资？这都是有榜样的。🚩┄┄⁴罗马元首当政期间要大兴土木，建造或维修公共建筑。罗马城七丘之中最重要的卡庇托林山上的神庙基本都是帝国时期兴建的。

5.为救灾服务

　　一个个重大项目的竣工会让你得意扬扬、踌躇满志。可是，元首要做的不仅限于促进国家发展，还要给国家创伤缝针抹药。天灾，是你在统治这个国家时难以避免的问题。地震、洪水、火山、瘟疫……吞噬着人民，你绝对不能坐视不管，要动用一切可能动用的力量来救助受灾群众。

　　意大利罗马卡庇托林山上的古罗马神庙

公元79年，维苏威火山猛烈喷发，埋葬了意大利南部坎佩尼亚地区的庞贝、赫库兰尼姆和斯塔比亚三座城市。灾难发生后，元首提图斯万分焦虑，一方面给灾区人民写慰问信，另一方面还拿出钱财捐给受灾地区。帝国政府对灾难中的人民予以救援，写下《自然史》的学者大普林尼就是在救援过程中因公殉职的。为重建灾区，提图斯从退休执政官中抽签选拔督察官，下令把在灾难中丧生却又没有继承人的死者的财产用来重建被破坏的城镇。坚强的庞贝人民浴火重生，在政府和元首的关怀下重新站了起来。†

福无双至，祸不单行，这个倒霉元首在任期间，罗马城还发生过一场史无前例的大火灾，他非常镇定，只说了一句话："全部损失都算我的！"然后把自己别墅的装饰都拿出来用于修复建筑物和神庙。‡这哪里是国家最高统治者？分明是救世主。如果你是元首，在任期间国家发生大灾难，你会这样倾囊相助吗？

6.为治国服务

在国家管理方面，你这个元首并不是象征或摆设，而是事必躬亲。你要管理属于你的行省，你要出席元老院例会，你要旁听法庭审讯，✿⸱⸱⸱⁵还要针对社会问题提出解决方法。如果没有足够精力，这个元首当不成。

除了司法，你还要懂得立法，制定解决各种社会问题的合理措施。有时候，你应付的事情非常琐碎，恨不得连人们吃喝拉撒睡之类的生活细节都要管。✿⸱⸱⸱⁶这方面，元首尼禄管理得非常具体。他认为饭馆为了出售食物而把它们都陈列在外面，这样特别不卫生，所以干脆下命令说除了豆类和蔬菜之外，禁止饭馆出售熟食。§瞧瞧，罗马帝国的君主着实不好当，一不留神会把心操碎。

---

† 事例出自苏维托尼乌斯《罗马十二帝王传》。
‡ 同上。
§ 同上。

庞贝城废墟和远处的维苏威火山

你想做何种类型的君主

尽管如前所述，你当元首之后不可避免要承担多种义务，而作为罗马帝国最有权力的人，你当然可以自由选择不同生活方式与行事风格，没有谁能硬性规定你该做什么，不该做什么。只是，你的习惯和作风一定会塑造大家对你的看法，客观上影响你的政治地位乃至历史评价。

以下提供几款罗马帝国的君主类型，供你慎重选择。

严于律己型

如果你立志当一个受人尊敬、爱戴的好君主，那你最好时时刻刻都严格要求自己，管住自己的私欲和本性。历史上，帝国的贤明君主榜样不算少，起码你可以向开国者奥古斯都多多学习。公元2世纪安敦尼努王朝的几位元首也都挺不错，号称"五贤帝"，分别是涅尔瓦、图拉真、哈德良、安敦尼努·庇乌及马可·奥勒留。

这些贤明君主都有较强自制力，所以能对人温和、宽容，营造出开放、宽松、自由的政治环境，增强人民群众的凝聚力和创造力，使罗马帝国达到历史上堪称黄金时代的鼎盛阶段。他们的行为给你提供了有益模板，努力去照做吧。

1.不迷恋权力

人的欲望五花八门。你坐在元首宝座上，最禁不住的诱惑恐怕就是权力。很多元首都希望尽可能多地把权力掌控在自己手中，拼命把自己抬得高高的，恨不得天底下唯我独尊。

如果你是个有自制力的人，在掌权之后，就不应该再继续贪得无厌，而要适可而止。哪怕有时候你的人民会自发地赋予你一些权力，你也要权衡再三，看自己是否消受得了。如果你硬撑着取得了不该拥有的权力和地位，它们就会成为烫手山芋。人民群众本是好意，但一不留神你很可能会被人民的好意淹没。

如果人民群众真的特别喜欢你，非得让你更上一层楼，获得以前只在国家危亡时刻才能被赋予的集生杀大权于一身的独裁官身份，你该怎么表示？答应还是不答应？

奥古斯都给你做出了很好的表率：他死活都不答应。有一年，罗马遭遇了天灾。罗马人认为这些灾难之所以莫名其妙降临在他们头上，是因为奥古斯都没做独裁官，于是他们希望奥古斯都成为终身独裁官，永远庇护他们。情绪高涨的人们冲到元老院，催促元老们通过让奥古斯都成为独裁官的决议，还威胁说如果不照办的话他们会连人带房一起烧掉。之后，罗马人民带着24副"法西斯"笞棒，到奥古斯都面前哀求他答应被任命为独裁官。奥古斯都的态度也很坚决：严词拒绝。甚至当不能说服大家时，他当众撕掉了衣服，以示维护共和政体的决心。†

为什么会出现这样令人意想不到的情况？不是权力越大越好吗？奥古斯都的整体政治策略是竖立"再造共和"的好印象，从而去赢得民心，建立实际上的个人统治。人民拥戴奥古斯都，正是因为他不像凯撒那样明目张胆地坐上独裁官的宝座。如果奥古斯都不知好歹，非常实在地接受了人民让他当独裁官的请求，就无异于彻底否定了自己制定的方针路线，成了欺世盗名的大骗子，必然会在短暂高光后失去民心，不幸重蹈凯撒覆辙。他心里明白得很，自己拥有的权力和荣誉已使他比过去任何一位独裁官都强大，何必冒着遭到羡慕嫉妒恨的风险来接受一个虚幻的头衔呢？

2.不贪图钱财

除了不贪权，贤明君主还要做到不贪财。作为元首，你已拥有天下良田万顷和埃及 🔘 ⋯⋯⁷这个肥得流油的宝地，还控制着国家财库，国库都受你的支配。可以说，帝国财富都在你的腰包中，何必为了蝇头小利苦苦算计呢？

---

† 事例出自卡西乌斯·狄奥《罗马史》。

如果你仗义疏财，用金钱换来的可是比金钱还贵重的民心。🚩…▶8元首不贪财是老百姓的福气，也是社会的福气。若你是位两袖清风的元首，你的臣民将受益无穷；反之，如果你见钱眼开，不择手段利用职权与民争利，不但会导致民不聊生，还会败坏社会风气，让这个世界到处弥漫着铜臭气息。千万别学这样的元首，否则你会成为反面教材。

3.不贪恋名声

你做到不贪权、不贪财之后，自然也就不贪名。名声这个东西根本不是你想得到就能得到的，完全靠你用德行来赢取。所以，越是刻意去追求名声，越是很难得到它，还不如顺其自然，把自己该做的事做好了。

元老院和人民筹资准备为奥古斯都竖立雕像时，奥古斯都又拒绝了，转而为公益、和谐与和平之神塑像。当奥古斯都被人们尊为"主人"时，他禁止任何人对他用这个尊号，还进一步加强了这个禁令。虽然奥古斯都这么低调，但他在人们心中的崇高形象却不会被抹杀，反而变得更加雄伟。那些好大喜功的人尽管在表面上把自己弄得光彩照人，实际上却在人民的心目中极其渺小灰暗。就算他们在位时为自己竖立无数雕像，死后它们也免不了被无情地砸个粉碎。你要是能做到上面这些，基本就算明君了。若你追求完美，不妨再注意以下几个方面。

4.不痴于美色

食色，性也，但作为一位贤明元首，你最好戒除色瘾，这个东西会让你失去理性，失去自我，失去健康，最终变得暴虐变态，人不像人。看看历史上，有多少荒淫无度的元首因为毫不收敛情欲而最终走上覆灭之路啊。

固然，你也没必要视美色为洪水猛兽，敬而远之。只要适可而止，张弛有度就可以了。历史上再贤明的君主也免不了沉浸于合理的情爱，这是人之常情，可以理解。

5.不陷入仇恨

接下来要做到的是不记仇。这意味着包容、豁达、胸襟开阔、气度非凡，是一种难以修炼的美德。罗马帝国很多元首都能做到这一点。🚩····▶9

6.不惊扰民众

此外，开明的君主最难能可贵之处就是不扰民。罗马帝国的元首出行时根本没有森严的警卫和壮观的队列，也没有人手拿"肃静""回避"这样的木牌鸣锣开道。奥古斯都从外面出差回来都是等晚上再进城，生怕白天会惊动百姓，破坏正常秩序。这是他一贯的传统，不管他何时到访城郊或别处，在出门或归来时他几乎都这么做。

7.不流于懈怠

最后，你要特别重视的一点就是不懈怠。懒惰是君主的大敌，容易造成政务荒废，国家混乱。你要时刻保持清醒头脑，时刻不忘处理国事，好好完成肩上承担的重任，哪怕在年老衰弱、身体不适、大病缠身的时候也不能放过自己。🚩····▶10这时你也许才明白，当个严于律己的元首并不是什么开心事。

荒淫无耻型

贤明君主不好当，荒淫的君主也未必有多好当。你都不一定知道该怎样荒淫出名堂来，无非普通的吃喝玩乐，一点创意都没有。如果你当上君主后就是打算尽情享受生活的，那就千万别学奥古斯都之类古板、木讷的"正人君子"，而是要向提比略、卡里古拉、尼禄、图密善等在荒淫无耻之道的创新方面做出杰出贡献的元首学习，这几个家伙完全可以被称为罗马帝国的"四大恶人"。下面向你介绍几种常用方法：

1. 开辟"度假村"，远离朝政

这是提比略发明的专利。你可以学他，在一个风景如画的小岛上修建别墅，长期居住在那里，基本与世隔绝，无论罗马城乃至整个帝国发生什么鸟事都与你毫不相干。整天被烦琐的事务包围，简直把人烦得要死。那些讨厌的元老也一刻都不消停，在你耳边说三道四，让你不得清宁。惹不起还躲不起？

你索性像提比略一样卷起包裹带上行囊一走了之，到与世隔绝的世外桃源去，让国事、朝政、贵族、平民在你的大脑和视野中消失吧。然而，你不在罗马的时间里，无论内政还是外交方面，国家都可能会发生不测。由于你的"旷工"，国内发生天灾人祸的时候不会有人管；由于你的"逃班"，无人被任命为边境行省的总督，导致外敌蚕食帝国领土。

不过，这些不幸的事情和你这个荒淫无耻的家伙又有什么关系呢？现在，你只需沉浸在湿润温暖的海风中，听着海浪翻滚拍击的声音，在岛上"度假村"中过着花天酒地、纸醉金迷的日子。

2. 疯狂纵欲，花样百出

好色纵欲是你们罗马人的民族性，在你们的头脑中，似乎不存在羞耻和害臊。往好了说，这样做恰恰说明你们懂得享受生活，尊重人性。无论贵族还是平民，男人还是女人，老人还是青年，都睁着一双色眯眯的眼睛，不错过任何偷吃荤腥的机会。

即便是那些号称严于律己的君主，有时也难免在美色方面控制不住自己。而对你这样的打心眼儿里期盼过上荒淫无耻生活的元首来说，简单的异性接触远远不能满足你的口味。要在这方面玩出新意，玩出花样，把人类的欲望放纵到极致。

你可以学习提比略的"斯妍特里"纵欲法，就是通过观摩由真人表演的"情色秀"来激发性欲。你派人从帝国各地搜集成群的少男少女，让他们在你那画满黄色图片的房间中三人一组交媾。在这个过程中，你拿着黄色书籍，命令这些人按照书中的描绘表演，从中得到强烈的视觉刺激。

你可以像卡里古拉那样让贵族带着妻子来出席宴会，然后在席间一一打量那些有夫之妇。如果发现中意的，你就从宴会厅走出去，命令手下把你看中的那位妇女带过来，和她云雨一番。等回到宴会厅，你可以当众称赞或批评这个妇女，描述她身体的优缺点和床上的表现。当然，那位妇女的丈夫肯定是敢怒不敢言。

你还可以像尼禄那样，跟阉割过的小男孩按照仪式操办婚礼，极其殷勤地把他领进自己家中，把他打扮成王后，乘着轿子去希腊视察，一路上当众与他频繁亲吻。†

这些令人目瞪口呆的行为是不是足以让你吃不消了？很多元首的荒淫程度是你难以想象的。乱伦是许多君主青睐的游戏，他们竟然不肯放过以贞洁著称的维斯塔贞女，不肯放过从小一起长大的亲姊妹，甚至不肯放过长辈亲属中的妇女。据史学家苏维托尼乌斯说，尼禄企图与母亲阿格里披娜通奸，因为大臣阻挠而未遂。后来，尼禄寻觅了一个长相酷似他母亲的妓女做情人，更加验证了他对母亲的非分之想。

根据雕塑复原的卡里古拉头像
　卡里古拉其实是这位元首的绰号，即"小军靴"，他的父亲乃帝国初期名将日耳曼尼库斯。按理说，老子英雄儿好汉，可卡里古拉偏偏不是好汉，而是帝国历史上的大浑蛋。

† 以上事例均出自苏维托尼乌斯《罗马十二帝王传》。

3.生活奢靡，贪财成性

罗马帝国一些贪财的元首，用的挣钱方法非常有想象力。提比略用威胁和恐吓的方式让一个有钱人自杀身亡，然后使自己成为死者遗产的唯一继承人。他还在一些行省以莫须有的罪名没收一些权贵的财产，剥夺他们的经济特权。卡里古拉为了敛财而举办拍卖会，亲自为物品规定价钱，抬高拍卖价格，导致被迫买了他的东西的人倾家荡产，家破人亡。🚩····▶11

弗拉维王朝开创者韦斯巴芗总体上是个不错的君主，唯一毛病就是爱财如命。他有一个独到的赚钱方法，就是故意提拔那些内心贪婪的家伙当官，放任其以权谋私，中饱私囊，等时机成熟再把这些贪官拿下，没收资产归自己所有。这种办法很像渔夫用鱼鹰捉鱼，掐着鱼鹰的脖子让它们把好不容易捉到的鱼吐出来。

无论你用多么夸张的手段敛财，都需要注意：由于罗马平民人多势众，不可以随便欺负，所以你要想发财就得学会把手伸向贵族的腰包。聪明的罗马元首都懂得维护大多数人的利益，然后凭借坚强的人民后盾攫取少数人的财富。

元首，包括你，贪恋钱财的行为来源于对奢侈生活的追求。如果你腰缠万贯，就可以享受人间最舒服的娱乐、最奢华的住宅和最好吃的食物。你可以像卡里古拉那样用香油洗澡，饮用溶解于醋中的珍珠。可以建造用宝石镶嵌的大船，在船上附设巨大的浴池、游廊，并种植各种果树。还可以像尼禄一样修建一座穷奢极欲的宫殿，用黄金、宝石、珍珠来装饰。

4.凶狠残暴，杀人如麻

暴君最大的特点是没人性。如果你想把无道昏君当到底，就可以抛弃所有的善良、仁慈，多干一些灭绝人性、丧尽天良的暴行。

提比略是个典型迫害狂，他疯狂折磨一切反对他的人。战功卓著的大将军日耳曼尼库斯死了之后，他妻子认为是提比略下的毒手，所以经常对提比略表示不满。提比略异常愤怒，竟然找借口将这个女人流放到荒岛上，让军官打瞎她的眼睛。

提比略几乎每天都在整人，新年期间也不例外。罗马帝国素来崇尚言论自由，但他大搞文字狱，把许多乱讲话、乱发表意见的文化人打入监狱，判处死刑。在严酷肃杀的气氛下，许多人被迫割脉或服毒自杀。被处死的人都被抛尸荒野，并用钩子拖到台伯河中扔掉。

提比略害人还只是针对政见不同者，卡里古拉害人则纯粹为了把快乐建立在别人的痛苦之上。这个家伙擅长恶作剧，而且是以人命为代价的恶作剧。他曾经故意向平民分发一些角斗表演的赠票，让平民占据贵族应该有的好席位。贵族到来后，发现平民坐在他们的位子上，感到异常恼火，就和平民大打出手，导致流血事件发生。

最恶毒的是，卡里古拉竟然恩将仇报，喜欢整治那些在他生病时给他献上良好祝愿的人。其实大家不过是虚情假意地跟他客气，说什么宁愿自己死也希望他痊愈的客套话。但卡里古拉是"认真"的，他病好之后立刻就让说过这样话的人兑现诺言。他把一个发誓用生命换取元首健康的人交给奴隶，命令给此人戴上花环和彩带，赶着去游街示众，最后把他从悬崖上推下去摔死。

卡里古拉崇尚"暴力美学"，曾收买几个元老将一个他讨厌的元老暴打一顿，用铁笔戳他讨厌的元老，然后将其乱刀分尸。直到看见这个倒霉的元老的四肢、碎肉和内脏被拖过大街小巷，最后堆到他面前时，他才感到满足。†

尼禄和图密善也都劣迹斑斑，一个比一个变态、疯狂、暴虐。你能做到青出于蓝而胜于蓝吗？但是，你在跟他们学坏的时候要知道，暴君没一个有好下场。

提比略暴死在别墅中，有人怀疑是继任者卡里古拉给他下了毒。卡里古拉死于宫廷政变，被叛军用剑深深插入后脑勺，下巴颏也被人砍掉，同时身中30刀，惨烈毙命。他的妻子和女儿也死在乱军之中。尼禄坏事做尽，引发反叛，被元老院宣布为人民公敌，仓皇出逃。当他听到来捉他的骑兵的马蹄声时，他已没有再活下去的勇气，于是用一把匕首刺进自己喉咙。这些血淋淋的教训告诉你，莫要图一时之快而忘乎所以。你应当争取当一个受人尊敬的好元首，而别做千夫所指、遗臭万年的大坏蛋。

† 以上事例均出自苏维托尼乌斯《罗马十二帝王传》。

四处奔波型

元首提比略从罗马城前往卡普里埃岛隐居，纯粹是为了逃避工作，是不负责任的恶劣行为。如果你离开罗马城，带着想法和目的在帝国境内四处奔波，则并不等于荒废朝政。相反，不辞辛劳四处奔波——其实是赴地方视察——的元首才是真正忧国忧民的典范。奥古斯都与哈德良便是四处奔波型元首的代表人物。

你那个时代，没电话、没电报、没电视、没卫星，通信基本靠邮递员，邮递员送信又不能坐汽车、火车、飞机，只能骑马或坐马车，如果走累了还得沿途歇歇脚，喝口水。

罗马帝国那么大，犄角旮旯发生什么事得个把月才能让罗马城知道。帝国内部民族复杂，贫富不均，文化水平也参差不齐，作为一个统治者，如果不经常出去走走，实在很难了解你的臣民。

然而，出门在外并非游山玩水，你到帝国各个地方去视察并不是多么享受的事情，路途的艰辛和劳顿经常会让你身心俱疲。罗马帝国的地理情况非常复杂，你不仅要走陆路，有时还要走河道与海路，翻山越岭、乘风破浪乃家常便饭。

你每到一个地方都有明确目的，都是带着任务去的，要么为了解情况，要么为竖立威望，要么为慰问军队，要么为巩固边防。个别时候，你到外地去是为了平定那里的动荡局势，可能要亲自动武。

元首哈德良是个旅行高手。他去的地方比奥古斯都还多， 🚩···¹²几乎跑遍了帝国的所有行省。每到一个地方，他都会视察当地驻军，并督促他们修建一些要塞。如果没有他的四处奔波，罗马帝国边境上不会出现那些牢固的防御设施。

哈德良就像中国的秦始皇，为了抵御北方蛮族的威胁也修建了长城。因为这条长城是他主持修建，所以被命名为哈德良长城。 🚩···¹³这位元首在旅行过程中还注重发展地方文化，尤其在希腊，他被厚重的文明所吸引，号召大家都学习先进的希腊文化。

事实证明，在喜欢旅游的元首当政期间，帝国通常是发达而稳定的，因为四处游荡的元首宁愿抛弃安稳的家庭生活也希望把帝国治理好。天下的奇闻异事

元首哈德良像

尽收眼中，元首的思路变得异常开阔。当然，由于长年在外面奔波，这样的元首也不可能有心思和精力搞荒淫无度的事情，只会全神贯注于国家的稳定发展和人民的幸福安康。提倡你做这样的元首。

钻研学术型

当元首的人未必都是军阀，即便是军阀出身的元首也未必都是大老粗。也许是罗马帝国重视文艺、热爱文艺的社会风气使然，吟诗作赋、编写剧本、登台演出、研究哲学仿佛成了一部分有着小资情调的元首的时尚。

可见，你这个元首不仅能严于律己，能荒淫无道，能周游天下，也能著书立说、钻研学术、发展文化事业。如果你把自己定位为一个文化元首，那么你肯定能为社会做出积极贡献。你可以在很多方面进行研究，比如史学、文学、语言学、艺术学、哲学、杂学……

1.研究历史

史学是帝国的显学，很多超牛学者都是写历史书的，如李维、塔西佗、普鲁塔克等。作为元首，你研究历史很有必要，因为历史如同一面镜子，帮你照亮过去、现在和未来，让你保持一个清醒头脑治理国家。

元首喀劳狄在少年时代就开始撰写历史书，成年后完成了20卷本的《埃特鲁里亚史》(埃特鲁里亚文明为罗马文化的先河)和8卷本的《迦太基史》。

作为元首，你有很多有利条件来写历史书，因为你可以看到大量国家秘密档案，而且可以根据自己的从政经历来揣摩古人的想法。有时你还能得到社会上著名史学家的指导。只要能沉下心来，坐得住冷板凳，坚持严谨务实的态度，就一定会给后人留下价值巨大的史学研究资料。当然，你的很多著作可能会在几千年岁月中散佚毁灭，最后剩不了什么内容，但你不能因为怕糟糕的情况发生就不去做那特别有意义的事。

2.研究语言

所谓语言学研究，你只要痴迷希腊语就可以。这是你那个时代最时髦、最洋气的语言，别的语言(如日耳曼人、斯拉夫人说的"鬼话")完全不用去理会。

你要言必称希腊。如果能熟练驾驭希腊语，肯定能给你的个人形象加分。荷马写的希腊语版《伊利亚特》可以成为你学习并钻研希腊语的课本。除了擅长用希腊语说话，你也可以用希腊语或拉丁语搞文学创作。奥古斯都就著有名为《西西里》的诗集，还有一部篇幅不长的《讽刺短诗集》。

3.研究艺术

艺术学是很多元首青睐的研究科目，因为这个领域有实际操作性，显得非常有趣而刺激，而且能体会到受到粉丝追捧的快感。你可以像尼禄那样对音乐和舞蹈表现出狂热的喜爱之情。当然，献身艺术是要付出代价的，"台上一分钟，台下十年功"，钻研一种艺术注定会花费你很多精力。

据说"艺术特长生"尼禄在学艺时吃了不少苦头。他为了成为"歌星"而经常仰卧，在胸口放置铅板，通过导管和呕吐清洗肠胃，从来不吃有核的水果和对嗓子有害的食物。"天王巨星"尼禄绝对是个一流的美声男高音兼戏剧表演艺术家。他练成之后经常在那不勒斯与罗马举办个人演唱会，即便遇到地震也要把歌唱完。由于唱功很好，态度认真，风格多样，尼禄收获了成千上万的"粉丝"。

4. 研究杂学

如果你对生活充满热情，则不妨研究一下杂学，包括建筑设计、生活小窍门和娱乐方法等与日常生活息息相关的事情。尼禄对建筑学很感兴趣，他发明了在房屋前面建造回廊的方法，从回廊的凉台上可以扑灭火灾。

5. 研究哲学

如果你是一个真正有思想的元首，就不应该沉迷于纯粹为了娱乐而娱乐的艺术学，也不应该在奇技淫巧上煞费苦心，而是应该专心致志研究哲学。学者型元首马可·奥勒留是你的最佳楷模。这位生活在公元2世纪的元首见证了罗马帝国最后的辉煌，是帝国"五贤帝"最后一位，当政期间目睹了经济滑坡、外敌入侵、内务混乱、道德败坏等让人闹心的状况。他虽试图力挽狂澜却又无力回天，尤其他去世之后，帝国由盛转衰，一蹶不振。

也许出于对无法避免的社会衰颓趋势的忧虑，马可·奥勒留常静心沉思，思索宇宙和人生的真谛，于是就有了著名的人生哲学宝典《沉思录》。《沉思录》中很多话都可以被看作人生的正确信条和行为准则。这本书体现了作者信奉的斯多葛主义理论，该学说源于古希腊，跟柏拉图的学院派、亚里士多德的逍遥派和伊壁鸠鲁派并称古希腊四大哲学学派。

斯多葛主义很难用一两句话解释清楚，总体来说，它信奉世界的本原是火，主张人类要顺应自然，主张人人平等，还主张建立一个跨越种族和国境的世界国家，对后来的基督教理论产生了较大影响。

罗马帝国时期，斯多葛主义比较盛行，哲学家马可·奥勒留是这一学派最重要的代表人物之一。如果你也能像马可·奥勒留那样凭借哲学天赋和自身努力对哲学发展做出巨大贡献，并成为希腊哲学的弘扬者，大家肯定会对你敬仰万分。

第三节

位子如何坐得稳

👑 帝国元首这个位子表面上看起来风光无比，实则很容易让你患上疑心病，因为想害你的人太多了。你必须时刻警惕来自四面八方的威胁，最起码，要清楚哪些人是你潜在的敌人，从而有准备地采取防范措施。千万不能死到临头都不知道是谁把你干掉的。

提防你的军团士兵

请你睁开火眼金睛看一看，查找那些表里不一的面孔。军队，尤其是驻守边疆的军团士兵，既是你庞大权力和至尊地位的来源，也是把你打入地府的强大潜在力量。要知道，这帮军人没什么信仰，他们只认利益。如果你给他们好吃好喝，他们就死心塌地跟着你混；如果你没有东西给他们，他们就不肯给你卖命了，说不定还会跟着给他们好处的人造你的反。

血淋淋的惨案告诉你，军队的工作任何时候都得抓。难怪军人出身的元首塞维鲁跟儿子说："让军人发财，别人可以不管！"

如果你能做到把军人的利益始终放在第一位，就基本能控制住政权。遗憾的是，这句话也不是万能的，因为有些军队领导不会遵守你这条原则，一部分恬不知耻的军人也会得便宜卖乖。在优待军人的基础上，你还要注意一些细节，马虎不得。有时候，一些不起眼的小事会在特别容易冲动的军人群体中闹成大事，形成可怕的兵变。

首先，你要在军队中安插亲信，委派合适的人替你统率军队。掌军之人如果是无能之辈，只会给你制造麻烦。你不能把军队交给野心家，但也不能把军队交给糊涂蛋。🚩···→14 其次，军团士兵不能太闲，就算没有战事也要让他们干点工程，一来充实自己，二来给当地带来实惠；当然也不能让士兵太过劳累，所谓物极必反。🚩···→15

可见军团叛乱的威胁之大。他们不是在驻地闹闹情绪就算了事，而是可以顺着快捷的罗马大道向帝国腹地长驱直入。内地根本没有其他驻防军队，除非把辅军和联盟军队调动起来与之抗衡，这无异于燃起内战。如果他们真的打到罗马，恐怕你这个君主性命难保。

军团叛变还会造成一个更加恶劣的影响，就是边境防线的破坏，很容易给境外强敌以可乘之机。既然兵变如此可怕，你就要尽力避免其发生。一旦兵变发生了，你也别手足无措，得想对策全力平息。作为君主，你在面对军团叛乱时要保持冷静的头脑和清晰的思路。因为叛乱可能会在不同的地方同时发生，如果乱了阵脚，事情会变得更糟糕。

对付叛变者比较有效的办法是尽快满足他们的要求，就像对付绑架了人质的劫匪一样。实践证明这种方法非常有效，因为这帮军人除了利益没有更高要求。同时，一定要防止军团之间情绪传染，尽快做好未闹事军团的思想工作。

提防那些阴险的达官显贵

军队其实还算好对付。毕竟他们都是只顾眼前利益的家伙，没有崇高的理想和目标，稍微撒把金钱或动动心眼儿就搞定了。比军队更厉害的敌人就在你身边，就是那些心怀不轨、内心阴险的达官显贵。他们的可怕之处在于，其行动并不是为了给自己捞钱，而是为了实现某个上层集团的整体利益。他们的一切举动几乎都是在暗中进行，不像军队那样直来直去。你一旦被他们算计了，后果不堪设想。

由于不直接掌握军队，卑鄙的暗杀和政变是这帮人惯用的伎俩。奥古斯都遭到过暗杀，所幸没有受到伤害。喀劳狄也遭到过暗杀。一天夜里，一个手持匕首的人在他睡觉的地方被擒获；还有两个骑士出身的人也对他下过黑手，其中一个准备在他走出剧院时用刀刺死他，另一个准备趁他到神庙献祭时干掉他。当然，这些冲动的刺客都没得手。

因为存在被暗算的危险，你可以要求元老院通过法令，给你的扈从两倍于普通军人的工资以增加他们对你的忠诚度，让他们在你遇到危险时挺身而出。你还应该经常在长袍下穿一件护胸甲，即便进入元老院时也应如此。

其实扈从也好，护胸甲也好，只能在行刺事件发生时发挥作用，所以解决不了根本问题，你仍然会被置于极大危险下。最好的办法是，别让行刺事件发生。

1.察言观色

为了达到这个目的，你应该练习一种本领，也就是揣摩贵族的心思，留意人们说的每一句话和每一个表情，并且深深记在脑海里。这些信息可以让你对某些人有所警惕，将其看作重点防范对象。

2.闪烁其词

你也要学会隐藏自己的想法，千万不能被政敌看透。你要养成一种特殊的讲话习惯，在你不是故意隐瞒真实意图时，也永远说得曲曲折折、吞吞吐吐、晦涩难解。你尽力不使真实感情有丝毫流露，让语言变得暧昧、含混、不可捉摸。

3.鼓励告密

只靠自己猜测很难确定哪些人跟你过不去，你总是处于盲目判断中，也许等你看出苗头的时候，已经死在别人刀下了。

为了防止高官和贵族对自己不忠，你不妨鼓励打小报告。但是，这种方法如果控制不好，会制造很多冤假错案，一些别有用心的小人会利用这一点来坑害他人。这就需要你明察秋毫，过滤信息，辨明真伪，对造谣中伤者严加惩处。

4.拉拢亲信

其实，最简单的保护自己的办法就是拉拢亲信，排除异己。当你身边都是自己人的时候，还害怕什么刺杀呢？在帝国的"民主"体制下，你肯定不能直截了当地指定谁为官，而是要用一种间接婉转的方法。 ---▶16

政治就需要这个，生存也需要这个，虽然很不厚道，却纯粹为形势所迫，大家早晚会理解你的。打消不必要的顾虑，放手去干吧。

提防你的禁卫军

国家军队的主力——罗马军团被你部署在帝国边境线上，负责抵御外敌入侵、开疆拓土。你身边只有为数不多的军队，负责保护首都和意大利治安，以及你的人身安全。他们分别是罗马城卫戍部队、消防队和禁卫军。这些都是奥古斯都在建国之始设立的。

东罗马帝国查士丁尼皇帝和他的扈从们

奥古斯都设立禁卫军的本意是保护君主人身安全，然而事实表明，禁卫军常常成为君主的夺命者。即便如此，禁卫军还是在罗马帝国存在多年，延续到东罗马帝国时期。

罗马城卫戍部队大约有6000人，相当于这个城市的警察。消防队的任务很苦很艰巨，因为罗马城经常有火灾发生，这支部队根本闲不下来。禁卫军则是首都最显赫的部队。他们大约有10000人，分为10个营，都是从各个军队中精挑细选出来的优秀士兵，专门负责保护君主。

和其他兵种相比，禁卫军拿着高得多的工资，服着时间短的兵役，待在安全舒适的地方，穿着华丽讲究的衣裳，所以常常引起别人的羡慕嫉妒恨。

有了私人卫队，你这个元首心中窃喜，打算时不时地检阅一下禁卫军，或者指挥他们干这干那，多么威风。你以为有了这样一支特种部队，就可以高枕无忧了吗？事实上，你身边多了一帮训练有素、手握武器的危险分子。禁卫军就是一把挂在你腰间的双刃剑，他们有时确实是你的亲信，有时却会成为你的灾难。

军团士兵毕竟驻扎在离你很远的地方，就算武装起义也不会马上砍到你。达官显贵固然也很不靠谱，但那帮人是没有军权的，他们搞阴谋总是鬼鬼祟祟，不敢轻易作为，所以也成不了太大气候。

禁卫军就不一样了，他们离你又近，又有武器，只要哪天看你不顺眼，就会用兵变的方式把你赶下台，另换他们喜欢的人做元首。而且，他们也绝不会再让你活下去，肯定要斩草除根。

在帝国历史上，禁卫军竟然是一支非常强大的政治力量，被他们操控、胁迫的元首非常之多，被他们谋杀掉的元首也不在少数。安敦尼努王朝的开创人涅尔瓦曾遭遇过禁卫军的逼宫，那些人要求他释放刺死图密善元首的凶手，并要求杀死他身边的几个近臣。公元2世纪末，康茂德死于禁卫军之手。公元3世纪的荒淫君主埃拉伽巴卢斯死于禁卫军之手。接下来的元首如普皮埃努斯、巴尔比努斯、奥勒良等人也都是死于禁卫军之手。

提防你最亲密的人

军团、贵族、禁卫军，这些都是你能意识到的潜在敌人。但最危险的敌人还不是他们，而是你最亲密的人，包括你的母亲、你的妻子、你的兄弟、你的姐妹、你的儿子……

很少有人愿意相信亲属会对自己下毒手，可这样的事情确实屡见不鲜。在权力面前，人心是冷酷而变态的，早已没有了亲情和友谊。历史上，一些元首很可能是被家人秘密害死的，有的事情虽然永远都无法得到证实，但传闻不绝于耳，应该不是毫无根据。

大多数人都认为奥古斯都属于自然死亡，但也有人怀疑奥古斯都之死是他的妻子利维娅所为。有记载说，奥古斯都曾秘密去探望被废黜的皇孙阿格里帕·波斯图姆斯，似乎要与这个人完全和解，然后把元首之位传给他。提比略的亲生母亲利维娅担心儿子的元首之位不保，就在奥古斯都习惯亲自采摘的果实上涂了些毒药，然后她吃那些没有涂过毒的，而把毒果送给奥古斯都。不管怎样，奥古斯都从此之后就感到头晕，最后走向死亡。

这仅仅是传言，没有可靠的依据证实。喀劳狄被妻子阿格里披娜害死则是确凿无疑的事实。一次家庭晚宴上，阿格里披娜在喀劳狄特别爱吃的一盘蘑菇中放了毒药，亲手送给他吃。喀劳狄吃下这盘菜后马上说不出话来，变得神志不清。由于感到恶心，他把胃里的东西都吐了出来，包括毒药。阿格里披娜赶忙又给他下了一服毒药，放在稀粥里端给他，还说什么喝下这碗粥养胃之类的话。喀劳狄毫不犹豫喝了下去，结果很快毙命。

安敦尼努王朝的末代君主康茂德是被情妇勾结禁卫军杀死的。公元3世纪初，与卡拉卡拉一同当元首的盖塔也是被亲人害死的，谋杀者正是盖塔的亲哥哥卡拉卡拉。

当个君主谈何容易？经统计，罗马帝国几百年中的数十位元首似乎没有几个善终，有被军团搞死的，有被禁卫军杀死的，有被元老院判处死刑的，有被亲人谋杀的，有被政敌处死的，有被蛮族击毙的，有走投无路自杀的，还被雷劈死的（公元3世纪的元首卡鲁斯）……总之死得五花八门，活得命薄福浅。这个万人憧憬的罗马帝国元首宝座，你还有勇气坐上去吗？

 注释

1　　屋大维是凯撒的甥外孙，出生于公元前63年，公元前44年成为凯撒养子（根据查士丁尼《法学阶梯》解释：某人既可收养他人的儿子，使其处在孙子的地位，也可收养他人的孙子，使其处在儿子的地位）。凯撒遇刺后，公元前43年，屋大维登上政治舞台，与安东尼、李必达结成"后三头同盟"，并在次年的腓利比之战中击败刺杀凯撒的共和派首领布鲁图斯与卡西乌斯。

公元前31年，屋大维在亚克兴战役中击败安东尼和埃及艳后克娄巴特拉，消灭古埃及托勒密王朝，成为罗马共和国后期内战的最终赢家。公元前30年，他被确立为终身保民官；公元前29年获得"英白拉多"，即"统帅"称号；公元前27年被元老院赐封为"奥古斯都"，意为"神圣伟大"，被称为"元首"，开创了罗马帝国的元首制，公元前27年至公元14年以"元首"身份统治罗马帝国。

2　　罗马帝国各行省根据管辖权分为元老院行省和元首行省。前者多为较早纳入版图的地方，如撒丁、西西里等，无须重兵驻守；后者则常与敌境为邻，有重兵驻扎，如美西亚、叙利亚、日耳曼等。

3　　其他元首也不落后。公元16年，提比略以将军日耳曼尼库斯的名义，发给每个罗马人300塞斯退斯铜币。贪财的韦斯巴芗在给人民发钱时并不吝啬，他在罗马的"劳动节"萨图尔那里亚节上向男人赠送礼物，在罗马的"妇女节"，每年3月1日的马特罗那里亚节上向妇女赠送礼物。

尼禄几乎每天都向人民赠送1000只不同种类的鸟、食品、衣服、金子、银子、宝石、珍珠、绘画、奴隶、牲畜、驯服的野兽，甚至还有船只、住房和农田。就连号称暴君的图密善，也曾三次向人民赠款，每人300塞斯退斯。

除了给现金，你也可以用其他间接方式帮助老百姓。最实惠的就是免费配给粮食。粮食都是从罗马帝国的行省远道来的，如果你不舍得白白送掉，至少也要留意避免粮食价格上涨，保持粮价的稳定。当民众抗议粮价太高时，提比略就规定了一个合理的价格。但是他也不愿意得罪粮食商人，于是他答应粮商，每1摩底的粮食，由他贴补2塞斯退斯。

📖4　据塔西佗《编年史》描述：奥古斯都注意到罗马城外面的道路多年来被忽视了，以致人们很难在上面走路。他命令一些元老用自己的钱修整道路，而他自己则负责维修弗拉米尼亚大道。

　　卡里古拉完成了提比略做到一半的几项公共工程，即奥古斯都神庙和庞培剧院的修建。此外，他还在提布尔附近修筑了一条引水渠，在塞普塔旁修造了一座圆形剧场。他的计划还包括在萨摩斯重建波里克拉特的宫殿，在米利都建造阿波罗神庙，在阿尔卑斯山之巅建立一座城市，以及在亚该亚开凿一条穿过科林斯地峡的运河。

　　喀劳狄建成的公共工程虽然为数不多，但都是重要的、规模巨大的。比如，喀劳狄完成了卡里古拉开始动工修建但未完成的引水渠，修建了一个长达4.8千米的排水道和奥斯提亚海港。

　　尼禄开通了一条从阿维尔努斯到奥斯提亚的运河，长达160罗马里（236.4千米），宽度足以容纳五层桨大船对航。

📖5　据苏维托尼乌斯《罗马十二帝王传》记载：元首提比略经常到普通法庭去监督审案。他坐在大法官的审判台边上，以一个旁听者的姿态出现。由于他本人在场撑腰，大法官可以做出公正的判决。喀劳狄在高级长官审理案件时，也经常以普通陪审员的身份坐在法庭上。他不总是刻板地遵照法律条文，在许多案件中，他根据自己对公平和正义的理解来变通法律的宽严。

📖6　据卡西乌斯·狄奥《罗马史》记载：奥古斯都连人们搞"丁克"家庭这样的事都管。
　　在他当政期间，很多贵族为了追求生活的洒脱，不愿意结婚生子。奥古斯都知道这种现象后特别着急，怕国家后继无人。于是，奥古斯都把贵族们集合起来开了个动员会，语重心长、声情并茂地发表了号召大家行动起来多生孩子的演讲。不仅如此，他还真抓实干，一方面增加对有子之人的奖励，另一方面对无子之人采取惩罚措施。奥古斯都的做法还是挺人性化的，他给那些不结婚不生子的人一年的思考期限来改变行动，从而使他们免受惩罚。

📖7　罗马帝国时期，埃及不算行省，而是元首的私人领地，由元首派出心腹直接管辖。彼时的埃及文明程度高，尼罗河谷盛产粮食，一度成为供给罗马城的大粮仓。

📖8　据苏维托尼乌斯《罗马十二帝王传》记载：奥古斯都在这方面又是个好榜样。每年元旦那天，老百姓出于爱戴之情，纷纷向奥古斯都交纳贡金。但在得到与自己的私有钱财相等数额的贡金后，奥古斯都就会毫无保留地把它们退还给民众。可见，奥古斯都不会搜刮民脂民膏，不该从民众那里攫取的钱财一分都不要。

　　奥古斯都在重建他的住宅时，宣布整幢建筑物都将是公共财产，因为他觉得这幢房子是老百姓出力气建造的，应该属于人民。由此看来，奥古斯都似乎没有自己的私人房产，属于无房人员。奥古斯都不贪恋钱财的品德源自他良好的生活习惯和平静的内心世界。他崇尚简朴的生活，据说他总是睡在一张铺设简单的矮床上，平时穿着夫人给缝的衣服，根本没有华丽装束，顶多为了使自己显得高大挺拔而穿上一双增高鞋。他喜欢吃粗茶淡饭，而且在饮酒方面很节制。

📖9　曾经有个叫阿特诺多鲁斯的人藏身到干草车中，潜入奥古斯都家里。然后，他突然拿着剑从干草车里跳出来喊道："你不怕有人可以像这样进来杀你吗？"奥古斯都丝毫没有生气，而是感谢他的警告。

　　奥古斯都从不对那些罪大恶极的人大发雷霆。例如，有个叫科罗科塔的强盗在西班牙一带猖獗作案，他起先惹火了奥古斯都，致使奥古斯都悬赏100万塞斯退斯活捉他。但后来当这个大盗跑到奥古斯都这里来自首时，奥古斯都不但没有处死他，还赏给他大笔钱压惊。

📖10　这方面你还是得以奥古斯都为榜样。他是个精力旺盛的元首，为了处理国事很少休息。他有午睡的习惯，但午睡时既不脱衣服也不脱鞋，只是把手遮在眼睛上小憩一会儿。晚饭过后，他要在办公室里一直工作到深夜才睡觉，睡眠时间不超过7个小时。睡的过程中他还会醒个三四次，要么接着干活，要么找人给他讲故事听。

📖11　一次，一个贵族坐在拍卖会场的凳子上打起了瞌睡，脑袋一点一点的。卡里古拉趁机不断抛出高价，然后就向大家说那个贵族总是点头同意，于是强迫那个贵族用900万塞斯退斯的高价买走了几个奴隶。他爱财如命，不像奥古斯都那样肯把人民的贡金如数返还，而是在新年那天站在皇宫门口，等着人民群众向他抛撒金钱。为了和金钱亲密接触，他在一个地方摆满金币，光着脚在上面走动打滚，欢乐极了。

□12 　奥古斯都几乎走遍了西欧、东南欧和中东地区。他曾经怀着远征的意图计划到尚未被征服的荒岛不列颠去，但他到了高卢行省时就停了下来，因为那里一片混乱，自从当地人被凯撒征服后，就没消停过。搞定高卢之后，他又到了西班牙，被那里的土著人大起义搞得焦头烂额，以致他因为战争陷入僵局而心力交瘁，竟然病倒了，直到将军安提斯提乌斯平定了西班牙的乱局。他还亲自渡海访问过西西里，又从那里渡海去了希腊本土与萨摩斯岛，后来又远行到小亚细亚和叙利亚。

□13 　现在，这条罗马长城的所有权属于英国。它位于不列颠中北部，将这座大岛一分为二，全长117千米。长城由数不清的大石头垒成，沿线遍布堡垒和岗哨，是一个牢不可破的人工屏障。

□14 　据塔西佗《编年史》记载：提比略刚登基的时候，潘诺尼亚的正规军团发生了一次由军队领导政策不当引起的兵变。潘诺尼亚三个军团的统帅昆图斯在知道奥古斯都去世和提比略继位的消息后，竟然下令停止日常军务，让大家专门来哀悼或庆祝。殊不知，这种莫名其妙的表忠心活动只会给士兵的生活带来不便，搞得士兵怨声载道。碰巧军营里有别有用心的人利用大家对不良待遇和暴虐军官的不满拉拢了一些支持者起来闹事。昆图斯没有想办法安抚，却进一步倒行逆施，下令鞭打囚禁闹事抢劫的士兵，结果引起士兵更大的愤怒，昆图斯等将领被赶跑，很多连长被杀死。

□15 　几乎在潘诺尼亚军团哗变的同时，驻在下日耳曼行省的四个军团也凑热闹发动了叛乱。有些闹事的日耳曼军团当时驻扎在战事不算太多的地方，任务很轻或者干脆就没有任务。因此，那些闲着没事的人开始对这不满，对那不满，无聊到极点就起来给国家找麻烦。这股叛军闹得很起劲，他们竟然还游说按兵不动的上日耳曼行省的军团跟他们一起闹事，还计划打进高卢行省实施抢劫。

□16 　元首提比略在执政官选举时故意不说出竞选人的名字，而只说他们每个人的出身、生平和战事上的经历，让善于拍马屁的人去推断这些人都是谁，以便加以特别照顾。有时提比略连这些线索也不提供，却一味地警告那些他不喜欢的竞选人不要用阴谋手段践踏选举。

ROME PASS

第二章

你的仕宦生涯

　　罗马帝国是个异常庞大的政治实体，元首治理国家需要一套官僚机构体系，也需要大量行政官员。想当官？也是需要看出身的。生为贵族则意味着更多从政机会，对平民来说，超常的努力和运气也可以让自己实现命运逆袭，但非常艰难。尽早出道是从政爱好者占据先机的关键，你要脚踏实地，一级一级往上爬，执政官和行省总督是胸怀抱负之人的长远目标。当然，你最终能够走多远也是各种因素影响的综合结果。入选元老院可谓从政生涯的尽头，如果有幸获此殊荣，你一定光宗耀祖了。

怎么当上官

既然当元首的概率低得可怜，而且太危险太累心，那么你退而求其次，只做个官员行不行？好歹也属于上层社会。罗马帝国有政府，也有官僚体制。与共和国时期官员工作需自掏腰包的制度不同，帝国高级公务员有固定工资，职位不同，得到的薪水也不一样。其实，这笔薪水未必有多高，人们也不指望靠这笔钱发财。当高官的最大好处在于能实现人生价值，光耀千秋。

理论上讲，只要你拥有公民身份，无论你是贵族（包括元老阶层和骑士阶层）还是平头百姓，都有机会进入帝国上层管理机构，成为国家栋梁。因为凡是法律意义内的公民，一概享有选举权和被选举权。

共和国时代起，公民大会就在城市广场上举行，几乎全体罗马城中的公民都来参加，并通过投票选出政府官员。尽管贵族阶层在政治上始终占据优势，优秀的普通平民也没吃多大亏。历史上，罗马共和国政府中出现过很多平民出身的高级官员。他们通过当官改变了命运，使自己的家族成为朝气蓬勃的新贵。到你所生活的帝国时代，情况和从前大不一样了，普通老百姓很难再凭自己的单方面努力跻身政界。

时代不同了，当官要"拼爹"

首先，你要认识到，共和国时期由于频繁对外战争和经济结构巨变，开放型社会已经造就了一大批从平民甚至被释奴脱胎而来的新贵族，该成功的早就发达了，阶层已经严重固化，机会之门不可能永远向老百姓敞开。帝国时期，本来无权无势的外省贵族也逐渐进入帝国中央政府担任高官，扩大了新贵阵容。新贵阶层利用特权掌握了越来越多的资源，造就出强势群体，日益落魄的普通平民还有什么资本跟他们竞争呢？其次，元首为了方便操纵政治，把高级官吏的选举地点从代表人民利益的马尔斯广场转到了由贵族控制的元老院。人民大会成了空壳子，人民事实上被剥夺了很大一部分选举权，许多政府官员都是元首通过操纵元老院举行的选举活动来任命。这样一来，普通老百姓通过民主选举这条渠道当官的最后一点希望也彻底破灭了。

官员岗位少，一个萝卜一个坑

对普通平民来说，难以步入仕途的另一个重要原因在于帝国政府一直都采用精兵简政方针。元首相信他提拔的都是社会精英，能力超凡，一个人顶百个人用，所以没必要设置一大堆官位。任何一个职位的官员都不是吃闲饭的，他们都要在任职期间成为工作狂，必须有承担海量工作的本事和精力。因此，帝国的京官加起来都不超过100人，重要的地方官来源于退休的京官，数量也不会太多。即便是贵族，当官的机会也是少之又少，更别说平民了。

大家族人员多，内卷现象很严重

假设你出生在显贵家庭，你的仕途会是什么样？实际上，大多数贵族青年也没有机会真正步入官场，只是相对平民而言有着更多的可能性。在罗马帝国，家族、家庭的概念很大，往往有上百甚至上千成员。就算你出生在盛产高官的最为显赫的家族中，也不一定轮到你出人头地。

时光不等人，当官要趁早

在显贵家族内部存在公平竞争的前提下，实力决定一切。你如果想顺利步入仕途并走得更远，除了必须具有过人的智商和情商外，更重要的一点是：出道早。

在罗马帝国担任不同官职有不同年龄规定，而且一个人要以从低到高的顺序担任官职，很少有人能跳过必经阶段直接担任更高官职。这是为了让有志青年戒骄戒躁，脚踏实地，以务实的态度多经受锻炼，积累从政经验，同时用大家公认的工作业绩竖立威信，而不是完全依赖家庭背景平步青云。

一般来说，优秀贵族青年，尤其是骑士家族的人，最先要进入一个叫"二十人委员会"†的机构参与"社会实践"，从那里开始自己的从政生涯。别看这些委员年纪小，做的可都是大人的事，可见罗马政府多么信任年轻人。在二十人委员会锻炼一段时间后，如果表现良好，并且赶上某个边境的军团中有军事保民官离任，你就会被派到那里去接替他的位置，负责协调军官与士兵之间的关系，并维护普通士兵的正当权益。你能够在这个充满是非的工作中训练自己左右逢源的技巧，培养过硬的管理能力。如果你是元老家族的青年，不必经过二十人委员会阶段便可直接去当军事保民官。

　　当上10多年军事保民官后，你才有资格继续高升，到中央来做财务官、营造官……运气好的话可一直做到执政官。从财务官开始才算得上名副其实的高级官员。

　　按规定，有资历的贵族年满25岁就可以当财务官，30多岁就可以当营造官、大法官，40多岁就可以当执政官……你至少应该在15或16岁就当上二十人委员会委员，这样才能在完成10多年的基层锻炼后符合财务官的最低年龄要求，顺利跨过高官级别的门槛，并在漫长的升官道路中始终占据年龄优势。

古罗马贵族

你的职业生涯规划

前途光明的会计

👑 财政部部长在现代社会中是个非常重要的岗位，属于地位最高的官员之一。那么，罗马帝国的"财政部部长"地位又如何？

公元4世纪君士坦丁大帝†设立财政大臣一职以前，罗马帝国根本没有财政部这样的机构，负责管理国家财政的是20名财务官。财务官在拉丁文中叫 quaestor，这个词和英文的 question 很像，本意为"提问者"。也许这表明财务官做的工作需要经常调查询问。财务官职务在共和国时代就有，开始只有4个人，后来人数随着罗马国土的不断扩大和人口的不断增多而发生变化。

帝国时期，财务官职位继续存在，成为贵族青年结束10多年的军事保民官职务锻炼后走上高官之路的起点。罗马帝国财务官是高级官员中地位最低的，但别小看财务官，只要你能拥有这个位子，就可以进入罗马帝国元老院，从此成为一名议员，获得极高社会地位。

20名财务官基本上是平等的，各司其职，互不干扰。你和其他同事共同在中央或地方为帝国筹集税金，记录账目，制作预算，管理国库，统筹开支。你必须是个细心的人，要具有很好的数学运算能力。至少，你得知道如何使用罗马人的数字。🎵···›[1] 你那个时代，罗马数字一统地中海地区，直到公元10世纪，印度人发明的"阿拉伯数字"才传到欧洲。要想成为优秀财务官，先得练习数字解读能力，财政工作岗位上出不得半点闪失。

你和同事们的工作主要围绕着三个国库进行，即公共国库、元首国库和军事国库。🎵···›[2] 除了和金钱有关的工作，所有财务官都有另一项职责：负责监督

---

† 即君士坦丁一世。

竞技赛会。这在罗马帝国官场中成为奇怪现象，因为财务官之外的其他官员，如营造官、大法官和执政官等也都无可推卸地承担着关于竞技赛会的任务。各种官职似乎在这方面的分工极其不明确，也许是罗马帝国节日太多、活动太多，严重缺乏组织者的缘故。

暗淡无光的摆设

你做了财务官后要考虑好未来前途，面前会出现两条岔路。一条是光明的"荣耀之路"，也就是从财务官升级到营造官，再到大法官和执政官的晋升过程；另一条是前景相对暗淡的平民保民官（tribunus）之路。

按照帝国政府的习惯，如果平民保民官职位空缺，就应当从年龄不到40岁的做过财务官的人中抽签选举产生。

保民官在罗马共和国时期本来非常吃香，但到帝国时期就几乎形同虚设。🚩···³ 罗马共和国时期，平民保民官在维护人民利益方面发挥了很大作用，使罗马这个国家的内部矛盾得到缓解，得以集中全力向外扩张。所以，平民保民官功不可没。

帝国建立后，元首为了获得至关重要的否决权，并假惺惺充作"人民代表"，通常都会兼任终身保民官。因此，其他保民官的存在根本没有意义，这个职位也不再限于由平民担当，基本上成了打发失意贵族的一个闲差。

如果你不小心走上了平民保民官这条破路，肯定会觉得很郁闷，因为你在政府中地位低下，说话没分量，很少会受到领导重视。

提比略统治时期，几位平民保民官请求允许由他们自费举办奥古斯塔里亚赛会，同时把这一赛会列入岁时表。不过，经过人们讨论，赛会费用仍由国库担负。这几个保民官本来想通过自掏腰包举办赛会来提高威望，但还是被拒绝了。赛会举行时，元首为了照顾这几个人的情绪，允许保民官在大赛马场中穿绣金紫色的凯旋袍，然而却不准他们乘坐马车。✝反正和其他官员相比，保民官总是比较受气。

✝事例出自塔西佗《编年史》。

如果你当了平民保民官，可能就很难再往上爬了。保民官的虚职只会浪费你的宝贵时间，你从中得不到足够的锻炼，就算你还能从这个坑中跳出来走上正轨，也已经走了很长一段冤枉路，前途不再那么光明，所以千万求神保佑别被抽签去做什么平民保民官。祝你好运！

元首的杂役

表现出色的财务官可以被元首提拔为营造官。这一职位在罗马共和国时代已经产生，最初仅仅是平民出身的市场管理员，帮助平民向贵族争取经济权益。公元前4世纪以后，营造官被元老院正式承认为高级官员，同时规定贵族也可以担任这个职务。🚩···▸4

帝国时代，营造官这一官职在帝国时期的编制大概是6个人，其中2个人地位高一些，有权在办公时坐在象牙宝座上。

古罗马高官才有资格坐的象牙宝座

欧洲原本是没有大象的，而古罗马人却对象牙情有独钟，认为这是尊贵的象征。可见，当时的欧洲人已通过贸易得到象牙，甚至已经开始去非洲猎杀大象了。

元首为了保证大权在握，把营造官的一些关系到国计民生的重要职责，比如分配粮食的任务分给其他官员来做，将营造官的权力大打折扣，但这不代表他不给营造官指派更多无足轻重的杂活和累活。

这都怪那些精力充沛的营造官，他们总是乐意做好事，经常自愿揽活计，涉足本不属于他们的新工作领域。若他们在新领域干得很好，元首就会觉得所有营造官都应该去做这样的事，于是往往把这个新工作领域交给后来的营造官开发，使之变成营造官的新职责。

奥古斯都时期，有个叫卢福斯的人曾掌营造官之职，他在很多方面做得都很出色，特别是在任职期间还经常带自己的奴隶和手下义务帮别人救火。作为努力工作的回报，卢福斯从公共国库中得到了为自己的额外开销做的补偿，并被破格提升为大法官。从那以后，奥古斯都就命令营造官以消防工作为己任，如果发生大火灾，营造官一定要加入城市消防队行列。为此，奥古斯都给他们600名奴隶作为助手。†元首还规定营造官在接近罗马的海岸地区和意大利其他各个地区当差，这种举措维持了很多年。你也就这样成了给元首打杂的"碎催"。

尽管营造官这一职务特别辛苦，但和财务官一样，你当上营造官后也不会享受多少特权，出门也没有专车和保镖。仅那两个有权坐在象牙宝座上的营造官配有2名贴身扈从。扈从拿着一种别具罗马风格的特殊武器，由笞棒和斧头组合而成。它是权力的象征，表明有资格配备扈从的官员人身神圣不可侵犯。如果有人敢冒犯你，你可以命令扈从用笞棒教训他，甚至可以让扈从抽出斧头砍掉他的头。这种装备有个响亮名字，叫"法西斯"。"法西斯"笞棒的意义就在于用暴力工具维护政府权威，所向披靡，谁挡灭谁。

别看你承担的工程项目多，你却没什么机会从中捞取好处，通常还要倒贴钱。不仅搭上你的工资，还要搭上你的存款。这都是由于罗马帝国严格的政府监管制度和高度自觉的贵族精神。奥古斯都时期，就有一名营造官因当官当得一贫如洗而自愿辞职。

† 事例出自卡西乌斯·狄奥《罗马史》。

即使这样，营造官仍旧是很多有"远大理想"之人都希望担任的职务，因为当过营造官的人比较容易通过组织竞技比赛在群众中赢取知名度和美誉度，为自己未来官场之路铺砖垫石。另外，原则上说（也有特例），只有当过营造官的人才有资格继续往上爬，成为权力更高的大法官。

公正的化身

你一旦当上大法官，享受的待遇就会明显提高。至少，政府会给你配上保镖——6名贴身扈从。前面说过，能坐象牙宝座的营造官只拥有2名扈从，可见你的级别大大不同了。

罗马帝国时期，大法官的编制在12至16个，名额比低一级的营造官还多。所以，当营造官级别的人不足以填补大法官职位空缺时，政府也会考虑从财务官级别的优秀人才中精挑细选，把他们破格提拔为大法官。

你从营造官升职为大法官后，除了还要按惯例继续负责组织节日赛会外，业务方向彻底改变了。顾名思义，大法官主要职责是掌管帝国（重点在罗马城和意大利范围内）的司法事务。但这并不是说你必须对帝国法律了如指掌并亲自审理案件，你的职责在于组织大型公审法院，并指定精通帝国法律的人担当审判长。优秀的管理和组织能力才是一个高级官员最重要的财富。

虽然人家对专业能力要求不高，但你也不能啥都不懂，帝国的基本法律常识还是应该抽时间学一下。最起码，你得知道罗马人最早的成文法是《十二铜表法》🏌️···▸⁵。

《十二铜表法》是人类历史上最早出现的系统化成文法之一，对未来影响深远。当然，这部法典也存在很多缺点，就拿第八张铜板来说，明显存在量刑不当的问题。凭什么犯诽谤罪的要处死，而犯了伤害罪的人只是受到轻度罚款？这种规定只会造成让人哭笑不得的后果。据说曾经有个人利用了如此荒谬的法律，他让一个奴隶背着一麻袋钱跟着自己上街，看谁不爽就上去扇人家耳光，然后让奴隶从麻袋中取出25阿斯（as）铜币作为补偿，轻轻松松地就把罪过抵消了。挨打的人倒霉吧？没办法，法律就是这么定的。对有钱人来说，一个耳光很便宜，不打白不打。

你的祖先也逐渐认识到这些弊端，所以怀着"与时俱进"的态度，不断根据形势对《十二铜表法》进行修改与完善。自《十二铜表法》颁布后的数百年中，你的祖先又发布了100多项成文法律以及数不胜数的大法官谕令、执政官政令、元老院决议和君主敕令等，有的对逐渐过时的《十二铜表法》做出修改，有的则是根据形势需要进行创新。

　　这些法律和律令浩如烟海，大多数都以人名命名，如《阿奎利亚法》《阿提尼亚法》《卡西亚法》《朱里亚法》《奥皮亚法》等等。如果你不仔细阅读每项法律，几乎就不清楚它们到底是对什么事做出规定的。

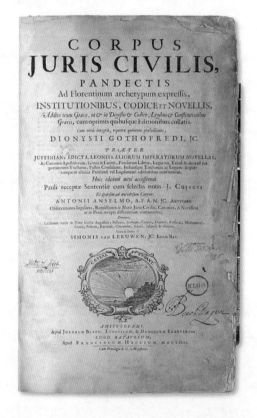

《民法大全》(*Corpus Juris Civilis*) 扉页
西罗马帝国灭亡100多年后的公元6世纪，东罗马帝国君主查士丁尼才想起来要把祖先的法律汇总起来编纂成册，于是系统的罗马法诞生了。罗马法是人类历史的珍贵遗产，它是今天很多国家法律的依据。

所幸，上面这些具体的法律用不着你去一个一个钻研，你只要善于汇总法律条文，掌握帝国时代罗马法律的一些基本规定就好了。而什么是婚姻，什么是物，什么是财产，什么是债务，什么是继承，什么是刑事犯罪，你心中都得有数。

不难看出，帝国法律一方面极力保护公民的正当利益，另一方面也会因兼顾宗教习惯和社会道德而牺牲公民的一部分利益。若是某人未经同意就把尸体或骨灰埋在别人的地产上，他不会被地产主人逼迫挪走那些讨厌的东西。这是因为你们罗马人特别尊重死者，将死者奉为低级神灵，如果大祭司或君主没有发布挖掘令，倒霉的土地所有者不可以擅自将人家的尸骨扔掉，只能自认晦气。

为了保护环境、"节能减排"，帝国政府禁止人们开设排出过量烟雾或产生大量废水的作坊。在实际工作中，你必须会根据原告在法庭上的口述制作所谓的"程式书状"。这种书状是记载当事人姓名、当事人所争执问题、原告的请求和审判建议等内容的材料，由大法官提供给审判员，让审判员据此进行判决。判决之后，你们的司法任务基本完成了，执行判决则是原告自己的事，胜诉的一方甚至可以依法将败诉的一方关进私设的监狱。如果胜诉者比较菜，搞不定败诉者，你才可以在接到请求后帮胜诉者搞定。

你要允许原告或被告聘请诉讼代理人替他们打官司。这些诉讼代理人几百年后被称为律师，通常对帝国法律有专门研究，打起官司来得心应手。从事这个职业的人很容易发财，因为经常会收到委托者赠送的礼物或现金。鉴于此，你这个大法官就得进行监督，规定某个诉讼代理人在一场官司中最多可以收多少钱。

其实公元前204年颁布的《辛西亚法》规定，"律师"不许从诉讼当事人那里收取任何礼物，否则诉讼当事人可以进行起诉，由法院判收礼的"律师"支付四倍于所收礼品价值的罚款。但这条法律规定过于苛刻，以致"律师"这行成了费力不讨好的行业。所以，到帝国时期，为了保证"律师"事业发展，同时完善行业规范，政府规定"律师"每次办案收取的礼金不得超过100枚金币。

你掌握着司法大权，得意扬扬地规范着人民生活时，别忘了自己并不是这个国家级别最高的司法者。你要经常向元首汇报司法工作情况，某些大案要案也得请他亲自定夺。有些元首热衷于参加庭审，对大法官和审判长指手画脚，如同操纵傀儡。

奥古斯都就是这样的司法爱好者。他经常出现在法庭上，时不时地向法官提出忠告。法官坐在木板台上，他就并排坐在法官旁边或坐在对面。如果他听说某个被告的开释是因为有人给说情，他就会突然从座位上站出来，提醒陪审员注意法律的严肃性。†如果你遇到这样的主子，不如老老实实坐在大法官席位上，听凭他的裁决。该省心的时候就得学会省心。

除了元首，还有另外一些人分割了你的司法权力。你的上级领导执政官也能涉足司法事务。执政官和其他一些官员及部分元老院议员约15人组成为元首进行特别服务的枢密院，也有权承担元首委托处理的司法案件。

帝国时期才出现的禁卫军（罗马帝国的御林军，首都及意大利的卫戍部队）司令这个官职，不但负责审理禁卫军士兵的法律案件，也负责处理和高级官员或贵族成员有关的案子。你们大法官通常只受理和普通百姓相关的法律业务，不如禁卫军司令势力大。罗马城保安司令（相当于首都公安局局长）负责审理有碍首都治安的案子，比如虐待奴隶、哄抬物价等。首都消防队队长和粮政官也有一定的司法权，以便于自己领域内工作的开展。至于行省的司法权则归总督拥有，大法官仅仅处理罗马城和意大利的事务。

尽管帝国时期大法官的权力受到很多限制，远不如共和国时期实惠，但这仍然是抢手职位。当过大法官的人可谓前途无量，往上能进一步升级为执政官，或者卸任后奔赴其他具有实质意义的重要岗位，如行省总督、粮政官、国库长官等。

为了有效防止瘟疫和饥荒，奥古斯都设立了专门的粮政官。每年应通过抽签选出2人来担任这个职务并监督粮食配给。候选人应当在3年前做过不少于5年的大法官。道路的实际建设也从当过大法官的人中任命官员负责，每个人配备2名扈从。

前文提到的几个国库也和大法官密切相关。尤其关系到军队生活的军事国库，由担任过大法官职位的人管理，政府组织抽签活动，从符合条件的人中选出3人，对这笔资金进行为期3年的管理。

只有当上大法官才意味着你真正进入了国家栋梁之材的行列。你还有上升空

† 事例出自卡西乌斯·狄奥《罗马史》。

间，加油干啊，一定要爬到官场最高点体验一下。

有名无实的执政官

执政官，拉丁文写作 consul，是罗马帝国最荣耀的官衔。如果你当上执政官，就意味着你在罗马帝国的社会中到了一人之下，万人之上的地位。你可以带着12名手拿"法西斯"笞棒的扈从上街，威风极了。

执政官的荣誉源远流长，早在罗马共和国时代，这个官职就显赫无比，是政府的最高首脑、元老院的代言人、人民大会的召集者、军队的统帅。

和人数在不断发生变化（都有从少到多的趋势）的其他官职相比，执政官的编制非常稳定，一开始是两个人，后来也是两个人，再后来就变成一个人了。物以稀为贵，好东西绝对不能弄太多了。

奥古斯都的得力执政官阿格里帕

成功的政治家往往都善于用人，奥古斯都也不例外，他在帝国建立之初靠"左膀右臂"麦凯纳斯和阿格里帕治国，使罗马这个国家顺利完成了从共和体制向元首体制的转变。

很长时间内，两名执政官都常驻于罗马城。直到公元4世纪初，君士坦丁大帝下令让一名执政官留下来管理罗马城的事务，另一名执政官离开罗马到新都君士坦丁堡去，管理那座城的事务。

公元395年，罗马帝国一分为二，两个"亲密"战友从此天各一方，各为其主：西罗马帝国只有一个执政官，东罗马帝国也只有一个执政官了。西罗马帝国的末代执政官于公元534年下台，东罗马帝国的末代执政官于公元541年下台。从公元前509年罗马共和国建立开始，这个官职在世界上存在了1000多年。

罗马共和国时代的执政官才是真正意义上的国家首脑，因为他们掌握着实权。执政官由民选产生，任期1年。战争时期，执政官要挂帅出征，亲临战场进行指挥；和平时代，执政官负责行政、立法和司法事务。那个时代还没有三权分立的理论，但为了制约执政官的权力，罗马人便设置了两个执政官，彼此能否决对方的决议，这样就能避免出现独裁专制的不良情况。

说到独裁，罗马共和国时期偶尔还是会搞独裁的。但这个独裁并不是为了实现个人利益，只是在国家面临生死存亡的关键时期，为了能保证行政上的高效率，两名执政官中的一人会被推举为独裁官，全权控制一切国家资源，说一不二，避免扯皮。但有效期仅仅6个月，期满之后，不管危机过没过去，再牛的独裁官也得交出帅印，重新成为"说一有二"的执政官。…▶6

历史上也有个别官瘾大的家伙把持着独裁官职位不放，比如苏拉和凯撒。苏拉是个屡立战功的人才，也是长久以来第一个为了夺权而把矛头指向罗马城的罗马统帅。苏拉通过内战将政敌赶尽杀绝，于公元前81年登上独裁官宝座，非法持续了3年时间，过足了官瘾之后非常识趣地主动交出权力，隐退乡下，否则就要引起公愤。

凯撒就不用多说了，他权欲实在是太重，曾经三次被"推举"为半年任期的独裁官。他不像前辈苏拉那样有见好就收的觉悟，最后竟然无耻地当上了终身独裁官。可惜，几百年来生活在民主共和氛围下的罗马人实在不习惯有人大张旗鼓地玩独裁，于是忍无可忍地用许多把小刀子干掉了凯撒（据说参与刺杀凯撒的人有60多个）。

前事不忘，后事之师。真正建立了独裁统治的奥古斯都吸取了凯撒的教训，不敢明目张胆号称独裁，而是给自己的政权披上了一层共和国的外衣。他给自己披的外衣就是执政官头衔。奥古斯都，这个聪明的家伙，给人造成共和政体获得恢复的假象，让人感觉他在和另一个担任执政官的人共同执掌国家大权。但实际上，奥古斯都是真正说话算数的执政官，另一个执政官不过是陪衬。如果你在这个时候成为执政官，就等于和罗马帝国的老大当同事了。

慢慢地，人们看出了端倪，开始对奥古斯都强烈不满。因为奥古斯都长期连任执政官，导致执政官的实际编制从两人缩减为一人，做执政官变得难上加难，这还叫人在官场上有什么盼头。尽管这个时候的执政官已经没什么实际意义，但它毕竟还是一个志存高远的人在官场生涯中的顶点，当个人生理想总是可以的吧。

这导致刺杀事件频频发生，不但奥古斯都成为刺杀目标，另一个执政官的在任者或竞选者也会成为刺杀目标。执政官的名额少得可怜，想当执政官的人又太多，只有干掉绊脚石才可以顺利往上爬。曾经有个叫萨图尔尼努斯的人当上了执政官，罗马城为此陷入党派之争，谋杀事件也层出不穷，所以元老院不得不为萨图尔尼努斯配备了一支卫队。你在这个时候当执政官一定要多加小心，被人搞死在任上可不划算。

奥古斯都认识到这个问题，很快就宣布自己不再担任执政官，使两个执政官的位子得以向官僚们重新开放，并规定执政官只有2个月的任期。这样一来，每年至少有12名官僚爬上执政官宝座。一些年纪老迈的执政官还没等卸任就去世了，所以能有更多人士作为替补执政官出现。据说在康茂德统治时代，公元190年那一年中产生出25个执政官。当官的机会多了，人们也就不再想着谋杀执政官了。

一些元首为了好玩也抢过执政官的位子，他们有时还任命自己的亲戚当另一个执政官。奥古斯都特别想给自己过继的儿子盖乌斯与路西乌斯在未成年的时候就保留执政官职位，并取得"青年元首"（皇子头衔）的称号。奥古斯都还让那位精通军事、协助他打过胜仗的女婿阿格里帕两次连任执政官。卡里古拉甚至封自己最喜爱的坐骑为执政官。

无论元首怎样搞怪，基本都没再因为执政官名额问题出乱子，大家也都知道元首不是认真的，玩够了就走人，绝不会长期霸占执政官之位。话说回来，如果你能跟元首共同担任执政官，那还真是莫大的荣幸。

帝国时代，当执政官不像在共和国时代那么过瘾。这么短的任期内，你干不了什么事业，顶多满足一下自己多年来的夙愿。人生的顶点如昙花一现，你反倒会倍加珍惜。若是你运气很好，赶上在一年的头一个月当上执政官，那么那一年的纪年就以你和你同僚的名字命名。

身为执政官，你很可能成为元首最好用的权力工具和掩护。提比略登基后，在任的两名执政官首先向提比略宣誓效忠。然后在他们二人面前，由禁卫军长官和粮务长官宣誓效忠，之后是元老、士兵和普通公民。提比略不管做什么事情，总是要执政官先提出来，仿佛过去的共和政体依然存在。

这样看下来，帝国时期的执政官本身其实没多大意思，元首的傀儡而已，但有了执政官履历后，你就可以被派到一些行省去做总督，掌握地方大权。或者，你还可能会被元首委以其他任务。卸任执政官可能被任命来监督面包配给和粮食供应，这可是关系到社会稳定的重要工作，责任特别重大，只有当过执政官和大法官的资深政治人物才有这个能力胜任。元首生病之时，卸任执政官还可以被委派来代替元首接待外国使节，处理外交事务。当过执政官的人肯定是精英中的精英。为了成为国家的优秀人才，你一定要向当上执政官的目标努力前进。

帝国的纪检委员

执政官是罗马帝国仕宦生涯的最高点，但还不是终点。如果能力特别强，威望特别高，运气特别好，你还有可能在卸掉执政官官职后与元首一起做监察官。监察官不像大法官和执政官那样拥有"统治大权"，所以没有扈从当保镖，这个职位也不在"荣耀之路"内，从官阶上说并不算高。

由于其职能的特殊性，监察官的门槛实在比天还高，如果没有超乎常人的政治水平，你根本别指望。因为元首只任命他们最亲密、最信任的人担任此职。早在罗马共和国时代，监察官就出现了，名额为2人，任期一般为18个月。🚩---⁷帝国时期，奥古斯都保留了这个官职，并长期把持着其中一个位子。这样他就可以看谁不顺眼就整谁了。

如果你真的登上了另一个监察官位子，就等于做上了罗马帝国的纪检委员，古代中国把这样的官员叫"御史"。惩治腐败、维护公共道德、监管国家投资的工程项目是你的光荣使命，偶尔你还要承担人口普查的重任。

除了监管不文明、不雅观的行为举止，你的其他任务也挺多。比如，若是有人总也不愿意结婚，甘当大龄青年、钻石王老五、单身贵族什么的，你要逼迫他们结婚，这样才可以保证帝国拥有下一代。如果有人虐待妻子和孩子，或者有子女虐待父母，你要出面调解。如果有人炫富或者挥霍钱财，你要及时制止。如果有官员行贿受贿，你要进行惩罚。

惩罚的措施主要是除名。你可以把有问题的官员开除出元老院，你还可以把有问题的普通公民踢出所属部落，剥夺他的公民权。虽然这些被惩罚的人没有挨打挨骂，也没有被罚钱，但被开除户籍的滋味比什么都难受。在这个以特权地位和公民权为重的时代，失去贵族身份和公民权将是个巨大的灾难。

帝国时代，公民人口统计不再按共和国时期的惯例每5年进行一次，因为帝国实在太庞大了，每5年做一次人口普查很不现实。虽然如此，你身为监察官，仍旧会在某些特定时期，在元首指示下派出专员，一个省一个省地普查人口，统计土地。奥古斯都在位期间一共做了三次人口普查，喀劳狄也组织过类似的活动。

人口普查过程中，老百姓（男性公民）要被问及姓名与年龄。如果他是被释放的奴隶，则要提供从前那位主人的姓名。他还会被问："你有老婆吗？照实说来。"如果有，就得把老婆的名字告诉专员，同时提供子女信息。寡妇和孤儿要单独列进一个名单，奴隶也被单列在一个名单里。个人财产状况是人口普查的一个重要调查项目。被调查者要如实汇报财产明细，包括地产的位置、葡萄园的数量、橄榄园的情况等。被调查人必须老老实实地配合，不能逃避调查或弄虚作假，否则将会被严惩。

调查专员做完基本工作后，会把数据汇报到你这里来。你的任务是对全国人口进行分类，按照部落和财产状况等标准明确谁是元老阶层、谁是骑士阶层、谁是平民阶层，将结果做成清单公之于众。

封疆大吏

大部分人从执政官任上退休后当不成监察官，但政治生命也没有就此完结，他们往往被派到意大利以外的帝国领土，也就是一些行省中去当总督。

行省总督是相当牛的官职，是大权在握的高干。如果你成为总督，不仅有地方的行政权、司法权、财政权，征税权，或许还握有兵权，简直就是个土皇帝。你将有6名拿着"法西斯"笞棒的扈从保镖，任期或许是1年，或许是3年，也可能是5年。

尽管大权在握，别忘了你是君主和元老院在各省的绝对亲信和代表，要认真负责地替他们办事，不能僭越职权。如果行省发生了叛乱或有外敌入侵，你要不遗余力地镇压或抵抗。你有权对行省中的居民判处死刑，但必须将案件上报到罗马城由大法官和元首进行复核才能执行。

在任期间，除了元首，没人能制裁你。但也不要得意忘形，为所欲为，因为一旦你退休回来，失去总督权力后，将会被秋后算账。按规定，行省总督卸任后，必须在3个月内返回罗马城，路上不许耽搁。

事实上，行省总督之间的权力和势力是不平衡的，这要取决于你所去的行省的性质。罗马帝国盛期总共有将近40个行省，若是让元首一个人都管，不累死他才怪。因此奥古斯都想个两全其美的办法，将全国行省分为两种，元首挑那些重要的亲自来抓，那些不太重要的就扔给元老院，这样既解放了自己，也削减了元老院的势力。于是罗马帝国的行省就分为两大类：元首行省和元老院行省。

顾名思义，元首行省是由元首直接控制的行省。这些行省通常是帝国的边境地区，或者是经常有讨厌分子闹事的地区。正因为不安定，所以需要派大批军队驻扎在那里。正因为这些行省有军队，所以元首才不愿意把控制权交给别人。元老院行省则是归元老院控制的行省。这些行省一般都是被罗马人早期征服的地方，非常安定，不用派驻太多军队，所以元首才懒得理。

如果你是退休执政官，就有可能会被元首派到至少驻有两个军团的元首行省中去，![golf flag]→[8]统辖自己所管辖行省的所有军队。当然，你也可能被元老院派到几乎没有军队驻扎的元老院行省中去，如亚细亚省和阿非利加省。对雄心勃勃的人来说，这种情况就不带劲了，顶多图个清闲。

假若你的人生目标是当个行省总督，大可不必熬到当上执政官就能实现这个梦想，因为有的元首行省仅仅驻有一个军团的兵力，这样的行省无须派退休执政官来管，只需交给退休大法官就可以了。在元老院行省中，退休大法官可去的地方比较多，因为除了刚才提到的亚细亚省和阿非利加省外，其他元老院行省都归退休大法官治理。

其实，还有一些人不当大法官就可以成为总督，他们是还没有走上"荣耀之路"的来自骑士阶层的人才。个别元首行省†没有军团驻扎，却驻有辅军。骑士便成了管理这些行省的最佳人选。另外，还有一个极为特殊的地方也只能由骑士管理，它就是埃及——元首的私人领地。这些人不叫行省总督，而是叫行省代理员。

你在行省中可以组织"省政府"，像罗马城那样设置财务官、营造官、大法官等职位，但罗马帝国不是大一统的中央集权国家，它不像古代中国那样有完整复杂的、自上而下的官僚系统，所以在行省，普通的政府公务员大多数都不是从罗马派去的，而是在地方招募的。

---

† 如沿海阿尔卑斯（今摩纳哥）、里西亚（今瑞士）、诺里克（今奥地利）、色雷斯（今土耳其与希腊的部分领土）、伊庇鲁斯（今希腊及阿尔巴尼亚部分领土）等地方。

第三节

假如你进了元老院

元老院 🎏 ⋯⋯[9]，在拉丁文中叫 senatus，由它衍生出来的 senate 这个词现在也指美国参议院，它是美国人从你们罗马借鉴来的机关单位。

元老院的编制有限，能够进入元老院的人绝非等闲之辈。这些元老堪称国家中最有实力、最有威望的权贵人物。他们并不是天天聚在一起商量事情，而是平时各忙各的，到固定日子或遇到紧急情况时才会冒出来各抒己见，对国家大事做出评价和决断。帝国时代，元老院开会的地点位于罗马广场的朱里亚议事厅，是一座不太起眼的灰不溜秋的建筑——其实元老院非常低调。

帝国时期的元老院精简人数，从凯撒时代的 900 人减为 600 人，这个是奥古斯都规定的，触动了一些人的利益。一个叫李希尼乌斯·勒古鲁斯的元老听说

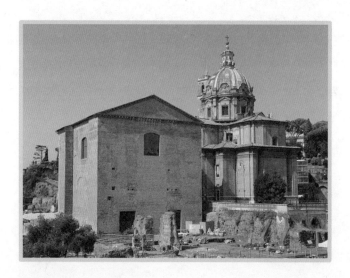

作为元老院活动场所的朱里亚议事厅

元老院虽然是帝国重要的决策机构，相当于今天的议会，但它的集会或办公地点并不豪华，绝对不及神庙、竞技场甚至澡堂子华丽。

自己的名字在剔除之列后勃然大怒。他在元老院议事厅里撕碎衣服，光着屁股耍疯，列数他参加过的战役并展示他的伤疤，大有撒泼耍赖之嫌。还有一位叫阿提库里乌斯·皮图斯的留任元老，请求元首把他开除，以此换取让同是元老的父亲留在元老院工作。† 为了达成妥协，奥古斯都不得不接受了一些根本没有用却不好惹的人。自此以后很长时间，罗马帝国的元老人数基本没再变动过。

你怎样才能成为这600人中的一员呢？最直接的途径就是当官。前面也说过，只要你当上财务官就算自动进入元老院了。所有在任的帝国高级官员，包括财务官、营造官、大法官、执政官、监察官、保民官、粮务官、国库保管员、行省总督（不包括行省代理员）等基本都是元老院成员。由于元老是终身制，所以就算你从政府官位上退下来，也照样是元老。

还有一种途径是凭着雄厚的经济实力被直接推举为元老院成员。推举的方法看起来很科学。首先，元首私下里从现有的元老中选出30个他认为最值得信赖的人，这些人要在他面前郑重宣誓，表示对领导的工作大力支持，绝不会徇私舞弊，结党营私。发完誓后，他们每人要从亲戚之外推荐5个优秀的人，并把这150个人的名字写在表格上，作为元老候选人。被推荐的这150个候选人以5个人为一组抽签，每组中幸运地抽到签的那个人将成为元老。如果这30个新元老仍不足以补齐元老院编制，元首就让这些人按同样的程序写下他们所认识的5个人的名字，继续以抽签方法选出30个人。即便没当过大官，你也有可能成为元老。高官一定是元老，可元老未必是高官。

有时候，元首认为这种方法效率低，干脆亲自提名一些人物进入元老院。如果撞上这种大运，今天你还是平民，明天你就是元老了，速度相当之快，根本不用混官场、熬资历啥的。

罗马帝国早期，元老院的大门仅仅向意大利的贵族们开放，外省人通通不带着玩。直到元首喀劳狄的时代，情况发生了变化。喀劳狄心胸广阔，他允许外省有钱人和贵族也通过做官或推举进入帝国元老院，从而使罗马帝国真正成为一个多元的有机整体。

---

† 事例出自卡西乌斯·狄奥《罗马史》。

你也许会问，600个元老名额实在太有限了，如果名额满了岂不是没有机会进入元老院了？这个你放心，其实元老院名额是用不完的。要知道，元老院中的很多人岁数都不小了，他们干不了多久就会自然死亡，空出位子给新人。元老虽说是终身制，但并非一劳永逸的职业。帝国会对元老进行不定期监察和遴选，清除掉那些占着位置不干活的人。因此，帝国元老院常年人数不足，很少满员。

正因为存在着监察制度，你成为元老后千万注意要洁身自好，别被踢出元老队伍，弄得前途尽毁。最起码，你不能以权谋私，不能贪污受贿，不能生活腐化，不能搞不正之风。一旦你的行为出现污点，就难免受到监察官的弹劾，到时候元老地位不保别怨别人。元老因为堕落被开除的事例是有的。提比略时代，元首就毫不留情地免除掉一些元老的职务，或是同意一些元老辞职，因为这些人生活腐化，财产已经挥霍一空。

你成为元老后，要多锻炼身体，保持身体健康，因为元首偶尔会给元老体检。这不是国家给你们的福利，而是为了确保政府的工作效率。身体不好的元老很容易被清除出去。你的思想态度也要端正，除非生大病在家卧床不起，不然就得尽量保证出席元老院例会。在罗马帝国，元首是要给元老记考勤的，因为元老保证出勤率对工作的运行特别重要。元老院做出的所有决断，只有在足够人数的表决下才会生效。

为了便于操作，所有元老的名字都被铭刻在一块板子上并挂在议事厅外，谁来谁不来一目了然，按时出席会议是元老的义务。为了保证元老们无法给缺席找借口，奥古斯都要求元老参加的法庭审理和其他机构会议都不得在元老院例会时召开。他还增加了对无正当理由缺席会议的元老的罚金。即便缺席的人太多，搞得法不责众，元首都想出了对策。他规定逃会的元老集体抽签，让每5个人中抽到签的那个人支付罚金。

除了上述这些注意事项，作为元老，最重要的莫过于保证自己的财产数额符合元老身份。罗马帝国初期，元老的财产资格被定在40万赛斯退斯，因为他们中的很多人在内战中被夺去了祖先留下的地产。之后，随着时间流逝和人们财富的增加，财产资格升到了100万赛斯退斯。

假如你在当元老期间变得穷困潦倒，自己都不好意思在这个圈子里混。曾经有一位名叫凯列尔的元老向提比略请求解除他的元老资格，说因为他实在太穷了。提比略知道他确实贫穷后，考虑到这个人为人不错，就赐给他100万塞斯退斯——这是奥古斯都规定的元老最低财产额。其实这种事情早在奥古斯都时代也发生过，元首都慷慨地赠给他们金钱，以维持他们的地位和为公共事务尽责的能力。

你到底有多牛

从常理说，身为元老的你一定拥有很高的权威，能利用权力和威望做很多有意义的事情。但别忘了，你已经不是共和国时代具有独立决断权并一心为民服务的元老了。从本质上讲，你在帝国时代变成了君权的维护者，是元首政治的漂亮掩体。在君主的掌心中，你始终都是有权威的人吗？

总体来看，当元老还是很过瘾的事，否则这个头衔不会那么抢手。你或多或少可以在元老院这个最高国家权力机关中实现自己的抱负，你的提案或多或少能左右国家的行动。

元老们步入元老院议事厅

元老院议事会定期举行。你走进元老院，会发现这是个有好几排座席的厅堂，座席由低到高逐层排列，看上去很像个阶梯教室，座席前面是演讲区。

同事们一个个走进来，按照自己的官职和资历寻找对应的座位，不能乱坐。通常，在元老院中混的时间较长的元老和正担任官职的元老坐在位置靠下的席位上，菜鸟级别的元老和不担任官职的"充数"元老坐在靠上的位置。

开会之前，有祭司在元老院议事厅中举行宗教活动，杀头牛或宰只羊什么的，以此表明会议的神圣性。会议开始，你看到两名执政官坐在显眼的位置主持大会。他们往往负责制订大会流程，并控制会场的气氛和节奏。元首若是有兴趣参加，就坐在两名执政官中间，倾听大家发言。

元老发言很讲究，不能太随便。你们要让最年长、资历最深、官阶最高的元老先说话，然后从大到小依次到演讲区发言。你可以把自己的想法毫无保留地讲

罗马元老辛尼加

　　这个头像是大英博物馆的藏品。很多学美术的朋友对它并不陌生，因为这个石膏像经常被学生用来画素描。可能因为长得比较额废，此人还被大家戏称为"海盗"。殊不知，这位"海盗"曾经是显赫的罗马帝国元老，是元首尼禄的老师。

出来，要使出浑身解数来游说其他元老，让他们就某个问题站在你这一边。有些元老无权说话，只能干巴巴地坐在那儿听，但最后可以参与投票。这样的元老是从来没有担任过任何政府职务的人，没有实践就没有发言权，所以必须老老实实当陪衬。

元老院议事会快结束时，大会主持人（执政官）便把当天的热点话题总结一下，让你们对这些问题进行表决。如果你同意某个决议，就举起手来，或者用高声喊叫的办法让主持人知道你的倾向。表决的原则是少数服从多数。经元老院批准通过的提议具备法律效力，可以拿出来予以实施。

因为元老院是元首的政治参谋机构，你们有义务协助元首处理国家大事。很多提议都是有利于国计民生的。比如，曾有元老发表长篇演说反对国内的奢华风气。于是元老院下令禁止用黄金制造食具，禁止男子穿东方的丝织品，因为这会使人堕落。有人甚至要求用法律明文规定银器、家具和奴仆方面的限制。

但并不是一切好的提案都能在元老院中获得通过，尤其在触及上层社会既得利益的时候。奥古斯都时期，元老阿尔伦提乌斯和阿泰乌斯提出通过改造台伯河上游的河流与湖泊的水路来达到防洪目的。但意大利好几个自治市和殖民地的代表出于自己的利益表示反对。最后，元老院只好下令一切原封不动。†

元老不一定只在元老院议事会上发挥作用，毕竟元老院议事会存在一些限制。你们这些元老是帝国中最富有的贵族，掌握着非常多的社会资源。在罗马文化中，权利和义务是对等的，越是强大的人就越应该为国家多做贡献。所以，你们不能像暴发户那样只顾沉迷于物质享乐，还要承担起艰巨的社会责任，设身处地为老百姓办实事。

奥古斯都时代的宠臣阿格里帕便是一个模范元老。他不是把奥古斯都赐给他的荣誉和权力用来为自己谋利，而是毫不吝惜地奉献出来以保证元首和公众的好处。他自费担负起很多大型工程，包括神庙、道路和供水系统的修建等。阿格里帕从来都不会给奥古斯都带来烦恼，也不会招致下属子民的嫉妒。他死后留下了以自己名字命名的花园和浴室，竟然供群众免费使用。

....

† 事例出自卡西乌斯·狄奥《罗马史》。

在人民面前，帝国时代的元老院权威尚存，而在元首面前，元老院则不过是个听话的工具。元首之所以保留了元老院这个机构，是为了制造一种假象——罗马共和国仍在延续。元首都是通过元老院发布命令，给自己的意愿披上合法外衣。

有时候，元首本人会控制元老院的议题，他让议论什么就议论什么，别的事不许提。如果元首事先对某个问题有自己的主张，他会将其写在板子上并贴在元老院的一个小厅里，然后元首让元老们三三两两进入小厅阅读主张的内容。如果你对任何条款不满或者有更好的建议就可以说出来，总体来说没有几个傻瓜会公然反对元首的提议。

元老院不但为人民服务，更为元首服务。维护元首的权威是你们元老的重要任务。有个叫康涅里乌斯·加鲁斯的家伙因为得到荣誉而狂妄自大，散布了很多和奥古斯都有关的流言。他不仅在整个埃及竖立了自己的塑像，还把自己的功绩铭刻在金字塔上，真是不知天高地厚。他的密友元老瓦勒里乌斯·拉古斯为此在元老院会议上起诉了他。元老院一致通过决议认为加鲁斯应当在法庭上被定罪，被流放，被剥夺财产。†

在帝国时代的特殊形势下，一些元老在元首面前变得跟孙子一样，唯命是从，阿谀奉承，早把尊严和脸面抛到九霄云外去了。 ⋯⋯10 你们这些栋梁之材的政治生涯就是这样一幅景象。

注释

▥1　　罗马数字中，没有零这个概念。1是 I，2是 II，3是 III。乍一看很简单。
　　　然而，到了4就开始复杂了，它不能写成 IIII，而是用 IV 表示，意为排序在5前边1位的数字。之后，从5到10分别是 V、VI、VII、VIII、IX、X。

---

† 事例出自卡西乌斯·狄奥《罗马史》。

11、12、13、14、15分别是 XI、XII、XIII、XIV、XV，20写成 XX，30写成 XXX，40写成 XL，50是 L，60是 LX，100是 C，500是 D，1000是 M。用来表示100的 C 其实是 century（百年）一词的开头大写字母，而代表1000的 M 是 millennium（千年）一词的第一个字母。

作为财务官，你天天看到的都是千以上的大数字，动不动就10万、20万、100万的。这些该怎么表示呢？1万写成 X。

结果，较大的数字看起来复杂得很。举例来说，134945584的罗马数字表达方法为 CXXXIV CMXLV DLXXXIV。

2　公共国库位于罗马城卡庇托林山东坡的农神神庙。这里不仅保存着金钱，还有国家财富的账本，以及铭刻着法律条文的铜板、元老院颁布的政令、军团的旗帜和其他一些重要文件等。公共国库里的钱来自元老院控制的行省，是行省居民每年都要向国家缴纳的税金。

为了防止入不敷出，甚至财政破产，公共国库里还有一笔储备金，是主人释放奴隶时向国家交的税钱。这笔储备金平时不能动，到了万分紧急的时刻才可以拿出来使用。这个规定你一定要记住，否则会坑害了国家。

公共国库名义上在元老院的管辖范围内，但实际也要听从元首的支配，包括管理者的人事安排。奥古斯都和尼禄就曾经派大法官或退休大法官代替财务官控制公共国库。

而元首国库则归元首直接掌握，属于最高统治者的私人财产，跟元老院无任何关系，因为这里的钱来自元首掌握的行省。由于钱财是元首的命根子，所以元首国库的管理权不在财务官手中，而是由元首派出的一位专员负责。你们财务官顶多协助那位专员做一些相关工作。

罗马帝国经常出兵打仗，养了一支庞大的常备军，所以需要专门的军事国库来维持军队开销，军人的工资、装备、退休金等都来源于此。你们财务官在军事国库的任务便是向军队按时派发薪饷，保证前线将士情绪稳定。

3　公元前5世纪初，罗马平民闹事，抗议氏族贵族对他们的压榨。由于罗马平民打算离开这座城市另谋出路，氏族贵族们怕再也没有人给他们当兵，于是妥协，设立了平民保民官（有别于军队中的军事保民官）这个官职，规定只能由平民担当。编制从2人慢慢变成10人。

平民保民官人身不受侵犯，也就是说，平民保民官虽然没有扈从，但绝对不能被伤害。平民保民官没有行政权力，但具有关键的一票否决权，也有一定的立法权。他们对独裁官以外的其他任何高级长官的违背平民利益的决定，均有权予以否决。所以，平民保民官是响当当的人民代表，是替老百姓说话的人。

📖4　这大概是因为元老院觉得身为营造官的平民请愿者太讨厌，所以表面上提高了其地位，实际上靠安插自己人来控制这个官职。

共和国时代，营造官是个责任特别重大的官职，干的活比财务官更杂，更碎。如果你在那个时代荣升为营造官，这就意味着你担当了国家的基建总工程师和后勤大总管。

你不仅要努力学习工程学和建筑学，从而在实践中照料神庙，维护罗马城的公共建筑，还要负责组织竞技大会，并保证罗马城的饮水和食品供应。此外，你还要继续担任市场管理员，负责裁决棘手的商业事务。

营造官监管的尽是些琐碎的事。例如，你在举办庆典赛会时有义务控制一些不当言论，比如演员和小丑在表演时不能想说什么就说什么，而是要提前经过你的审核。另外，你还负责到红灯区登记妓女信息，发给她们"营业执照"。

乱七八糟的活是不是已经让你觉得任务繁重了？尤其举办赛会这一项就够你受的。罗马人一年中要庆祝很多节日，所以作为庆典的赛会也是一个接一个，纵使你有三头六臂也不足以应付。

📖5　公元前451—前450年，罗马人的祖先创造性地把更早时期罗马人关于财产、身份、债务、婚姻、犯罪等问题的习惯法规汇总到一起，刻写在12块铜板上，公示于罗马广场。从此，罗马人以《十二铜表法》的内容为发展基础，开始了漫长的成文法律缔造过程。

《十二铜表法》的第一张铜板就解释了打官司的规矩——诉讼程序。里面有一些在你看来十分有趣的规定，例如：原告传唤被告到法庭打官司，如果被告不听话，原告有权将被告逮捕押送到法庭。若是被告因疾病或年老不方便出庭，原告则要给他提供交通工具。

…………

第三张铜板规定：欠债的人被债主拘押期间，通常得自备伙食。如果欠债人实在没有能力自己养活自己，债主就要给他吃的。

…………

第七张铜板规定：建筑物的周围得有两尺半宽的空地，以便通行。

第八张铜板规定：以文字诽谤他人，或公然歌唱侮辱他人的歌词的，处死刑。而对人施行其他强暴行为的，处25阿斯铜币的罚金（这点钱对富人来说真不算什么，强奸罪比诽谤罪轻得多）。

烧毁房屋或堆放在房屋附近的谷物堆的，如属故意，则捆绑而鞭打之，然后将其烧死；如为过失，则责令其赔偿损失，如无力赔偿，则从轻处罚。夜间行窃，如当场被杀，应视杀人行为为合法。

白日行窃，除用武器拒捕外，不得杀之。正式搜查赃物时，搜查人（注意，是搜查人，而不是被搜查人）应赤身裸体，仅以亚麻布围腰，双手捧一盘。

杀人者处死刑；过失致人死亡的，应以公羊一只祭神，以代本人。

…………

第十张铜板规定：不得在市区内埋葬或焚化尸体。

妇女出丧时，不得抓面毁容，也不得无节制地号哭。

禁止对奴隶的尸体用香料防腐。

…………

6　公元前3世纪末，第二次布匿战争期间，迦太基名将汉尼拔翻越阿尔卑斯山突袭意大利，搞得罗马人惶惶不安，如临灭顶之灾。危急时刻，元老院任命深谋远虑的费边为独裁官，解决汉尼拔的隐患。费边不像其他人那样和汉尼拔硬碰硬，他采取了跟踪骚扰的战术，只追不打，仅仅看时机捣一把乱，让敌人吃不好睡不好。这种看似消极避战的拖延战术被称为"费边战术"，后来又从中发展出了对社会实行点滴改良，循序渐进的"费边主义"。尽管费边的策略很对路，取得了实际效果，但6个月到期后，他也照样下台不干，换由别人来力挽狂澜。这就是共和国的独裁官原则。

7　监察官最初只是执政官的助手，负责定期（5年为一个周期，只有赶上这个活动的监察官才会参与）统计罗马城内公民的人数，以便让执政官知道有多少人可以参军打仗。

他们不仅在人口普查时记录公民的姓名，还要对其财产与年龄登记造册，据此划分社会等级，鉴别骑士和元老阶级成员的资格。

另外，监察官还承担着一项重要职责——公共道德监督。这个职责包含着很大的权力，监察官能动用这个权力来惩处违纪的官员和贵族。共和国时期，监察官加图将一名当着女儿的面亲吻自己妻子的人开除出元老院 ——因为这种行为被视作有失元老尊严。

除了行为规范，公共道德监督还包括审查财务账册、检查度量衡器等经济内容，防止有人做假账、吃回扣、贪公款、洗黑钱、缺斤两，所以，监察官也扮演着现代社会中审计署、工商局、城管大队……的角色。

由于公共道德监督的职责非常重要，监察官逐步演变成由德高望重的退休执政官来担任。

📖8　如犹太省（今以色列、巴勒斯坦）、达尔马提亚省（今巴尔干半岛西北部一带）、潘诺尼亚省（今匈牙利）、不列颠省（今苏格兰南部）、上日耳曼尼亚省（今德国西南部）、下日耳曼尼亚省（今德国西北部与荷兰）、上美西亚省（今巴尔干半岛一带）、下美西亚省（今保加利亚）、达西亚省（今罗马尼亚一带）、叙利亚省（今巴勒斯坦、黎巴嫩和叙利亚大部分地区）等等。

📖9　元老院在罗慕路斯建造罗马城的传说时代就有了，最开始可能也就100人，由各氏族最有威信的族长构成。后来，其人数不断上升，共和国初期元老院有300人，凯撒当独裁官时把人数增加到900人。凯撒的关系网很复杂，党羽众多，只要是在高卢战争或夺权战争中帮过他大忙的人就通通往元老院里塞，哪怕这个人压根就没有公民权。以当时的规矩来看，这实在有点过分。

📖10　一个叫美萨拉的元老提议大家每年都要向元首宣誓效忠。当提比略问他这是不是自己授意他提出这样的建议时，他就说这完全是他本人的意思，并表示只要是涉及公共利益的时候，他永远都发表自己的独立见解，不会跟在任何人后面跑，即使这样做会得罪别人也在所不惜。

元老披索跟提比略说："如果你第一个发表意见，我就按照你的意见发表我个人的意见；如果你最后发表意见，那我害怕会不小心发表和你相反的意见。"

第三章

你得有信仰

　　穿越到罗马帝国，你几乎做不成无神论者，如果你不信奉个啥，很难融入社会。好在罗马帝国宗教政策挺开明，和后来极端的中世纪相比，罗马人并不会搞单一宗教垄断，而是放开了让你信仰，爱信什么就信什么，只要在罗马帝国前期别轻易信基督就行，这玩意儿动不动跟罗马元首抢粉丝，着实让当权者讨厌。罗马帝国的宗教政策宽容到令人惊叹，地中海世界的各路神灵，大多数都得到官方承认，甚至移花接木和罗马人的正统宗教杂交变异，形成罗马化的新样貌。这些宗教很大程度上成了连接罗马核心区域和行省区域的黏合剂，让罗马帝国广大范围内的人民获得文化认同。

舶来的官方神灵

身为罗马人，你的生活中处处都是神灵。他们存在于天空、大地、海洋、阴间的各个角落，既是你的庇护者，也是你的好朋友。在这些神灵面前，你不会感到恐惧和低贱，因为他们没有令人毛骨悚然的面孔，没有绝对完美的品德，也没有玄之又玄的法术。

智慧女神密涅瓦雕像
这件卢浮宫藏品据说是罗马人对希腊帕特农神庙供奉的雅典娜神像的仿制品。罗马人在宗教和艺术上主要跟随希腊人，罗马文明是希腊文明的"山寨版"。

你坚信这些神灵的存在，只要对他们保持虔诚，便能随时得到有效帮助。你会嘲笑那些无神论者：若世界上没有神，谁能引导你做正确的选择？对凡人来说，没有信仰该是件多么可怕的事，这种行为和亵渎神灵的罪过同样可恶。

宗教信仰是你们罗马人自古以来不断发扬的光荣传统。据说祖先们慑于大自然威力，懵懵懂懂认为世界上有各种无形神灵存在，控制日、月、风、水、火、雷等自然现象，并把主宰这一切的老大叫朱庇特。但是朱庇特长什么样，谁也说不出来，反正他是冥冥中存在的。为表示敬意，朝空气作揖跪拜即可。

随着祖先们不断扩张领土，征服了盘踞在意大利南端的希腊殖民者，发现希腊人供奉着很多和他们自己长得一样的雕像。这个方法很好，给摸不着看不到的神灵塑造雕像可以让人获得具体的崇拜目标。你的祖先受到启发，回来叫能工巧匠参考希腊神像给每位罗马神灵设计相貌特征。

朱庇特是罗马人的主神，而希腊人的主神是宙斯，就照着宙斯的样子雕刻朱庇特。一脸胡子、肌肉发达、身材高大、手持权杖或雷电就成了朱庇特的标签。

朱庇特的夫人朱诺可以按照宙斯夫人赫拉的形象塑造；智慧女神密涅瓦就是希腊人特别尊崇的雅典娜，也让她穿上盔甲、拿上长矛；希腊人的美神阿芙洛狄忒天天裸着身子，那咱们罗马人信仰的维纳斯也委屈一下，就别穿衣服啦；月神狄安娜该怎么塑造呢？希腊人让他们的月神阿耳忒弥斯手握弓箭，身着兽皮，到处遛狗，一身户外野游的运动装束；至于火神伏尔甘，希腊人怎么把他们的火神赫菲斯托斯弄这么丑，身材矮小、背驼腿瘸、面目猥琐；希腊的体育和胜利女神叫耐克（Nike），长着一双翅膀，还没完没了地吹喇叭，罗马胜利女神维多利亚（英文单词 victory 的词源）也可以搞成这个样子。

罗马人在把自己的神灵跟希腊神灵对号入座时，发现并不能完全对应上。这没关系，把希腊那边多出来的神吸收进罗马神谱就完事了。太阳神阿波罗的名字挺有诗意，那就还这么称呼他。酒神狄俄尼索斯的名字太长不好记，要简化成巴克科斯。小爱神厄洛斯这个名字不够响亮，也不可爱，就改名叫丘比特吧。海纳百川，有容乃大，如此心胸宽广地接收新成员加入罗马神灵行列，可以促进拜神事业的发展。

至于坚纽斯这类找不到参考形象的罗马土著神灵，要充分发挥想象力，给他们设计非凡的形象。希腊人喜欢把悲剧大师索福克勒斯与喜剧大师阿里斯托芬这样彼此矛盾的人物后背靠后背、脑勺对脑勺地雕刻在一起，这种创意非常新奇有趣，给人带来无限遐想。鉴于坚纽斯是门神，为了让他左右兼顾，把好大门，何不采取这种创意，给他塑造两个背对背的脑袋？甚至还可以赋予他四个脑袋，面朝东、西、南、北四个方向，他绝对不会让任何邪恶的妖魔闯进你家大门。

经过祖先对希腊文化的深刻研究，你便拥有了一大群值得崇拜的以雕塑或绘画形式出现的神灵，可谓数不胜数。借鉴希腊神灵的同时，你们罗马人还发现浪漫的希腊人能够讲述关于神灵的离奇故事。这些故事很有趣，对神灵的隐私毫不避讳，比如宙斯在希腊人心目中竟然是个好色之徒，背着老婆赫拉四处拈花惹草，女神和女人通吃，结果生出来许多私生子。战神阿瑞斯与火神赫菲斯托斯的媳妇阿芙洛狄忒通奸，却不小心被火神用大网捉奸在床。雅典娜则是从她父亲宙斯的脑袋里生出来的。于是就有了所谓的罗马神话，其实都是从希腊神话那里盗版而来的。你们罗马人除了一些从远古流传下来的英雄史诗外，还真没什么原创的神话作品。

意大利是帝国的胸膛，各种舶来文化在这里最接近原貌，所以你在意大利见到的肯定都是"正宗"的神，但如果到某些外地行省转一转，你会发现神也被善意地"恶搞"了。从学术上讲，这是"罗马化"的结果，即相对强势的罗马文化从意大利传播到其他地方，改变了当地的原始文化形态，但这种改变并不一定彻底。

就高卢†而论，罗马诸神与高卢土著神灵杂糅成一些新神。他们的名字往往分为两部分，前面是罗马神名，后面是当地神名，如墨丘利·杜米亚斯、赫丘利·马古萨努斯、阿波罗·格拉努斯或马尔斯·温提乌斯，很多这样的称呼流传到公元3世纪甚至更晚。其实这种混合不同民族名字的现象并不少见，就像现代社会一些中国人定居国外后为了交流方便，给自己取个新名字叫陈约翰、詹姆

---

† 古代地名，泛指今意大利北部、法国、比利时、荷兰、卢森堡、德国西部的广大地区，得名于凯尔特人，罗马人将其称为高卢人。高卢分山南高卢、山北高卢和那尔旁高卢。

斯·李、安德鲁·黄、爱丽丝·赵什么的，同一个道理。

　　混合名字还不算什么，本来风马牛不相及的罗马神与高卢神还能结为配偶。墨丘利在罗马神话中是个光棍，到高卢却有了一个叫罗斯梅尔塔的老婆。风流少年阿波罗曾经追求达芙妮、科洛尼斯、帕尔玛萨等美女，不幸屡次情场失意，但在高卢迎来桃花运，与凯尔特女神西罗娜终成眷属。和美神有染的战神马尔斯也在高卢浪子回头，与安卡姆娜过上了平淡日子。

　　更奇特的是，一些带有象征意义的高卢式"法器"出现在罗马神像上。应该拿着雷电的朱庇特傻呵呵地举着个大轮子，本来孑然一身、来去自如的墨丘利身旁依偎着小乌龟、小公鸡和羊头蛇等象征高卢的动物。

美神维纳斯雕像
在希腊罗马众神中，男神经常裸身出场，而众女神中只有美神才是一丝不挂的。维纳斯的雕像以唯美著称，除了卢浮宫藏的断臂维纳斯外，还有很多惊世之作。这件出浴的维纳斯雕像惟妙惟肖地刻画了裹在美神身上的浸了水的薄透衣衫。

第二节

向众神献祭

诸神令人尊敬，他们不应露在户外遭受风吹日晒，而是要被供奉在神庙或神龛中。罗马帝国处处都有神庙，遍布于城市、乡村、山间、水边。对你来说，神庙是生活中必不可少的去处，就像现代社会的医院、学校、银行、商店一样，如果小区附近没有这些设施，你就会感到非常不方便。

你的祖先拷贝了希腊神灵，也顺便把希腊神庙的样式引进到罗马世界，略加修改便成了所谓的罗马建筑。盗版很强大，往往从一个原版复制出很多版本。所以，罗马神庙或许在式样上比希腊神庙更丰富，更华丽。你那个时代，一个叫维特鲁威的建筑师总结了罗马神庙建筑的种类，概括为双柱门廊神庙、前柱式神庙、前后柱式神庙、绕柱式神庙、伪双排柱廊式神庙、四周双排柱廊式神庙、露天式神庙，管他方的圆的，长的短的，只要能给你带来好运的就是很"神"的庙。▌····¹

美丽的神庙内安放有祭坛和神像，供人顶礼膜拜，奉祀牺牲，祈祷求福。除了这些基本作用，一些神灵的庙宇还具有特殊职能，往往带有强烈的政治色彩。

以罗马城内的马尔斯神庙为例，你经常看到那些被派往外地指挥军队的人在出征仪式完毕后从那儿出发；打胜仗归来后，元老院会在那里通过授予他们凯旋式的法令；庆祝完凯旋式，他们还向马尔斯神庙奉献游行时用的权杖和冠冕；如果曾让敌人缴获的军旗被找了回来，他们也会把这些东西放神庙中。就像医院必须要有医生一样，神庙也得配上工作人员，也就是祭司，他们是帮你与诸神建立沟通的"专家"。罗马国家培养了一批这样的"业务骨干"，形成各种受人尊敬的祭司团，既为人民服务，也为政权服务。

这帮神人同样分三六九等。级别最高的一位叫"神王祭司"。这个名字来源于王政时代的国王，他们原本是宗教祭祀活动中的绝对主宰。公元前509年，国王被推翻了，罗马实行共和制度。国王的祭祀大权便由一位出身于元老阶层的优秀分子承担，所以叫神王祭司。他名义上是最高级的祭司，却没什么实际业务，主要负责一些国家级大型拜神活动。

罗马的祭司不等于和尚、老道，他们可以娶媳妇。神王祭司不但能娶妻，还能借职务之便解决老婆的工作——让她当女祭司。因为是神王的妻子，理所当然就叫"神后"。按照规定，如果"神后"不幸先死了，"神王"也要辞去职务。

神王祭司下面是由16个人组成的大祭司团，一半来自贵族，一半来自平民。这帮人的领导乃当朝元首，你注意一下会发现，从奥古斯都、提比略、卡里古拉到君士坦丁、约维安，每个元首都是搞兼职的，一人兼任多个职位，而且必定挂有大祭司长这个头衔 ⚑ ⋯➡²。除了元首，大祭司团的15个普通"员工"也是兼职工作者，他们的正式身份是高级公务员。

大祭司团体现罗马帝国政教合一的特点，但这个群体并不插手具体的奉祀活动，而是负责制定节日、编修历法、指导基层工作等政策性活动。虽然其地位不如神王祭司，却是实际上的最高宗教权威。

一座阿波罗神庙的遗迹
柱廊式神庙不是罗马人的发明，穹顶式建筑才是罗马人的创造。

真正意义上的"业务祭司"是弗拉门祭司和维斯塔女祭司。罗马城拥有一个15人的弗拉门祭司团和一个6人的维斯塔女祭司团，其他大城市可能也有一些类似团体。这帮人是全职工作者，一辈子不干别的，只顾埋头钻研神学。"弗拉门"这个名字很有趣，你细细品味便会发现，它与古印度宗教阶层"婆罗门"发音近似，大概能证明你的祖先和印度雅利安人有微妙的亲缘关系。每个弗拉门祭司负责伺候一个神灵，分工相当明确，专业相当精湛，非常熟悉自己的业务。这些祭司的主要工作是在神庙里当主持人，主持许愿、祈祷、宰牲、占卜等节目。

　　在祭司指导下，你按照固定程序参拜神灵，对着神的雕像诉说心愿，比如保佑家人平安、病人康复、发财致富等最质朴的要求。但愿望不是白许的，你最好先说出要跟神灵做什么样的交换，比如杀一头猪给他吃，或杀两只羊给他打牙祭，等等。只有这样，神灵才会理你。

　　求神办事最重要的是心诚，建议你别吝惜财物，该"出血"时就"出血"。哪怕供上一篮水果、一瓶蜂蜜、一张大饼、一盅小酒、一罐橄榄油这样的微薄礼物，也比两手空空强。

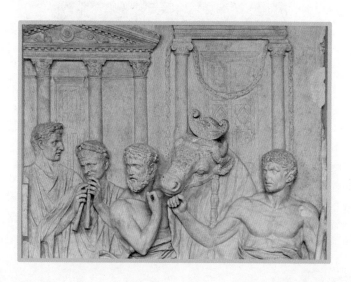

罗马人献祭

最棒的礼物当然是牲畜，它们既能充分体现你的诚意，也能让神很快给你下发通知。奉献牺牲的时候，你可要弄清规矩，否则会遭天谴。毕竟神和人一样，也是兴趣迥异，而你就得投其所好：求男神办事需要给他雄性动物，求女神则给雌性动物；求阳间神灵帮忙，你要准备白毛动物，求阴间神灵则要准备黑毛动物，白天用白的，黑天用黑的，一定得分清，绝不能白加黑混着用。

奉献牺牲是个又脏又腥的活，弗拉门祭司才不会亲自下手干，他的作用是监督整个过程。我知道你也不愿意沾血，所以应当雇用专业人员帮你宰杀动物，还应当找个乐队在一旁演奏助兴，目的在于让动物安详地踏上神路，不招惹神灵厌恶。

一切准备就绪，弗拉门祭司用长袍蒙住头顶念念有词，乐队吹奏起舒缓悠扬的乐曲，牺牲仪式正式开始。专业宰牲者先往可怜的动物头上喷洒葡萄酒，接着抄起木棒猛击动物头部，造成创伤性休克，再给它开膛破肚，剥皮抽筋……鲜血不能白流，而是接在大碗里面，后面还有用呢。

心、肝、肺、肾、胃、脾、肠等内脏通通掏出，管它红的、白的、绿的、黄的，都放到祭坛火炉上熏烤。神才懒得吃这些杂碎，但别着急扔，也有用处。在弗拉门祭司的授意下，助手端着那碗鲜血走到祭坛前面一点不剩地泼过去，神庙中顿时弥漫着浓烈刺鼻的血腥味。你感到阵阵恶心，但为了祈求神的祝福，千万不能吐。鲜血是开胃饮料，剔下来的动物骨头和脂肪是神灵喜欢的主食，把它们送到祭坛火炉中痛痛快快地烧，烧得无影无踪才好。

估计神灵已经吃饱喝足，应该发话了。弗拉门祭司请来专业占卜师，从火炉上取走半生不熟的内脏，左端详，右端详，前闻闻，后嗅嗅，谁也搞不清他在研究什么。人家是专业技术人员，你无须知道太多，耐心看着就行。过半晌，占卜师无奈地摇了摇头，看来神灵没有把旨意体现在内脏烧烤上。他无奈地走出神殿，抬头望天，无聊地寻找飞鸟。鸟扇着翅膀瞬间掠过神庙的屋檐，占卜师的眼珠转来转去。

根据鸟飞行的轨迹，占卜师获知了神对你的愿望和疑问是如何答复的，好坏不关祭司的事，回去等着验证结果吧，信不信由你。

第三节

未来要靠猜

👑 除了这些正经的祭司团体，罗马帝国还设置了一个神秘的宗教机构——《西庇拉书》（sibylline books）管理委员会。《西庇拉书》堪称罗马帝国的天字一号绝密文件，是传说中一个名叫西庇拉（sibyl）的亚洲女人兼阿波罗情妇对未来大事的预言合集。就像现代人对诸如什么《诺查丹玛斯预言》《玛雅预言》《烧饼歌》《推背图》之类的神秘预言超级感兴趣一样，你们罗马人也特别喜欢八卦未来，什么洪水啊、地震啊、火山啊、末日啊，相信世界上存在先知先觉的圣人，已经对未来将要发生的一切进行了精确计算。

西斯廷教堂天花板上的库迈女祭司

因为怀有这样的想法，很久以前，罗马王政时代最后一任国王小塔克文功勋卓著地为人民淘来久负盛名的《西庇拉书》。确切地说，他是被人推销买下这本"旷世奇书"的。话说有那么一天，一位莫名其妙的流浪女子请求拜会小塔克文，她自称是世界知名预言家西庇拉的传人，打算把凝聚师祖智慧的九卷本希腊文著作高价出售给罗马。

小塔克文开始犹豫，跟流浪女子拼命讲价。那女人极有个性，说这是宝书，不可用价值衡量，只卖给识货人士。她说着说着，竟然拿出三卷书当众烧掉。剩下的六卷不打折扣，保持九卷书的原价。小塔克文为之一惊，仍然犹豫不决，希望卖家高抬贵手，哪怕来个九五折。话还没说完，又有三卷书被扔到火堆中。小塔克文这下急了，最终用九卷书的价钱买了三卷书。

从此，罗马人拥有了关系自身命运的《西庇拉书》，把它存放在罗马城卡庇托林山上的朱庇特神庙内，派专人保管研究，以应对未来可能发生的危机和大灾难。它就像罗马的锦囊妙计，不到万不得已不能随便拆开看，否则没有效果。

作为普通人，你做梦都没有机会翻阅这本被奉若国宝的奇书，对很多事仅仅是道听途说，也不晓得那里面都写了什么，无法验证是否真的有所应验。据说，公元前348年罗马大旱，《西庇拉书》提供了解决办法。公元前345年，罗马遭受陨石雨袭击，《西庇拉书》对此有所暗示。公元前216年，迦太基统帅汉尼拔在坎尼会战中击溃罗马军团，《西庇拉书》建议罗马人活埋两个高卢人和两个希腊人以改变国运。

公元前55年，罗马人打算派兵帮流亡的托勒密十二世回埃及复位，朱庇特神庙却突遭雷击。据《西庇拉书》解释："如果有埃及的国王请求你们援助，千万不要帮他，否则将遭不测。"罗马人便放弃了原有的计划。公元405年，面对西哥特首领亚拉里克一世的入侵，罗马帝国摄政斯提利科认为《西庇拉书》出现了不利于他的预言，遂下令焚毁流传千余年的《西庇拉书》。从此，这本神书永绝于世。

除了《西庇拉书》这样的官方预言，你平时还常在民间听说其他一些诡异的和神力有关的征兆和预言，描述得有鼻子有眼，动不动就弄得人心惶惶。

坊间传闻，奥古斯都击败安东尼后，从站在安东尼一边的雅典人手中夺走了两座纳贡城市以示惩罚。雅典人经济遭受了损失，才回想起前段时间发生的一桩怪事：那尊立在卫城帕特农神庙中始终面朝东方的雅典娜雕像竟然自动转向了西方，嘴中还有鲜血溢出。估计这是雅典娜对雅典即将倒霉的警告。

除了观察征兆，人们还相信诅咒。公元19年，罗马帝国大将日耳曼尼库斯去埃及旅游之后突然患病，不久，仆人在家中卧室的地面和墙壁发现了人的尸骸、咒语、诅咒、刻有日耳曼尼库斯之名的铅饼、烧焦的和带血的骨灰，以及其他施行巫术的用具。据说利用这些东西，活人的灵魂就会受墓中幽灵的摆布。而这一切很可能是日耳曼尼库斯的政敌披索所为。这一年，杰出的军事家日耳曼尼库斯没能逃过劫难，抱恨离开了人世。

第四节

向"凯撒"致敬

除了崇拜神灵，你在罗马帝国还需要对某些伟大君主崇拜有加。一些功勋卓著的君主拥有自己的神庙，拥有自己的神像，拥有自己的祭坛，拥有自己的祭司。尤其在罗马城和意大利以外的地方，你更能感受到所谓元首崇拜的气氛。

无论你祭拜哪些被奉为神明的元首，都会发现他们几乎都是已经死了的君主。依然健在的元首很少成为大家的崇拜对象。罗马帝国的元首崇拜是在东方文化的启发下产生的。回想人人平等的罗马共和国时代，大家都是地位相当的公民，就算高官也无非是工作能力强一些的精英，谁崇拜谁啊？

情况在帝国建立后发生了改变，元首成为国家唯一的最高统治者，急剧膨胀的权力使他们希望百姓像敬神一样敬着自己。更有善于溜须拍马之徒想尽办法迎合此种需要，这是元首藏在心中却不好意思明确表达出来的"小九九"。

聪明人知道借鉴经验。历史上，马其顿的亚历山大大帝就曾被习惯于把统治者看作超人的东方臣民奉为神灵。当罗马军团征服了地中海东岸地区后，当地人竟又卑躬屈膝地把罗马派驻到那里的总督推上神坛，宣称他是万能的拯救者。既然连一个总督都能成神，元首又何尝不能呢？

自奥古斯都时代起，帝国各地兴起为这位杰出元首修造生祠神庙或祭坛的潮流，但大多数都被奥古斯都"婉言谢绝"了。他清楚在这个民主传统依然存在的国家过于张扬会是什么后果，前辈凯撒就是血淋淋的教训。

奥古斯都的举动给人一种印象：元首本人是谦逊的，他不提倡个人崇拜，但如果你死活都要崇拜他，他也没办法。这就是奥古斯都的聪明之处：越是低调就越会受到人的尊敬。事实证明，他在去世之后立刻被合法地尊为神，几百年中都在被崇拜，所谓永垂不朽；而那些自我感觉良好，非要在活着的时候就明目张胆竖立个人形象的元首，比如卡里古拉、尼禄、图密善，基本都会遭到唾弃。

表现葬礼宴会的浮雕
罗马贵族的葬礼也要像中国人那样大摆筵席，有时候中西文化是异曲同工的。

所以，在罗马帝国，你崇拜的元首通常不是活人而是死人。有时，死人比活人更有价值。当然，这些死人在活着的时候基本都是品格高尚的贤明之士，很少有阴险、多疑、暴戾之徒。

明君的封神仪式体现在他的葬礼上，葬礼是你们罗马人特别重视的日常活动，甚至连普通人的葬礼也会被搞得像模像样，以表达对此人生命的莫大尊重。如果有深受大家崇敬的人物去世，你们往往自发做出表率，为他送行。

当年奥古斯都的尸首在葬仪结尾被付之一炬，据说一只鹰从中飞出来带着元首的灵魂奔向天国。是否真的有老鹰突然出现带走了奥古斯都的灵魂？你不是目击者，无法查证，但据小道消息披露，元首夫人利维娅曾送给一名担任过大法官的元老努美里乌斯·阿提库斯 100 万塞斯退斯的金钱，因为他做证发誓曾看到奥古斯都顺着罗慕路斯走过的路升上了天堂。

葬仪过后，元老院随即宣布奥古斯都为神，同时成立一个专门奉祀他的祭司团。该祭司团从罗马的显要家族中用抽签的办法选出21人，并加上提比略等皇室成员，包括作为奥古斯都女祭司的利维娅。元老院还表决，将由利维娅和提比略建造的神龛放在罗马，以纪念奥古斯都。元老院还把一尊躺在长椅上的奥古斯都金像放在马尔斯神庙中，为之授予很多荣誉。外地则修建了专门供奉奥古斯都的神庙。

罗马帝国历史上死后被封为神的元首有好几位，你要经常到元首神庙中去祭拜、祈祷，奥古斯都、喀劳狄、图拉真、哈德良、马可·奥勒留等英明元首的灵魂必将保佑你平安。

除了发自内心地尊敬，你也要多加小心，别亵渎元首的神灵，否则会遭到严重惩罚。罗马法律对此做出了规定：你在出售花园时不能把元首的神像和其他神像如同财产一样卖掉；你不能对元首神灵讲侮辱性的话；你更不能把元首神灵的雕像带到任何人的葬礼游行上。这就是你逃避不了的元首崇拜，不管你对那些被奉为神的元首是否真的佩服，你都要把他们视作伟大的救世主和具有非凡能力的超人。

野神多得很

👑 你不要以为朱庇特、阿波罗、密涅瓦等众多罗马土著神灵加上历代杰出元首已经够用，对超级需要精神寄托的罗马人而言，神灵不厌其多。就信仰方面而论，你们罗马人又一次体现了实用主义和拿来主义原则。不管是土著神灵还是外来神灵，只要功能强大就是好神灵。

小亚细亚、叙利亚、埃及、伊朗等地的居民在罗马人发迹之前就创造了辉煌的文明，他们信奉的宗教也非常成熟。罗马人承认当地神灵拥有强大的力量，在遇到危机时引进来为自己所用，弥补土著神灵功能上的不足。

库柏勒女神

公元前203年，你的祖先们正与地中海南岸强敌迦太基人争夺霸权，和他们进行你死我活的第二次布匿战争（公元前218—前201年）。虽然战争已接近尾声，而且罗马胜券在握，但这场战争中迦太基统帅汉尼拔曾经在意大利搅得罗马人寝食不安，差点踏平罗马城，这使罗马人自信心大减，对强敌的恐惧心理一时难平。

为了鼓舞士气，罗马共和国政府专门从小亚细亚半岛中部的弗里吉亚地区请"大地女神"库柏勒助威，据说这是按照《西庇拉书》的建议去做的。该书明确说明：一旦遇到危难，必须邀请库柏勒到身边帮忙。这位女神非常高寿，早在公元前6000年左右就出现了。当时，她的样子并不美，长着一对大得出奇的乳房，双腿也粗壮无比，傻呵呵地坐在一个带有豹头扶手的宝座上。她还是野生动物的保护神、丰产的保护神、死者的保护神。由于库柏勒神通广大，自公元前6世纪起，希腊人已把她引进到自己的家乡，同时给她赋予有趣的神话故事。

库柏勒女神雕像

在希腊神话中，宙斯与一块用来造人的石头发生关系，生下了一个双性畸形儿——阿格狄斯提斯。这个孩子长大后四处搞破坏，严重威胁着世界的安宁。众神决定教训他一下，让酒神狄俄尼索斯灌醉了阿格狄斯提斯，然后用一根绳子把他的睾丸拴住，再把绳子的另一头绑在他脚上。等阿格狄斯提斯醒来伸了个懒腰……他的睾丸竟被自己扯掉，落在地上长成一棵石榴树。阿格狄斯提斯的男性性征慢慢消失，性格也变得温和一些，完全呈现出女性的一面，被人们称作库柏勒。那棵由睾丸变成的石榴树与众不同，河泽女神娜娜误吃它的果实后竟然怀孕，生下一个俊美少年，叫作阿提斯。

库柏勒意外撞见阿提斯，瞬间为他的俊美所吸引，向他求爱。但阿提斯已经喜欢上佩西穆斯国王之女，断然拒绝了库柏勒的请求。库柏勒妒火中烧，醋意大发，愤怒地用头冲破佩西穆斯城的城墙，直奔国王、公主和阿提斯。国王在库柏勒的逼迫下自宫，公主也割掉了自己的乳房。阿提斯落荒而逃，想到情人的悲惨下场，不禁痛苦万状，突然癫狂起来。可怜的阿提斯认为祸根是自己的情欲，竟也挥刀自宫。由于失血过多，阿提斯停止了呼吸。赶来的库柏勒后悔万分，哭泣着把心爱的人埋葬入土。阿提斯的血洒在原本呈白色的紫罗兰上，让它们变成了紫色，紫罗兰才成了名副其实的紫罗兰。

罗马人请小亚细亚的盟邦佩尔加门帮忙找到了象征库柏勒的方形黑石头。名将之子普布里乌斯·斯奇比奥·纳西卡率一大群名门贵妇到港口迎接圣石。贵妇们一个接一个地把圣石传到罗马城中，临时供奉在帕拉丁山的胜利女神庙，直到公元前191年才把圣石转移到为它专门修建的神庙里。库柏勒女神就这样成为你们罗马人信仰的一位神灵。这位女神确实鼓舞了罗马的士气，她来到罗马后不久，迦太基人就被彻底打败，放弃了地中海西部的霸权。

经过艺术加工，你们崇拜的库柏勒不再是原来的样貌，她通常戴着高高的帽子，穿着严密的罗马式长袍，高傲地坐在宝座上，或者坐在由两只狮子拖拽的战车上。神灵进口到罗马需要本土化，否则难以让大家接受。

库柏勒也有专门的祭司团体。不知道你注意过没有，她的祭司都不长胡子，因为这帮狂热的家伙在当祭司前就用碎玻璃自行阉割了，这是成为库柏勒祭司的前提，他们似乎要仿效库柏勒的追求对象阿提斯。阉割后，他们还要在下腹部刺青文身，并且用黄金叶片装饰愈合的伤口。

作为库柏勒的普通信徒，你平时没有机会进入她的神殿，但可以在为纪念库柏勒而设立的节日向她奉献祭品，并观看战车比赛。库柏勒的节日能持续大半个月，在此期间，你会看到各种匪夷所思的景象。"松树游行"算是开场节目，你和一大群人砍倒一棵松树，用羊血涂满它的根部，然后抬着松树敲敲打打地穿越罗马城奔向帕拉丁山。松树是阿提斯的象征，你们最后要把阿提斯的神像贴在松树上，将它埋葬。此外，你还要经历九天的斋戒，不能食用面包、石榴、葡萄酒、猪肉、鱼肉、柑橘等东西，只能喝牛奶。

库柏勒的节日上，最刺激的节目是"血祭"，也就是在你们把那棵象征阿提斯的松树埋掉之前，不男不女的库柏勒祭司带领大家围着它又唱又跳，逐渐把氛围带向高潮。这时，有人用刀子扎自己的肩膀和胳膊，让鲜血流在松树上，以表达他们对库柏勒的狂热忠心……如果你达到了某种境界，你也可以这样做……

对于血祭，你可能感到不适应，残酷的场面让你触目惊心。其实除你之外，别人也会觉得用自残的方式祭拜神灵实在冒傻气，于是有了替代仪式——宰牛淋血祭。

这个仪式有点神秘。人们先挖个大坑，让一位库柏勒祭司站到里面，再用一个满是漏洞的木制盖子罩住大坑。助手牵来一头公牛，走到木盖上，用刀捅开它的脖子，任凭鲜血汩汩流出来，顺着漏洞洒到坑内祭司的身上，也就是用牛血给他淋浴。这位祭司的灵魂由此得到了清洗。仪式结束后，祭司还要祷告一番，愿库柏勒女神保佑罗马人民和罗马元首。别小看这个环节，它是非常重要的。库柏勒教这样的外来宗教之所以能在罗马帝国立稳脚跟，全凭它顺应政府需要。

除了源于小亚细亚的库柏勒，你还会在帝国境内见到源自埃及的塞拉皮斯神和伊西斯女神，以及从伊朗高原传入的密特拉神。

伊西斯女神和塞拉皮斯神

埃及这个地方处处充满神奇，它被成百上千的神灵统治着，关于各种神灵的传说也流行了数十个世纪。伊西斯女王和她的丈夫奥西里斯的故事就是其中的典型。

奥西里斯是埃及上古时代的一个国王，被阴谋篡位的弟弟杀死后扔进尼罗河，后来又被肢解成14块，扔到埃及各个地方。王后伊西斯强忍悲痛，最终收集到全部尸块，然后用针线将它们缝合到一起，做成永远不会腐烂的干尸。这大概是埃及人制作木乃伊传统的由来。†

伊西斯与儿子荷鲁斯经过艰苦斗争把篡位者赶下台，为死者报了大仇，荷鲁斯也继承王位成为新法老。他成为埃及历代法老的保护神，奥西里斯则成为冥界守护神，保护死者的尸体与灵魂。

公元前4世纪后，在希腊马其顿人建立的托勒密王朝，希腊宗教同埃及宗教

† 故事出自希罗多德《历史》。

融为一体，冥王奥西里斯和牛头神阿皮斯合二为一，成为新神塞拉皮斯，伊西斯则成了塞拉皮斯的夫人。

经过希腊艺术家的再创造，从奥西里斯演化而来的塞拉皮斯全然长着希腊人的面孔，头戴一个用来称量谷物的器皿，手中拿着权杖，和从前的奥西里斯没有一点相像的地方了。至于伊西斯，本来长有一对巨大翅膀，现在却被塑造成一位没有翅膀的希腊女士，耳朵上还插着麦穗。

随着托勒密王朝在地中海东部地区影响力的扩大，新款造型的塞拉皮斯和伊西斯也传播到爱琴海诸岛和小亚细亚沿海地带。这些地方的人又把埃及神灵带到罗马共和国，伊西斯和塞拉皮斯逐渐在罗马站稳了脚跟，并把信仰业务拓展到欧洲西部。

古埃及女神伊西斯和罗马化的埃及女神伊西斯

在古埃及艺术中，伊西斯女神的形象是一位张开巨大翅膀的冷峻美女。她的翅膀紧紧搂抱着石棺，保护死者的安宁。罗马化的伊西斯女神则成了一位优雅的穿着长袍的罗马妇人。

如果你信仰这二位从埃及进口的神灵，请在一个双耳瓶里盛满清水，祭祀之时在神像前取出一些水倒在地上，然后说这是从尼罗河里打来的，希望二位看在埃及父老乡亲的面子上给予帮助，保佑庄稼能有好收成。

密特拉神

密特拉神来自更远的地方，老家是伊朗高原。住在伊朗的雅利安人把密特拉奉为光明之神和战神，而住在印度的雅利安人也信奉密特拉，只不过把他称作"密多罗"，这个名字后来被佛教徒借用，成为佛教中地位很高的角色——弥勒。

伊朗雅利安人建立的波斯帝国是你们罗马人的宿敌，在向亚洲西部扩张的过程中，强大的波斯文明走出伊朗高原，影响到小亚细亚半岛。密特拉也被小亚细亚居民接受。公元前1世纪，远征黑海南岸的罗马将军庞培初次认识了密特拉神，这位带有波斯风格的神灵也随着他的军队来到罗马境内。

按照一般规律，凡是外来神灵都需经过深加工，无论在样貌上还是在服饰上都变成你所习惯的罗马样式。但密特拉神似乎始终都没有怎么改变原貌。

密特拉神

密特拉神总是头戴西亚软帽、身披潇洒披风，抓着牛头，踏风而行。他应该被评为最具动感的古罗马神灵之一。

你看，他头戴小亚细亚的弗里吉亚式软帽，身穿波斯风格的衣裳，还披着一款潇洒的小披风。面孔英俊年轻的密特拉跨在一头卧倒的公牛上，一手抓住牛角，另一只手用匕首刺穿公牛的喉咙。这就是密特拉神的标准像，那头公牛象征天上显赫的金牛座，表明密特拉具有征服天空的神力。

据说，密特拉神是从石蛋中诞生的，他的出生日期按现代历法计算应是12月25日，这个日子被本不清楚耶稣具体生日的基督徒挪用为耶稣降生的时间，居然成了后来流行于全世界的圣诞节。

和其他宗教一样，密特拉教常常举行祭拜仪式，但如果不是教徒，几乎察觉不到这个宗教的存在，因为密特拉教讲究隐蔽主义和神秘主义。教徒搞活动的场所往往是自然形成的山洞，或者人工挖掘的地窖子，实在不行也要在会员的私宅里举行集会。

教徒的"地下俱乐部"其实很讲究，虽然它空间并不大，最多容纳四五十人，但内部墙壁和屋顶常常装饰有马赛克拼图，而且配备有公共食堂，供信徒们食用祭祀时宰杀的牛肉。这是密特拉教徒的"圣餐礼"，后来被占了上风的基督徒大肆批评，说这是"魔鬼对圣餐礼的模仿"。

且不管基督徒怎么评论，作为教徒的你在祭祀的时候该吃什么吃什么，但在行为上要考虑自己在组织内的身份地位。密特拉教徒根据资历分为七等，从低到高即乌鸦、新郎、士兵、狮子、波斯人、太阳信使和教父，分别对应水星、金星、火星、木星、月亮、太阳和土星。这听起来像化装舞会，实际上不同的阶层确实在活动时戴上不同的面具。

你从乌鸦做起，因为乌鸦这种鸟被看作低级世界和神的沟通者，意味着你一旦加入密特拉教就脱离世俗了。如果想升级为新郎则需要当新郎候选人，蒙着盖头去见评委，然后就问题"答辩"。当评委宣布你成功晋级时，你才可以一边揭开盖头一边振振有词："看啊，新郎！万岁，新郎！万岁，年轻的光芒！"

最后温馨提示一下，如果你是密特拉教徒，就不太容易在帝国腹地的城市里找到志同道合者，而容易在驻扎于边境的军队中寻到教友，因为密特拉教在罗马军队中特别流行。很多边境要塞周围都建有密特拉教的"地下俱乐部"。

信基督，须谨慎

大部分时段，罗马帝国对异教相当宽容，但有一个除外——基督教。相比万神教、库柏勒教、密特拉教等正在被人热捧的宗教来说，基督教是个年轻而稚嫩的小弟弟，偷偷摸摸诞生在罗马帝国位于地中海东岸的属地犹太。

当时，奥古斯都正忙于医治常年内战给社会造成的创伤，根本无暇注意东部地区萌发的另类信仰。势单力薄的基督教徒也确实不值得当局引起警惕，他们挣扎在生存与毁灭之间，能在犹太人当中多发展几个信徒已经很不错了。

圣母子
图为埃及开罗科普特博物馆馆藏的圣母像，属于拜占庭艺术风格。

耶稣的传说

跨入公元1世纪，突然有很多来自近东的基督使徒在帝国各地狂热传教，他们向大家说："信基督，得永生，跟着耶稣混就有好日子过。"成百上千的群众在这样的感召下被拉入伙。

某年某月某日，你或许会在城市街头看见一个奇怪的人，在一大群好事群众的包围中发表演讲。他不是在批评政治，而是在讲关于那个耶稣的奇闻异事：犹太始祖亚伯拉罕的后裔耶稣是上帝派到人间的救世主。他法力无边，只要跟病人聊两句或摸病人两下就能驱走病魔，不管是眼盲、腿瘸、麻风还是癫痫，通通能搞定。耶稣还会像掰羊肉泡馍那样把五张正常大小的饼掰碎，然后喂饱数千人。

更神的是，耶稣还会水上漂的盖世奇功。一个风大浪急的夜里，使徒们乘着船在海上艰难行进，耶稣在岸边远远看到这个困境，就迈开大步踏到海中，轻松自如地走到船上给使徒们加油打气。等他上了船，风浪立马平静。

耶稣还是杰出的行为模范。他教导大家：如果你的右脸被人打了，别还手，把左脸转过来让他接着打。他教导大家：请不要随便评论别人，否则别人也会随便评论你。他教导大家：不要在人世间积累钱财，而是要积累财富于天国，因为地上有虫子咬，有盗贼偷，天国却没有。

除了上述箴言，耶稣给人们的教导还有很多很多。但这样一位良师益友遭到政治当局的憎恨，因为信仰他的人越来越多，逐渐形成气候，抢了政府风头。于是犹太地方势力阴谋陷害耶稣，用钱买通了耶稣十二门徒之一犹大。耶稣被出卖，钉死在十字架上，却又在三天后复活。

你第一次听传教士宣传的时候可能还没什么感觉，只不过是听场神奇的故事而已。但当你接二连三地遇到传教士，接二连三地听到相同的故事后，你便不自觉地信以为真。像你这样生活在社会中下层的普通人，更愿意相信这世界上真有个叫耶稣的救世主，用生命替你赎掉固有的罪恶，帮你摆脱疾病、贫穷、劳累和饥饿带来的痛苦。

早期教会组织

带着好奇心，你跟着一位传教士近距离接触了他们这个自发组织起来的民间社团，才发现他们并没有严密的层级管理体系，一切活动基本上都由公选出来的执事安排，负责大家的日常事务，教会成员只需听从执事的吩咐就行了。

早期基督教的使徒具有大无畏的牺牲精神，他们中很多人都死无葬身之地。这位执事必须是德高望重之人，要具有极大的奉献精神。按照规定，能当选执事的人必须容貌端庄、言语矜持、心存良知，而且不贪酒，不贪财。

在你那个时代，教会执事并非什么美差，因为这个岗位很辛苦，也捞不到丝毫油水，做上这种领导充其量算是种荣誉，当然也只是基督徒心目中的荣誉。凡事都有发展和变化，殊不知从你那个时代起再过几百年，也就是进入大家所说的中世纪，向来低调的教会执事变成各个教区的主教，不但在宗教圈子里呼风唤雨，还能够左右世俗权力。

至于你见到的教会普通成员，真是鱼龙混杂，什么人物都有，既有罗马公民，也有外乡人，甚至还有奴隶。此前听传教士说，很多上流人士已经在基督的感召下加入了教会，比如中东地区小国掌管银库的太监，比如谁知道是哪里的小国国王，比如帝国军队里的中层军官。但你没有在周围的教徒中见到这样的"大人物"，你能接触到的基督徒基本上都是贩夫走卒、老弱病残之类。

这些人尽管无权无势，文化水平也不高，却都品德高尚、严格自律，和混浊的社会风气格格不入。你发现，但凡加入教会的人几乎不会淫乱，不会崇拜偶像，不会偷窃，不会贪婪，不会酗酒，不会骂大街，也不会敲诈勒索，因为他们相信犯有上述罪过的人死后无法为天堂所接受。

此外，基督徒认为妻子要像顺从上帝一样顺从自己的丈夫，因为丈夫是妻子的脑袋；反过来，丈夫也不能在家里面作威作福，把老婆当成奴隶，而是要像爱惜自己的身体一样爱妻子。除了夫妻，父母和子女之间，主人和仆人之间也应当互敬互爱，营造和谐的氛围。总之，只要是信奉基督的人，就要彼此尊重，彼此帮助，彼此爱护。

使徒

是的，基督徒号称把真理当作腰带，把公义当作护心镜，把福音当作穿在脚上的鞋，还拿诚信当作盾牌，要全副武装同那些执政的、掌权的、管辖着幽暗世界的恶魔争战。

入教仪式

你热血沸腾，心灵震颤，再也无法拒绝耶稣的召唤，决心加入基督教会。在你心目中，时下为广大人民群众喜闻乐见的朱庇特、维纳斯、马尔斯等官方神灵的雕像突然变得丑陋不堪，整天杀牛宰羊、掏心取肺的弗拉门祭司是那么肮脏、血腥、虚伪，凭什么还要信仰这些神和这些人？

见你心意已决，教会执事在恰当的时候把教徒召集在一起，准备为你举办入教仪式——洗礼。神圣时刻到来，一个大浴盆摆在你面前。执事用清水洗掉你生来就有的罪恶。众位男女教徒围拢在你身边，真诚地为你祷告。

教会执事捧着一个装满清水的小碗，庄严地问你："弟兄，你愿意接受耶稣基督作为你的个人救主吗？"

"我愿意。"

"好，现在我奉圣父、圣子、圣灵的名义为你施洗。"

然后他轻轻蘸了一滴水在你额头上画了个十字。你不小心成为世界历史上最早的一批基督徒之一了。

教会里的生活

加入教会之后，你的生活变得比以前有规律，因为每过六七天就要参加教会组织的礼拜活动，听执事给大家解读《圣经》，或者一起唱唱歌。在礼拜的日子里，你最好别劳动，休息是你的权利。

但有得必有失，你不能再去参加由帝国政府安排的几乎每天都有的节庆活动。那些集会分明是群魔乱舞，恶人作孽，必须与它们划清界限。取而代之的是简单、节制、低调、高雅、限量的基督教特色节日。

早期的基督教堂遗址

这是位于土耳其塞尔丘克的圣约翰教堂遗迹。由于土耳其距离以色列非常近，这里成为早期基督教的发展之地。不难看出，早期的基督教堂受罗马建筑风格影响较深，也带有很多立柱。

其中最重要的是每年年底举行的纪念耶稣降生的节日，几乎所有教徒齐聚一堂，在晚上搞一次大规模的祈祷祝福活动。不过，那时候的圣诞节比较无聊，礼拜完了就算把节过了，没什么圣诞大餐、圣诞促销之类的娱乐，当然也没有圣诞树和圣诞老人。

你生活的那个年代，圣诞老人还没出生呢。你要趁着这机会多做善事，多发礼物，假如真的在社会上出了名，说不定几百年几千年后，人们心目中的圣诞老人就是你。除了圣诞节，你还会过复活节、受难节、圣灵降临节等几个重要节日，每个都是以耶稣为主题的。

传教士

经过一段时间的理论学习，你基本掌握了《圣经》的内容要领，而且也会生动讲述耶稣受难复活的故事。作为正式基督徒，你肩负着一项重要使命——传教。壮大组织对正处于萌芽状态的基督教来说是首要任务。而你，也要义不容辞地远赴他方，历经艰险，把耶稣的福音传播到尽可能多的地方，尤其帝国西部的穷乡僻壤。

一旦在罗马帝国境内踏上传教旅程，你就要做好饱受白眼和非议的思想准备，甚至随时要舍弃生命，以身殉教。你要清楚，基督教是大多数帝国居民眼中的异端邪说，基督教宣扬者则在相当长时间里是不受政府和群众欢迎的家伙。

当你千辛万苦来到一个地方公开讲述耶稣的故事时，若是运气好，多少会吸收几个人入教；若是运气不好，讨厌你那些"荒诞"言论的百姓说不定要集体捡石头砸你，或者把你扭送到政府机关，控告你发布异端邪说。然后你可能会被长官下令剥去衣服，用棍棒抽打，再扔到牢房中，加上一种名叫"木狗"的刑具，把你的双腿放到竖着劈开的带凹槽的一半树干里，然后合上另一半树干，用钉子钉牢，让你双腿无法动弹。

如果遇到这种情况，你千万别忘了使用自己的救命稻草——罗马公民权。因为在罗马帝国，任何人不能未经审判就囚禁或杀害罗马公民。你务必在刑罚之前就大喊你是罗马人，否则等到被打得奄奄一息，神志不清的时候，你连话都说不出来了，哪里还有保命的机会？但这根救命稻草也不是万能的，因为你的身份实在特殊，如果赶上某个元首对基督教实行严打就糟了，那时候就算你是罗马公民也难逃一劫。

罗马帝国可是拥有迫害基督徒的法律依据的。想当年，残暴的元首"嗜血者"尼禄命人在罗马城偷偷放了一把大火，将陈旧的街区烧得一干二净，然后恬不知耻地造谣说是基督徒干的，对住在罗马城的基督徒大肆迫害。

你非常不理解，基督教宣扬的教义那么好，罗马元首为何如此憎恨它呢？

第一，你的基督教认为世界上只有一个神，这意味着自命为神的罗马元首并非神灵。

第二，你们四处宣传世界末日即将到来，会弄得人心惶惶，不利于社会和谐稳定。

第三，你们这帮人实在自命清高，绝不参加帝国的任何公共活动，已经和社会主旋律脱节。

第四，罗马统治者向来讨厌犹太人，他们认为这门宗教是犹太教的分支，犹太人信仰的宗教当然也不受待见。这真是冤枉透顶，因为犹太教徒从来没把基督徒当亲人，他们也是基督徒的可怕敌人。

在这种形势下，你行走在传教的路上会感到无比艰难和孤独。危险无处不在。为了保护自己，你会违心地宣称拥护朱庇特众神和罗马元首的权威，尽管如此，你的邻居和"朋友"仍然可能会把你起诉到法庭，让你接受审判乃至严惩，因为他们知道你内心深处在鄙视这个社会。

法庭上，法官（通常由地方总督兼任）会多次明知故问，以验证你确实是基督徒，避免冤枉无辜人士。如果你真心信仰基督，就不会感到畏惧，对你来说，死只不过是通往天国的途径。如果你没有达到这个境界，很容易在审判时否认自己的信仰，从而换取生命。但你从此被基督徒看作叛道者，未来几百年中都要遭到诅咒和唾骂。

很多人熬不过这一关，因为罗马朝廷对基督徒的惩罚太残酷了。你不幸被喂了野兽，弄得皮骨分离，死无全尸，这只是其中一种创意，还有很多信徒被活活烧死，烧得只剩下一堆白骨，甚至连灰烬都不留。也许是被大火烧怕了，当基督教在中世纪变得强大无比的时候，宗教裁判所也喜欢用火刑来处死所谓的异教徒，让他们体验当年基督徒承受的极度痛苦。

钉十字架当然是基督徒受到的最光荣的刑罚，能和耶稣死于同一种方法很不简单。别忘了，罗马人特别擅长用十字架整人，你很有可能被倒挂在十字架上钉死，或者用 × 形的十字架钉死。虽然你们基督徒后来拿象征殉道者的十字架做标志，但最初对这玩意儿是深恶痛绝的，所以一度用海锚和鱼叉等形似十字架的东西做替代物。

纵观罗马帝国前300年历史，从尼禄开始，图密善、图拉真、马可·奥勒留、塞维鲁、瓦勒良等元首疯狂地迫害基督徒，到戴克里先统治时期达到顶峰。所以在这300年内，信基督，须谨慎。

命运的扭转

物极必反，否极泰来。戴克里先死后，经过夺权斗争登上罗马帝国最高统治者宝座的人成为基督教历史上扭转乾坤的角色。他承认基督教在帝国已经"野火

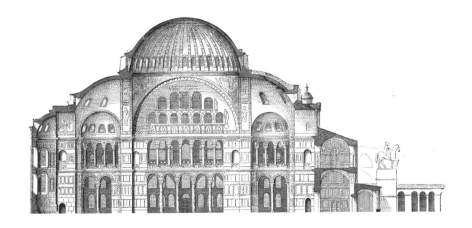

圣索非亚教堂剖面图

烧不尽，春风吹又生"的事实，干脆于313年颁布《米兰敕令》，使曾招人讨厌的基督教合法化。这个人就是著名的君士坦丁大帝——历史名城君士坦丁堡的缔造者。

除了让基督徒甩掉非法分子身份，君士坦丁大帝还于公元325年召开尼西亚会议，统一了基督徒的思想，使他们团结起来向前进。基督教从此成为罗马帝国第一大宗教。君士坦丁大帝也在弥留之际受洗，最终成为正式基督教徒。他是历史上第一个信仰基督教的罗马君主。

到公元4世纪末的狄奥多西时代，基督教还被定为帝国唯一国教。这位君主甚至颁布法令宣告："凡是做出侮辱基督教举动的人，都要被严惩。"假若出生在这个时候，你不用像过去那样谨慎小心地犹豫是否要信仰基督了，识时务的你别再傻乎乎地去膜拜什么朱庇特，一定要紧跟形势，只有皈依上帝才是最正确的选择。

 注释

📖1　达·芬奇画过一幅叫作《维特鲁威人》的"诡异"的裸男人体画，画中的男人四肢张开，达·芬奇画出一个圆圈，以此表明人体的重心位于肚脐。畅销书《达·芬奇密码》还把这幅画用作卢浮宫谋杀案的线索。尽管这幅画以维特鲁威命名，但那个健壮的裸男并非建筑师本人，而是他构思出来的一种概念，被达·芬奇形象化了。

📖2　他们不挂神王祭司的头衔并非谦虚，而是因为神王祭司虽然在宗教界属于最高等级，却不能拥有从政资格。

圣索非亚教堂

圣索非亚教堂修造于公元6世纪，是基督教在罗马帝国成为国教并获得极力推崇的标志性建筑。1453年，奥斯曼土耳其人攻占君士坦丁堡后将其改为清真寺，于是在它周围建造了四根高耸入云的宣礼塔，与古罗马建筑巧妙融合起来，蔚为壮观。

第四章

帝国凡夫的幸福生活

　　来到罗马帝国，你自然就应该是个罗马人。不过，你敢说你是个货真价实的"罗马人"吗？如果是的话，你首先得是公民。早在古希腊时期，就出现了"公民"这个概念，这也是现代意义中公民的雏形，也就是被赋予一定政治义务和权利的自然人及其群体。罗马人承袭了希腊文明，在共和国阶段即赋予持有耕地的自由人以公民权，并以公民作为共和政体的基石。尽管到罗马帝国阶段，公民范畴发生了巨大变化，这个群体也依然是帝国的中流砥柱。既然有幸投胎为公民，就得过上公民应有的体面生活，那么接下来就愉快地去体验罗马帝国老百姓的衣食住行吧！

"户口"是个大问题

公民权有何用

在罗马帝国，公民权是看不见摸不着却非常重要的东西，代表身份和权利。只有获得公民权，你才算被罗马帝国接收为正式成员；只有获得公民权，你才可以享受基本的政治和生活权利，才可以同奴隶、外邦人和野蛮人区分开，才可以真正体验罗马帝国。

罗马帝国的"户口"大致分为两种：罗马公民权和拉丁公民权。罗马公民权基本上归罗马城和意大利土生土长的自由居民享有。除此之外，一些外族有势力的上层人物或在罗马服过兵役的普通人也有可能享有罗马公民权。还有就是一些虽然住在意大利之外，却享有"意大利权"的老兵殖民地居民。他们居住的定居点算作意大利的飞地，他们自然享受和意大利本土居民同样的权利。

罗马公民权最牛，只有拥有它，你才可以有选举权和被选举权。如果你拥有罗马公民权，那么即使你是一介草民，穷得叮当响，国家也不会忽略你的存在。你可以投票选择自己欣赏的人物担当政府管理者。同时，你也可能像中彩票一样被推举为保民官、执政官、大法官、监察官等国家高级公务员，加入所谓的新兴贵族行列。

如果你在从政方面不是天才，也没有做过特别突出的贡献，就别指望以平民身份当上高官了。但你同样有很多机会体验低级管理者的乐趣。奥古斯都时期，一些欠债人故意在罗马城纵火制造自己受到财产损失的假象，企图以此为由免除债务。他们的诡计没有得逞，政府为防止有人再打这种"骗保"的鬼主意，特别设置了"街道主任"一职，完全从普通公民中选举产生，负责给丧命的奴隶收尸并给本街道的建筑物灭火。这个官虽不大，待遇却不低。假设你被选为"街道主任"，就可以在某些节日穿上官服并由两名扈从跟随，大摇大摆，耀武扬威一番，好不威风。

除了能当个小官，你还有参加公民大会的权利。元首们会把其中一些法律草案放到公民大会上讨论，鼓励与会者随便提出意见，想赞就赞，想骂就骂，只要符合逻辑、合情合理就行。如果你伶牙俐齿、能言善辩，倒真有你施展才能的地方。那时候没有录音机，你无论说了什么过分的内容都不会留下证据。但千万要记住，别把批评统治者的话落实在笔头上，譬如写诗讽刺某位元首不检点的私生活，如果你这样做了并遭到追究，可要倒大霉。你将被按大逆不道罪论处，情节严重的会掉脑袋。

生活方面，你也有不错的待遇：你可以和任何一位你喜欢的姑娘恋爱并结婚；你的财产受到法律保护；你可以跟别人签订合同；你可以继承财产；你可以把财产留给子孙；你还可以在权利遭到侵害时向法官提出诉讼……

如果拥有罗马公民权，你似乎就生活在现代社会。尽管你是默默无闻的草民，但你并不属于弱势群体，因为没有人敢轻视你的生命，没有人能随意抢走你的财产，没有人能以暴力手段拆掉你的房屋，更没有人会毫无道理地干涉你的婚姻。你的幸福生活将充分得到强大军事力量和严格法律制度的保障。帝国因你而存在，你因帝国而骄傲。

拉丁公民权稍逊于罗马公民权。之所以叫"拉丁"公民权，是因为这种身份地位最初属于那些不住在罗马城里的拉丁族人。他们和罗马人同族、同语、同文化，除了不能在罗马城里做官，其他各方面和罗马人享有的权利几乎相同。

"同盟者战争"（公元前90—前89年）后，所有意大利人都获得了罗马公民权，他们达到了斗争目的。真正的拉丁公民消失了，但这个身份名称却保留下来，被渐渐戴到了罗马行省中那些根本不属于拉丁族的自由居民头上，同时打了很多折扣。

以上就是罗马帝国普通公民的身份类别和权利范围，你有个基本了解就知道该朝着什么方向努力了。然而，对你这个远道而来的异乡人来说，无论罗马公民权还是拉丁公民权，都不那么容易获得。在被罗马帝国吸收为大众成员之前，你尚需要付出一些努力。

公民权获取指南

如果你缺少奋斗精神，懒得为获取帝国公民身份付出什么，那么请前往公元212年之后的罗马帝国。在那一年，元首卡拉卡把罗马公民权授予了帝国境内所有的自由民。也就是说，在那一年之后，只要你是个安分守己的自由人，就会被默认为帝国公民。

但是，便宜没好货，东西泛滥就贬值了。试想你身边满大街都是罗马公民，你这个公民哪里还有什么优越性？又有谁会羡慕你？何况天下没有免费的午餐，元首卡拉卡拉像清仓大甩卖一样普及公民权，是因为他缺钱花了，多一个人头多一份税！

想想帝国到处都是跟你一样的罗马公民，每个人都得时常交上一笔重税，用来修补日益破损倾斜的帝国大厦。可是，任你怎么修修补补，却根本看不到这座大厦有重现生机的希望，它回赠给你的除了混乱、灾荒就是萧条、厄运，你的日子该怎么过下去？随着罗马君主权力不断变大，你本应享有的选举权和被选举权也失去了效力。国家人事工作改由君主独自掌控，谁能当官不再是老百姓说了算的，你就只是帝国治下的一个小草民。

而在帝国前期的繁荣岁月里，普通公民过着安逸、自在、奢靡、平稳的日子。如果你运气足够好，可以生来就是罗马公民或拉丁公民，但需要满足几个前提：

首先，你不能是在娘胎里还没待够六个月就爬出来的早产儿。其次，你生下来不能是畸形儿，更不能是智障。再者，你的身份取决于父母的婚姻状况和固有身份。如果你的父母是合法夫妻，那么父亲必须是罗马公民或拉丁公民；如果你的父母没有结婚就生下了你，那么你的母亲必须是罗马公民或者拉丁公民。因为根据罗马法规定，婚生子女户口随爸，非婚生子女户口随妈。

罗马帝国初期，大约只有10%的人口天然拥有公民权。如果你的运气比较差，属于剩下的那90%，也不要灰心丧气，你还可以通过如下几条途径获取那令人向往的户口：

A. 君恩浩荡　　B. 花钱购买　　C. 揭发腐败

D. 参加辅军　　E. 假充奴隶

途径 A 很没谱。帝国公民权可以被拿来做人情，君主可以借赏赐公民权这个手段来笼络地方势力，扩大帝国统治根基。这条途径貌似比较便捷，坐等着馅饼从天上掉下来就行了。但你要想被馅饼砸中，就必须抱着顽强的守株待兔精神。

不管在哪里，混得好的人总比普通人机会多。假如你是某个异族部落的酋长或者一呼百应的"精神领袖"，馅饼砸到你的可能性就比较大。真要这样，估计你都不用傻等着被砸，罗马的"凯撒"可能正拿着肉饼瞄准你——只需把你一个人变成罗马公民，就等于控制了一大群人。但是，你怎么就肯定能当上优秀的部落首领？你怎么就知道元首会对你们这个部落青眼相加？

元首不会漫无目的地向外人分发公民权，他们在这个问题上慎重得很，唯恐引起心胸狭隘的罗马公民不满。奥古斯都临死也没忘嘱咐后人限量发行公民权，以保证其特殊价值和高贵品位。元首喀劳狄则认为只有那些已经全盘接受罗马文化，被"和平演变"的外人才有资格得到公民身份。元首卡拉卡拉那样慷慨大馈赠的也都是贬值的公民权。可见，这条路并不像看起来那么平坦。机会可遇而不可求。

途径 B 很烧钱。这一点无须解释太多，反正有钱能使鬼推磨，只要你舍得投入巨资，弄到帝国户口不成问题。这种方法有点像今天的投资移民，对富人来说容易，普通人却只能望洋兴叹了。

途径 C 很滑稽。罗马帝国为了打击贪污腐败，鼓励人们揭发检举不良官吏。如果你是外人，有本事搜罗到确凿证据使某个罗马贪官落马，就能获得梦寐以求的公民权作为奖赏。

途径 D 很艰苦。"辅军"是罗马帝国的非正规军，只招收没有罗马公民权的外人入伍，协助军团士兵镇守边疆或进攻敌人。编制内的军团数量有限，帝国的安全防卫工作离不开这些辅军协助。辅军日常待遇比较低，但混够25年后，你将得到罗马公民权。结局令人憧憬，不过很难相信在如此漫长而艰辛的兵役中，你不会拼死在战场上或病倒在军营里。

途径 E 很无耻。你可以花钱买通一个有罗马公民权的人，让他假意收你做奴隶，过一段时间再以正式程序释放。罗马帝国法律规定，被释放的奴隶能够马上拥有公民身份。不过这样获得公民权的人，只能是比拉丁公民还不如的三等公民。

无论如何，费尽万千周折，你终于如愿以偿加入罗马帝国国籍，取得了该国公民身份。你努力换来的不是空头支票，而是硬邦邦的凭证。

罗马帝国对其成员实行负责任的登记工作，既为了有效保护其公民，也为了防止偷税漏税、逃避兵役和谎报财产的事情发生。如果你生下来就拥有公民身份，你的父母必须在30天内到有关部门给你上户口，并给你领取一张记录着7个证人的名字与证词的双联木板，作为国家公民户口登记册副本。那块双联木板就相当于今天的户口卡。

如果被君主授予公民身份，你将得到一张证书，证明你的名字已被户口档案库登记在册。如果你参加辅军获得公民身份，将在退役后获颁一块尺寸不大的双联青铜板，上面刻着你被授予公民权的证词，还刻着你和所在部队的名字。

说到名字，突然想起来你还没有罗马名字，这会给你带来诸多不便。既然你已经成为公民了，现在就取一个吧。罗马人的姓名通常分三部分：名字＋氏族名称＋家族名称。例如，盖乌斯·朱利乌斯·凯撒。凯撒其实叫盖乌斯。盖乌斯是个特别常用的名字，地位相当于中国的张三、李四。"盖乌斯"一词本身有"欢乐""欢喜"的含义，所以咱们也不妨称呼凯撒为"乐乐"。

罗马人名基本上都有含义，现在告诉你几个以数字为基础的名字，可以用来表示你在家中的排行。如果你是老大，可以叫普利穆斯（Primus）；是老二就

叫塞孔都斯 (Secundus)；老三叫特提乌斯 (Tertius) ……老七叫塞普提米 (Septimius)，老八叫屋大维 (Octavius) ——咱们伟大的元首，响当当的"奥古斯都"，他的本名其实一点都不神秘，就叫"老八"。本书附录三列出一些常见罗马名字、氏族名和家族名。如果嫌麻烦，你就别用氏族名，但可以根据你中文姓氏拼音的首写字母到家族名里面挑一个自己喜欢的，然后再随便给自己找个可爱的名字就好了。

世上没有铁饭碗

君主有能力赐予你公民权，也就有能力剥夺它，甚至都不需要什么理由，唯一的理由就是你倒霉。奥古斯都在处理高卢、日耳曼尼亚和西班牙诸行省事务的过程中，对某些群体授予公民权的同时，又莫名其妙地从其他一些群体中拿走公民权。元首像是在搞平衡，保证享有公民权的总人数基本不变，但被莫名其妙剥夺公民权的人也够冤。好在遇到这种事，你周围的人都陪着你失去公民权，大家有难同当，兴许对你还是个安慰。除了纯粹倒霉，要是你触犯刑法、主动投敌或被敌人俘虏，也要被清理出公民队伍。

漫画：罗马人的家庭

读书认字文化人

♛ 获得公民权只是你迈出的第一步，如果想在罗马帝国混下去，你接下来还要面临更大的困难，亟待解决的就是语言障碍问题。

欲哭无泪语言关

在罗马帝国，你可以接触到各种各样的语言文字，比如凯尔特语、楔形文字、埃及象形文字、北非迦太基语等，但是官方语言只有两种——拉丁语和希腊语。

若你在帝国西部生活，最常用的是拉丁语；若在帝国东部生活，最常用的则是希腊语。拉丁语本是罗马人自己的语言，随着罗马人的对外扩张传播到许多地方。在不列颠、西班牙（包括今天的西班牙和葡萄牙）、高卢（包括今天的法国、比利时、荷兰、卢森堡、德国莱茵河西岸地区和意大利北部地区）、阿尔卑斯山区和北非中西部这样的蛮荒之地，拉丁语大有横扫一切牛鬼蛇神之势。被征服者发自内心地崇拜罗马的一切，所以乐此不疲地学习这门语言，或许还要恨自己的祖先为什么不早点把它变成母语。

但拉丁语不是万人迷，它在更牛的"老师级"文化面前碰了钉子。公元前2世纪，罗马人征服了希腊人控制下的东欧、巴尔干半岛和中东地区，将它们划成由总督管辖的几个行省。可是那边的居民仅仅在政治上屈服于罗马人，平常说话写字还是满怀自豪地使用希腊语，根本没兴趣也没必要去学拉丁语。帝国至少有一半人口，甚至更多人在用希腊语，他们根本不喜欢拉丁语。

双语制度给帝国统治带来极大变通，却给你的穿越活动竖立了巨大障碍。这意味着你得学会两种特别深奥的西方文言文。它们都极难学，德国诗人海涅曾说过："如果罗马人先去学拉丁语的话，恐怕剩不了太多时间来征服世界了。"司汤达的小说《红与黑》的主人公于连因为擅长拉丁语而受到女人崇拜，可见这是技术含量多么高的语言。

尽管拉丁语难，相比希腊语还是容易些，你能学会拉丁语就不错了。作为罗马公民，学好拉丁语也是你的本分。拉丁语的最大难点在于其语法变化多端，需要你具有超强的记忆力和判断力。你要学习拉丁语，只能先耐着性子弄清语法规则，除此之外根本没有捷径可走。

你通过学习拉丁语收获良多，至少探求了现代西方语言的根源，以后想学法语、西班牙语、意大利语什么的就轻松多了。生僻的自然科学词汇基本上也都直接使用拉丁语，比如你经常挂在嘴边的星座。†

拉丁语也潜移默化地渗透到你的日常生活中。英语中的一月为什么叫January？因为古罗马传说中有个双面神叫 Janus。七月为什么叫 July？为了纪念朱利乌斯·凯撒（Julius Caesar）。八月为什么叫 August？为了纪念罗马帝国第一位元首奥古斯都（Augustus）。

在罗马帝国，你还会经常看到拉丁铭文。它们都采用大写字母，所以显得非常工整优美。直到现代社会，西方国家还喜欢在重要建筑物上面刻写拉丁铭文，在他们眼中，拉丁铭文是神圣而永恒的。铭文比正常的书面语还难认，因为它们往往采用缩写形式，需要根据语境辨别真正意思。有的墓碑上仅仅刻着"R.I.P."三个字母，这可能是"requiescat in pace."的缩写，意为"愿他（她）安息"；有的墓碑铭文言简意赅却富含哲理，如 TV FVI EGO ERIS，意为"我曾是你，你将是我"。拉丁语是蕴藏了人类精神宝藏的语言，有人说过："掌握了拉丁语，就等于拿到了打开知识之门的钥匙。"

你的"文房五宝"

很高兴你掌握了拉丁语的基本知识。你不仅要会说这门语言，还要会写。拿什么来写？笔、墨、纸、砚、木板，这是罗马特色的"文房五宝"。

笔，有两种：蘸墨笔和硬尖笔。蘸墨笔用芦苇秆或青铜做成，虽然也是蘸墨

----

† 白羊座（Aries）、金牛座（Taurus）、双子座（Gemini）、巨蟹座（Cancer）、狮子座（Leo）、处女座（Virgo）、天秤座（Libra）、天蝎座（Scorpio）、射手座（Sagittarius）、摩羯座（Capricorn）、水瓶座（Aquarius）、双鱼座（Pisces），这些都是拉丁语汇。

写字，却不同于中国毛笔，因为它不是在笔尖部位塞上一小把动物毫毛，而是把笔杆一端削尖再在中间劈个裂缝。你用蘸墨笔写字的时候把它插到墨水瓶里，靠笔尖的裂缝吸出一滴墨水，用没了之后再去蘸。

这种笔大概是埃及人发明的，后为罗马人所借鉴，中世纪以来一度被欧洲人废弃。到19世纪初，英国人重新捡起它，并在笔杆里加上贮水器，以省去蘸墨汁的麻烦，保持写作的连续性。此项专利便是大家熟知的钢笔。

硬尖笔是用铁、青铜或骨头做的，一头尖如针，一头扁如豆，看起来有点怪，而且不是靠蘸墨水写字。

拿着硬尖笔的罗马女人

罗马人的纸不同于蔡伦发明的植物纤维纸，与其说它是纸，还不如说它是草，因为其学名为"纸莎草"，拉丁语称作 papyrus。这种草的产地主要在尼罗河两岸，罗马人使用该物资基本上都是靠埃及提供。

古埃及人很久以前就知道把纸莎草割下来，顺着茎的纤维脉络纵切成一片一片很薄的样子，先是竖着并列排放形成一层，然后再在上面横着并列排放形成第二层，接着用锤子锤打，利用植物的天然胶质把两层严密黏合为一体。经过晾晒和抛光后，纸莎草就可以用来写字或画画了。

一般而言，加工出来的纸张大约40厘米长、23厘米宽。埃及人习惯把好几张纸拼接在一起，制成长达10米的卷轴售卖。购买者使用时似乎也懒得再把它裁成小幅纸张，而是慢慢摊开，边写边卷。

到后来，中国造纸术经阿拉伯人传到欧洲，以绝对优势把纸莎草赶下历史舞台。欧洲人对纸莎草念念不忘，仍然用 papyrus 称呼真正意义上的纸，结果这个词在英国人那里被"歪曲"成了 paper。

除了纸莎草，你还可以在牛皮或羊皮上写字，若是使用这种高级材料，花的钱可要更多了。罗马人写字也使用砚，但你们的砚台是陶或青铜制品，并且嵌在桌子里，兼做墨水瓶。

"文房五宝"之第五宝是木板，也是用来写字的。你可以用细绳把几片薄薄的木板顺着一边穿在一起，制成木板书，拿蘸墨笔在上面写字。相对于纸莎草来说，这种东西造价较低，通常也就是帝国北方行省的居民在用它。

写在纸莎草上的罗马时期的书信碎片

罗马人征服埃及是个明智之举，否则没纸可用啊。真可谓埃及纸草甲天下！

还有一种木板书，制作起来比较费事，因为除了封面和封底，工匠要在页面主体部分切出一个微微凹进去的空间，里面涂上蜂蜡，用来记录法律事务这样比较重要的内容。这时你就该使用前面提到的硬尖笔了。就像以前老师刻蜡版来油印考试卷一样，你拿着硬尖笔"沙沙沙"地在蜡页上流畅滑动，留下的是纤细清秀的文字印痕。如果哪里写错了，只需拿硬尖笔另一端的扁头在蜡页上擦一擦即可修正。

图书馆里学文化

西方历史上，图书馆绝不是个稀罕名词，老百姓去图书馆借几本书是再正常不过的事。就拿罗马帝国来说，那里不乏令你惊叹的伟大图书馆，而且是真正意义上的公共图书馆。在很多大城市，身为平民的你可以偶尔去图书馆读书，有的人干脆整日泡在里面不出来。

建造图书馆本来是希腊人喜欢干的事业，世界上最早的图书馆即出自他们之手。公元前4世纪，著名的亚历山大城图书馆在希腊托勒密王朝统治下的埃及落成，据说藏书达数十万册，在当时堪称奇迹。很遗憾，该图书馆为人类文明做了300多年的贡献后，焚毁于罗马入侵者之手。

罗马人虽然烧了亚历山大城图书馆，却开始认识到图书馆这个事物不错。很多有钱有闲的贵族把从希腊抢来的书籍存放在自己修建的藏书楼中，用附庸风雅的办法掩饰暴发户没文化的尴尬。但他们是自私吝啬的，宁肯收藏着书不看当摆设，也不舍得把它们借给人民。直到罗马帝国建立后，一个叫波里奥的开明人士在罗马城出资修建了帝国第一座公共图书馆。奥古斯都也下令在战神广场和帕拉丁山分别修建一座公共图书馆，以满足广大罗马书虫好好学习天天向上的热情。公元2世纪，元首图拉真又在罗马城建造了一座名为"乌尔皮亚"的大型图书馆，可见帝国统治者对公共文化设施建设的高度重视。

除了首都，地方很多大城市也拥有图书馆，许多甚至是罗马帝国统治者为了褒奖或拉拢人而进行的馈赠，所谓送礼就送图书馆。雅典图书馆便是这种礼物。不过与其说是礼物，还不如说是赔偿，因为人家雅典早就有个"阿卡德米"图书馆，还是柏拉图造的，公元前1世纪时被罗马将军苏拉给烧了。帝国建立后，罗马政府支持建造雅典图书馆，算是对视文化如生命的希腊人的一种安慰。

小亚细亚的以弗所似乎也得到过这种礼物。不过当地最牛的塞尔苏斯图书馆并非罗马政府馈赠，而是亚细亚行省总督安奎拉·塞尔苏斯为纪念亡父而在老塞尔苏斯坟墓旁修造的奇迹，曾经拥有由奴隶抄写而成的藏书1.2万多册。在土耳其伊兹密尔附近的以弗所遗址，这座二层楼高的图书馆仍旧屹立在那里。

对你来说，阅读不但是学习拉丁语和希腊语的捷径，也是增长见闻的手段。帝国图书馆里的藏书足够你大开眼界：阅读亚里士多德，你可以了解哲学；阅读普鲁塔克，你可以获知历史；阅读斯特拉波，你可以探索地理；阅读大普林尼，你可以洞悉自然；阅读维吉尔，你可以欣赏诗歌；阅读维特鲁威，你可以懂得建筑；阅读韦格蒂乌斯，你可以掌握军事。希腊和罗马就像一对酷爱文化创作的姊妹，上百年来问世的书籍浩如烟海，毕生难以尽阅。

第三节

衣食住行全体验

时尚帝国

在罗马帝国，你没有内裤穿，只能用一条长布裹住隐私部位，大概就像日本相扑选手那样。这种遮羞办法保证不会让你走光，却会让你在上厕所时费事一些。

如果你是女孩子，还将极为意外地发现能买到胸罩——其实是用软皮革做的束带。甚至，你还能买到性感的三点式"比基尼"。罗马帝国服饰文化的前卫程度绝对让你叹为观止。

"托加"是最具代表性的罗马服饰，属于彼时的正装。当你准备外出参加宴会、集会等公共活动时，就要从衣柜里找出一块直径达5米多长的半圆形羊毛织物，然后把自己像包粽子一样裹起来，用复杂得不能再复杂的方法穿起来的这件衣服就是你的托加。

古罗马马赛克镶嵌画上的比基尼女子
　　谁说比基尼是现代人的发明？古罗马人早就弄出这玩意儿了。女孩子穿着比基尼，进行各种体育运动，展现出婀娜多姿的身材。

穿紫边托加的罗马人

长长的托加在那个时代成为公民身份和高等文明的象征，穿短衣者或者留长发者一定被视作卑贱之人或野蛮的异族人。

托加从你的左侧肩膀帅气地搭下来，流畅的衣褶看起来仿佛一层层波动的水纹。假若不是太累赘，这真是集美学之大成的民族服装，穿着它的人怎么看怎么像哲学家或艺术家。身为一介草民，你的托加通常是自然的羊毛白色。骑士阶层穿的托加和你有所区别，在边缘上镶着一条窄窄的紫边。元老阶层的托加则镶着一条宽大的紫边。

虽然不像古代中国对服饰规定得那么严格，罗马帝国的穿衣习惯也不能随便破坏。身为平民的你绝对不能穿任何带紫边的托加，而且还不能随便穿黑色托加，因为那是葬礼上才穿的。

罗马帝国的女装比现代社会要单调得多，喜欢变着花样买衣服的女孩子慎入那个时代。不过你在罗马帝国可以穿五颜六色的衣服，只要你喜欢，红、黄、蓝、绿任意选，不必局限于黑、白、灰色。时不时披上个斗篷或披肩，制造一种混搭的效果，也别有一番风味在街头。

美食每刻

到吃饭时间了，你的肚子开始咕咕叫，赶快弄点饭菜来果腹吧。按照罗马人的习惯，早饭和午饭都比较简单，通常吃点麦粥、面包，再喝几口水就算把肠胃打发了。饿了一天，终于盼来晚餐。罗马人虽然白天不好好吃饭，但特别注重晚餐的品质。你不妨找个小饭馆体验一下。

跟现在的西餐差不多，你第一步先迎来可口的开胃菜，通常有鸡蛋、新鲜蔬菜、鱼类和贝类。开胃菜之后是主食，有各种炒菜和熟肉。它们被盛放在形形色色的青铜或陶制器皿里，可谓色香味俱全。席间若是蘸着调味酱吃饭，或者再来点葡萄酒，保证让你美到天上去。

你对此很知足了吗？假如你认识一位特有钱特有地位的朋友，并且受邀请参加他组织的家庭宴会，你将会更开眼界。天气好的时候，你们的宴会八成在私人花园里举行，一边赏花一边饮酒该多么惬意，这就是罗马上层社会的小资情调。奴隶们端着金盘、银碗、铜盏、陶瓶和玻璃杯，把美食呈送到你面前。

罗马佳肴
古罗马的贵族"私房菜"很是奢华、考究，不仅菜品要色香味俱全，盛菜的餐具也要镶金包银，制造出一派富丽堂皇的气氛。

壁画：古罗马的面包摊

罗马饭菜是西餐的祖先，面包在那个时候已经成为不可或缺的主食，不知道三明治出现了没有。

你被惊得目瞪口呆，世间居然有如此琳琅满目之菜肴。光是酒就有调味香酒、提神蜜酒、苦艾酒、玫瑰酒、紫罗兰酒、葡萄酒等。食物有章鱼肉饼、龙虾肉饼、猪肝熏肠、扇贝饼、罐焖肉丸、原汁肉块、浇汁南瓜、油浇卷心菜、月桂果炖韭葱等，数不胜数。不管天上飞的，地上跑的，还是水里游的，通通能成为盘中餐，你甚至能见到鸵鸟肉和孔雀肉。

除了在高卢行省等北方地区和叙利亚行省等东方地区之外，罗马帝国的人民不怎么吃牛肉，他们养牛是为了挤牛奶。

你可以到厨房参观一下，研究研究刚才的美食是怎么做出来的。其实你会发现那里的设备并不复杂，无非有烤面包炉、炭火盆、开放式炉灶等加热工具，再加上大锅、三脚架和铁篦子这样的烹煮器皿。可口饭菜全凭技术高超、经验丰富的厨师烧制。这个职业在罗马帝国是高薪职业之一，因为富人经常开大价钱聘用优秀厨师来筹备社交宴会。

有病乱投医

人吃五谷杂粮，难免要生病。感冒、发烧、咳嗽是常见的小问题，若是加上水土不服，你兴许还会患上眼病、肺炎、水肿、结核等棘手的病症。一旦生了病，着急也没用。你唯一能做的就是赶紧托人请大夫来瞧瞧。如果你一时半会儿还找不到大夫的踪影，那就只能痛苦地躺在床上呻吟，后悔穿越到这个鬼地方来。

那里的大夫不是在医院或小诊所里等着病人来挂号的，而是习惯于四处游走，上门服务，就像今天的乡村赤脚医生。谁知道他们现在是否在家里，是否有空来给你治病？直到公元4世纪，罗马帝国才出现向公众开放的医院，在这一点上毫无疑问居于世界领先地位。

出诊到你家后，医生开始仔细观察你的气色，凭借经验对你的症状做出判断，或者给你一些休养建议，或者给你开一些药物，或者给你干净利落地动一次手术。如果他是个优秀医生，至少应该看过公元1世纪初古罗马博物学家塞尔苏斯所著百科全书的医学部分，以及堪称"万事通"的大普林尼在其所著《自然史》中对各种药物的描述。塞尔苏斯继承并整理了古希腊医学之父希波克拉底及其传人的医疗理论，对罗马医学的发展做出巨大贡献。

古罗马手术钳

古罗马的医疗器械相当先进，除了简单的手术刀、手术钳等，还有十分复杂的助产用具。

124

根据塞尔苏斯的技术要领，当你腮腺肿大时，医生会用专门的外敷药来治疗。这样的外敷药是由浮石、松脂、乳香、碱渣、鸢尾、石蜡和橄榄油调制而成的混合物。看来，古罗马有些药材也注重利用植物的天然效用。

当你身上有伤口并不断流血时，医生会把铜锈、一氧化铅、明矾、树脂、松节油掺在一起，用橄榄油和醋调成糊状物，涂抹在伤口上用以消炎止血。铜锈、一氧化铅和明矾这些化学物品明摆着是有毒的啊！想必罗马人也知道啥叫"以毒攻毒"。

除了外用药，罗马医生也知道很多内服药的配方。例如，当你肝疼时，你可以吃下一种用苏打、番红花、没药、高卢甘松和蜂蜜配成的黄豆大小的药丸。

虽然针对不同疾病的药方很多很多，但你总会患上连吃药都不管用的顽症。这时候，别再拖延病情，搞不好会终身残疾或死人的。尽管你对罗马大夫始终存有疑虑，但最好还是恳求他们根据情况给你动个外科手术。而你在罗马帝国动手术，确实需要极大勇气！假如你患上了白内障，得先让大夫判断是否具备做手术的条件。

你被请进一间光线充足的房间，医生高高地坐在你对面。一双强劲有力的大手从后面伸过来牢牢抱住你的头，原来是医生的助理人员，他这样做是为了防止你因为疼痛而忍不住晃动脑袋。要知道，你在手术中的轻微摇动就会导致永久失明。

医生取出可怕的手术工具——亮闪闪的钢针！他找到位于你瞳孔和眼角之间的一个点，小心翼翼地用针斜刺进去，避免弄伤血管。这根针抵住瞳孔下的晶状体并拨动它，让它翻转几次。罗马医生认为这样做就可以把白内障清除掉。

手术基本完成了，感觉如何？能清楚地看见东西了吗？不管你是否能恢复视力，医生都必须用浸泡过鸡蛋清的毛布把术后的病眼包裹起来，然后再给你开上几服消炎药，叫你好好休息，并嘱咐你近期一定不能用嘴巴嚼东西吃。这就是白内障手术的全过程。

你在罗马帝国做的任何一个手术都没有麻药来麻痹你的神经，你必须拿出关公刮骨疗毒的精神来面对医生掌中明晃晃、冷冰冰的手术刀。所幸大多数罗马

125

医生都是医德高尚、品行良好、尽职尽责的人，或许因为他们在入行之前都要向天神发下如此毒誓：

"我要遵守誓约，矢志不渝。对传授我医术的老师，我要像对父母一样敬重，并将行医作为终身的职业。对我的儿子、老师的儿子以及我的门徒，我要悉心传授医学知识。我要竭尽全力，采取我认为有利于病人的医疗措施，不能给病人带来痛苦与危害。我不把危险药品给任何人，也决不授意别人使用它。我要清清白白地行医和生活。无论进入谁家，都只是为了治病，不为所欲为，不接受贿赂，不勾引异性。对看到或听到的不应外传的私生活事件，我决不泄露。如果我能严格遵守以上誓言，请求神祇让我的生命与医术得到无上光荣；如果我违背誓言，天地鬼神一起将我雷击致死。"

虽然大多数医生在默默无闻、平平淡淡的状态中治病救人，罗马帝国也不乏妙手回春、成绩斐然的名医，比如"西方扁鹊"索拉努斯擅长妇科与儿科；"帝国医圣"的名号则当之无愧地属于活跃在公元2世纪的哲学家兼神医盖伦。然而遗憾的是，身为平民的你几乎请不到类似的名医，他们这样的人一旦在江湖崭露头角，很快就要被君主请到身边当御医去了。

条条大路通罗马

你是否想过在没有任何现代交通工具的情况下该怎样出远门？比如让你从北京去广州，不许坐汽车，不许坐火车，不许坐飞机，甚至不许骑自行车，你该怎么办？你只能选择步行，顶多弄匹马或小毛驴来骑，要么就套上头老牛给你拉车。

一路风餐露宿、跋山涉水，过那么两到三个月，你也许还没到，可能在半途病倒了，可能被坏人绑架了，可能彻底迷路了，可能被野兽袭击了，也可能掉到山沟里去了。原本坐飞机只需3个小时就能搞定的路程，说不定会成为你挥之不去的惊心动魄的梦魇。

当你抵达尚未发明汽车、火车、飞机、轮船的罗马帝国之后，你不得不面临类似的难题。虽然那里的道路凶险，但你要充满勇气，满怀信心地去挑战困难。

罗马帝国相当庞大，各地的风土人情也千奇百怪，除非你骨子里就比较"宅"或者懦弱胆小，你真应该到处走走，否则白到那里穿越一遭。

如果你别无选择，只能采取步行方式，至少你也该多准备几双结实点的鞋子带上。如果经济条件允许，你肯定会选择骑马、骑骡子，或者坐车，这些交通工具比较烧钱，并且需要花很多精力来保养，但你将成为大家羡慕的"有马族"或"有车族"。

你的车可能是两轮的，也可能是四轮的，无论哪一种都会非常轻便，因为车厢往往是用柳木组装的。不过你不用担心宝贝车子在车祸中被撞坏。骡子或者公牛拉的车奇慢无比，你想和别的车子发生剐蹭都难。

你只需再多花些钱，就能升级一下"发动机"。也就是说，把原本由1只牲畜拉的车变成2只牲畜拉的车，"排（粪）量"就从1.0增大到2.0了，速度变快了，更要注意安全，别忘了你的车上没有减震系统，也没有制动系统，遇到陡峭的下坡路时，你必须抱着粗大的木棍使劲撑住地面，靠加大阻力来防止溜车。

罗马大道
图中所示的这段罗马大道位于利比亚。当时的罗马帝国已经修建了密集的公路网，通达帝国各个省份。

古罗马的四轮大车

如果拥有一辆古罗马的四轮大车，你就能轻轻松松走天下了。这么高的底盘，都赛过越野车了，无论国道、土路，还是泥沼、坑洼地，通通不在话下。

其实，你大可不必把金钱浪费在"发动机"上，因为对当时的车子来说，技术含量最高、最能体现质量的是车轮。好的车轮是用一整块圆木做的，能工巧匠要在上面刻出轮辐，以减轻重量。为了保护木头轮子，外圈要包一层铁皮"轮胎"。轮轴是承重的核心，所以一定要用铁条加固，否则会造成轴断车翻的悲剧。

你的车用的是铁皮"轮胎"，所以车体如果太重会对道路造成损坏。帝国法律限定了车载重量，你绝对不能超载行车。小型载客两轮车装货最多不能超过90.8千克，大型"载重"四轮车装货最多不能超过680千克。事实证明，限重规定是合理的。公元12世纪后，早已不知罗马帝国为何物的人们驾着严重超载的车子在遗留下来的罗马大道上奔跑，导致这些宝贵设施被损毁殆尽。

有车必有路，下面再说一说罗马帝国的道路体系。谈到这个话题，你首先想到的肯定是"条条大路通罗马"这句谚语，一句非常贴切而形象的谚语。在罗马帝国，罗马城确实是道路体系的核心点，卡西亚大道、弗拉明尼亚大道、拉提那大道、阿庇亚大道、奥勒里亚大道、萨拉利亚大道等"国道"从这里出发，呈放射状向外延伸，通向帝国的行省地区。反过来说，不管你怎样走，只要大方向不错，你肯定能到达罗马城。

这并不意味着所有大道都以罗马城为起点，因为帝国时期道路逐渐形成密集网络，道路总长度达到了8万多千米，基本都是由政府或个别牛人投资兴建的。无论是西欧、东欧、亚洲还是北非，几乎每个地方都有道路通达。连不列颠、撒丁、西西里这样的岛屿上都修建了多条独立的道路。相信在美丽的西西里岛上，名为瓦雷纳大道的环岛沿海公路一定风光无限。

罗马大道给你的出行带来很大方便，但修建它们绝非易事，因为其施工过程不是一般复杂。工程师要针对不同的地理条件考虑具体设计方案，比如在山地、沼泽、沙漠这样的特殊环境下修路，要采取打木桩、铺枕木、浇水泥、铺石板等多个步骤，如此精心修筑出来的道路保证不会变形或坍塌。表面看起来简单的公路实际压着好几层结构，如果你把罗马大道向下切开1米，会发现它长得像夹心三明治。

城市中的道路

进城"开车"，一定记住遵守交通规则，那时候没有红绿灯，过十字路口全凭司机自觉，千万别撞了行人。

修路工人遇到河流沟壑时要搭桥，遇到大山挡路时还要开凿隧道。这样说起来颇有现代土木工程学的味道，但修路工人实际做起来却连挖掘机、起重机什么的都没有。他们都是用锹、镐、锄、锯等简单工具干活，一天之内能铺上几米路就很不错了。

罗马帝国的道路不算宽阔，你平均每天也就是走上二三十千米路，多说四五十千米路，只要你不言放弃，坚持下来，总有一天能到达心驰神往的旅游胜地。想想看，这是多么有趣的事情，也许你正徒步慢走在从马赛（当时叫马萨利亚）到雅典（当时就叫雅典）的大道上，也许你正骑着小毛驴颠簸在从耶路撒冷（当时叫埃利亚·卡皮托里那）到里斯本（当时叫欧里斯波）的公路上。圆柱形的高大里程碑明确地为你指示方向，清风与鸟儿在你耳边欢快地歌唱。你的心情该是多么舒畅！

你已经学会如何在陆地上自由通行，但你要是想去不列颠、西西里、塞浦路斯、克里特等岛屿，就必须走水路了。除了登岛，航海还能让你少走很多冤枉路，比如从罗马去北非的努米底亚（今阿尔及利亚）、迦太基（今突尼斯）或者埃及，乘船漂过地中海要比从陆地上绕行中东近不止一点半点。

在罗马帝国，水上交通有非常便利的一面，上海（罗马帝国的"上海"指的是亚得里亚海）、下海（第勒尼安海）、地中海与黑海沿岸有大约一千座港口，大西洋以及莱茵河、多瑙河、罗讷河、卢瓦尔河、塞纳河、泰晤士河、尼罗河等河流中也有数不过来的码头。在除了冬天之外的航海季节，你或许能够随时登船离岸，方便得跟现代人打个的士差不多。

但水上交通也有危险的一面。你坐的船是木头造的，一般长 15 到 37 米，大一些的长 70 多米。海船的动力主要来自风吹，所以都挂着方形或三角形的帆布。万一走着走着风停了或改变方向了，你只能干着急却没办法。

你的船上没有罗盘，水手全凭经验来根据星星和地面标志物辨别位置，一旦领航员看走了眼，或者碰上阴天雾天什么的，就保不齐会迷失方向。在茫茫大海上乱闯乱撞，你就算没有葬身鱼腹，也差不多得饿死、渴死。

尽管如此，大家仍旧认为航海过程中最危险、最倒霉的事情是碰上海盗。海盗这种技术含量较高的职业很早就出现了，而且屡禁不止。帝国初期，由于罗马海军不遗余力地清剿，地中海上曾经平静一时，但公元3世纪后海盗又开始兴风作浪。

当你远远地看到一些可疑船只缓缓靠过来时，赶紧观察它们悬挂的旗帜。如果船上的人是海盗，一定会挂着带有墨丘利蛇杖或密涅瓦猫头鹰图案的旗帜。若是遇到这种船，你必须尽快去告诉船长，要么加速逃跑，要么就地投降。罗马帝国时期的海盗可能大多来自地中海周边地区，如巴尔干半岛的希腊、达尔马提亚和小亚细亚的奇里奇亚等地，大家都是就近取材，既然你的航海事业发达，海盗自然会搞点利益均沾。

设法摆脱海盗的追踪吧，你还有很多有意义的事情要做。你冒着生命危险乘风破浪，穿越迷雾，勇敢参与人类早期的航海事业。你或许梦想着驶向被视作天之尽头的赫丘利之柱（今天的直布罗陀海峡），或许梦想着探索被黑暗与神秘所笼罩的不列颠北方海域。无论心愿是否成真，当你带着一身疲倦，抬头望见在迷雾中闪烁的灯塔时，让你魂牵梦萦的彼岸已然近在身边。

壁画中的罗马船
　航海很刺激，但风险太大，建议你能不坐船就不坐船。

ROME
PASS

第五章

城里人的苦与乐

　　土地是罗马公民赖以生存的基础，拥有土地就意味着拥有财富。随着罗马人在地中海世界的疯狂扩张，可分配的土地变得越来越多，当然这个过程也必然伴随着土地兼并现象，造成越来越严重的贫富差距。作为一名普通公民，你也许产业微薄，你需要兢兢业业，勤奋经营，利用手头有限的资源创造财富，养家糊口。在罗马帝国，你不愁学不到科学实用的农耕技术和手工业技术，一旦熟练掌握这些本领，你即可点石成金，化腐朽为神奇。当积累了一定金钱后，你就可以到遍布帝国的城市里去消费享乐了。在那里，你可以看剧，可以泡澡，可以购物，也可以看比赛……生活就是这般美好。

来之不易的财富

土地才是硬道理

赚钱，是你在任何时代都不能回避的现实问题。吃饭、买房、看病、出门、子女上学……通通需要钱。在罗马帝国，你发财的途径非常有限，因为你不能炒股票，不能炒房产，不能炒期货，不能炒黄金，不能炒知名度。

土地才是罗马帝国最有实用价值的东西，它就像魔术师一样，会给人变出这样那样的惊喜。哪怕拥有巴掌大一块地，你就有条件培育作物或者饲养禽畜，然后靠自己的勤奋经营和科学经验，更重要的是靠百年不遇的红运，一步一步走上致富之路。那年头，虽然自耕农也被城里人鄙夷地称为乡巴佬，但好歹是份收入不错、能养活全家的职业，尽管挤不进白领行列，也勉强算个"灰头土领"吧。

别小看这巴掌大的一块耕地，也并非人人都能享有，那些没有帝国户口的外地人和奴隶肯定不配获得土地所有权，而具备公民身份的你也未必比他们强到哪里去。[1]帝国时代，君主本人就是最大的地主，贵族们也占据着国内大

收割工具巴鲁斯

多数土地资源。而你，很可能就是失去土地的可怜人，可能是负有交租义务的佃户，也可能是流氓无产者的一员。

根据帝国政策，无论之前有多穷，你在军团服役20年退役后就能被安置到老兵殖民地中，或者得到一大笔退役金用来购买土地。君主有时候在行省中开拓公民殖民地。如果你运气好，就会被安排移民到阿非利加、高卢、西班牙、小亚细亚等落后地区，重新获得一小块土地并开垦，为那里的发展做贡献。

不过，和那些实力雄厚、凶猛如虎的大地主相比，你的市场竞争力太弱。一旦经营不善，濒临破产，你的新土地就会被他们吃掉。此外，与你一样重新得到小块自耕地的穷苦人也心怀叵测看着你的地产。他们是危机感极强的一群狼，有时比大地主还可怕。

面对这般威胁，你该怎样应对呢？首先要做的，是设法让土地听话，让它成为你的"开心农场"。它至少应该能给你生产出足够的口粮，或者生产出能换取到足够多粮食的经济作物。这样你便完全自给自足，不必向别人借债，也就不会受制于人。

为了驾驭土地，你必须熟悉其秉性，知道你这块土地适于生产什么作物。是适合种葡萄还是适合种橄榄？是适合种谷物还是适合种牧草？正确的作物选择比农业技术更重要。关于这一点，古罗马资深农学"教授"加图会告诉你：白垩地、潮湿地、红土地应该用作麦田；经常被云雾笼罩的土地应当种油菜与萝卜；而太阳光线充足的土地适合种橄榄……

在生机盎然的春天，你要把土地翻耕两三次，连根除掉杂草，然后播下种子。但要注意，不管你的地多么小，每次耕种都只使用一半，同时给另一半"放假"，等明年再用。这叫休耕，是为了积攒地力，以便让作物得到充足的矿物养料。除了依靠天然养料的滋润，你的作物还需要额外加肥。于是你有个艰巨的任务——研究大粪。

实践证明，鸟粪——尤其鸽子粪与画眉鸟粪——是最好的肥料，其分解产生的热量能促使土地发酵。但你也知道，弄到足够的鸟粪并非容易之事。不要紧，没有最好的就用稍微次一点的，人粪也是不错的选择。

经过精心培育，你的庄稼地里长出充盈的果实，终于到了收获季节。假如种的是麦子，你会兴高采烈地拿着镰刀去收割谷物，一刀一刀又一刀，直到累得腰酸腿疼、气喘吁吁才肯休息。如果你想提高效率，不妨咬牙置办一台叫"巴鲁斯"（vallus）的收割机，这家伙长得像双轮推车，中间有活动锯齿和大格子，所到之处谷穗被成捆绞入大格子中。但你死活玩不转这笨家伙，得拉头骡子来替你干，而且必须让骡子在后面推，而不是在前面拉。

古罗马的农业收割工具巴鲁斯是项了不起的发明，它提高了农业生产效率，促进了罗马帝国经济的繁荣。

成捆的庄稼堆放到石头铺成的打谷场中，你拿出打谷橇套在牲口身上，干净利索地把谷粒从穗中脱出来。这种打谷橇其实就是一块木板，下面用石头或铁器弄得很糙，使用时人站在上面，驾着牲口往前走，利用重力把谷粒从穗子上挤压下来。

辛勤而合理地经营多年后，土地为你创造出越来越多的财富，而周围一些蠢笨人士开始衰落或者破产。你扩大产业的机会到了，只要发现可购买的优质土地，就果断出手据为己有，让自己逐步跻身中等地主行列。如果你不是拥有丰富社会资源的贵族，就很难成为大地主，能混成中等地主已经很不错了。

当你的土地增多后，仅凭一两个人无法照管过来。你需要聘用管家、购买奴隶，让他们成为你继续发财的帮手。另外，你应当在地产上修建一些功能性建筑物，除了供劳动者居住，还用来放置工具、储备产品、加工原料。

别人管这种带有建筑物的实力派地产叫"villa"，意为"庄园"，有趣的是，"villa"这个词在英语中竟然演变成了"别墅"的意思。这大概是因为你自从不用亲自干活后，就把庄园留给管家照顾，自己则搬到城里去住了，闲着没事的时候才回到装饰着马赛克拼图和柱廊的庄园居所瞧两眼，把那里当成了怀念田园生活的度假村。看来，买得起别墅的有钱人最初都是泥腿子出身，而所谓别墅从本义上讲也只不过是乡下的农家院。

你是个吃喝不愁的地产主了，种谷物对你来说已经没多大意义。如果你在意大利、西西里、西班牙、希腊或者高卢南方拥有土地，就赶快改行种植葡萄和橄榄吧，这才是当时最流行的发财诀窍。事实证明，上述地区生产的葡萄酒和橄榄油直到现代社会也是口碑极佳的产品。

但在你那个时代，酿酒工艺也许和现代很不一样，至少是非常绿色环保的。首先，你要让人在葡萄收获的70天前从远离河口的大海中取来海水，灌入缸中。30天后，将海水小心地转移到另一口缸中，把积淀物留在原来那口缸里。再过20天，用同样的方法将海水移注到另一口缸中。待葡萄熟透之后再摘下来，放在阳光下暴晒两三天时间。这时，把那缸海水搬来往干净容器中倒一部分，并把晒好的葡萄放到同一容器里用手压破，使之浸透海水。容器盛满葡萄后就盖上盖子放3天，然后取出葡萄压榨，将榨出的汁液储存在酒坛中密封起来。为了使酒味芳香，你还要先往酒坛中放一些熏过的灯芯草和棕果。这样还不算完，过40天后你要把酒从酒缸倒进双耳瓶中，放在阳光下暴晒，最多不超过4年。之后再把它们并排紧挨着存放到贮藏室内，时间越长越醇香。榨橄榄油的工艺步骤也很多，总之是通过多次压榨和多层过滤保证油的纯度。

当你的贮藏室里排满了装着葡萄酒或橄榄油的双耳瓶时，你就可以拿出去卖给中间商，商人把它们装上船送到帝国的四面八方，送到帝国之外的日耳曼尼亚、帕提亚，甚至中亚地区。随着交易的火热进行，货币也源源不断流到你手里，多么令人兴奋啊。

帝国时代的"企业家"

种地在罗马帝国是个时髦的热门行业，市场前景比较广阔。大家以当"灰头土领"（农民）为荣，争相从事此行业。但从众心理往往会让你一条道跑到黑，从而忽略其他生财途径。

明眼人都看得出，各种农产品以及用它们加工而成的面包、美酒、橄榄油，尽管是生存之本，却并不能满足罗马日常生活的全部需要。人们在吃喝玩乐中还需要雕塑、器皿、织物、首饰等手工制品。若是没有杯碗盘碟，诱人的食物往哪儿放？若是没有金银首饰，贵妇人的美丽由什么点缀？

在市场需求下，你应该胆子再大一点，思路再活一点，步子再快一点，带着敢打敢拼的"下海"精神去走另一条致富道路——开办自己的"小企业"，也就是手工作坊。

你也许是被迫选择个体工商户这条路的，因为你可能根本没有机会得到土地，没有机会靠种地为生。农村混不下去，只好到城里创业了。然而，创业谈何容易？不仅需要拼命三郎精神，更需要掌握过硬手艺。

罗马帝国没有技校和职高，你在独立创业之前，只能先给作坊主做徒弟，在实践中学习生产技术和管理经验，等翅膀硬了再飞。帝国大大小小的城镇中已经有很多手工作坊，在日出日落间冒着袅袅青烟，发出叮叮当当、吱吱呀呀的响声。勇敢地去敲响作坊的大门吧，那里正是创业之路的起点。

既然四处游荡求学，就要投身于机会多多的朝阳产业以及业内最好的学校，起点一定别太低。受历史传统和地缘特点的影响，罗马帝国不同的地方擅长不同的手工业，这种区域差别是再正常不过的。♪┄→2

你可能对前途感到迷茫，不确定自己将来要专门从事什么工作，于是决定先在制陶作坊干几年，体验体验再说，要么在这行做下去，要么寻找机会跳槽。陶器制造算是销路广阔的朝阳产业，毕竟陶制的锅碗瓢盆是连老百姓都用得上也买

大英博物馆馆藏古罗马银盘（米尔登霍尔大盘）

罗马帝国的手工业相当发达，当时已经能够生产出极为精美复杂的金属器皿。希腊罗马神话故事经常被用作各种艺术品的装饰题材。

罗马红陶
罗马红陶最初的出产地是意大利，随着罗马文明的传播，高卢逐渐取代意大利成为生产优质红陶的工厂。

得起的必需品。这东西技术含量不算高，相对来说容易学，所以市场竞争非常激烈，你看，帝国境内到处都是"山寨"产品。

在罗马帝国，"山寨"并不见得是剽窃加低端的代名词，只要质量出色就能占山为王。号称一流的高卢红陶其实也是从意大利红陶"山寨"来的，但人家后来居上，凭借无可挑剔的品质一举压制了"原版"的影响力。₃

到陶窑上班后，你一开始学不到什么实质技术，通常要先干杂活，比如和奴隶一起帮着老板砍柴、挑土、和泥等，这些脏兮兮的破活苦得很，起早贪黑干不完。你如果没有足够的毅力和体力，就要溜之大吉了。

等逐步熟悉了流程，你可以看老工人怎么拉坯塑形，怎么雕琢纹饰，怎么控制窑温。红陶器形多种多样，除了琳琅满目的杯盘碗罐之外，还有陶灯、陶雕等小巧可爱的东西。工人按照固定的器物标准制作模子，同时在模子内壁刻出各种图案，然后把你搅拌好的黏土倒进模具，这样就可以生产出基本的素胎。

尽管模具使素胎具备了浮雕图案，但不够精细，工人还要用铁笔进一步雕琢。几何图形还好办一些，有时会遇到表现神话故事的带有多个人神形象的复杂画面，那就得费点劲。最后，把半成品放到窑里去烧，普通的窑一次可以装两三万件。

燃料就用你砍来的松木柴，那时候没有温度计，工人全凭经验掌握火候。温度过低不成陶，温度过高就烧坏了。你在制陶作坊待一段时间就能自己动手烧制陶器。将窑门打开，你欣喜而激动地看着自己的大作慢慢冷却，它们毫无疑问叫陶器，但能否卖得出去却没人敢保证。

谁知道你做的产品是不是形状端正、比例匀称，是不是具有莹润的光泽，是不是具有细腻的图案？罗马消费者对高卢红陶质量的要求从来都不低。人家与其花高价买你的劣质红陶，还不如廉价购买简朴的粗陶呢。

你离资深制陶师的地位还有十万八千里。制作精美的红陶需要丰富的经验和超凡的心境，沉下心来慢慢修炼。干这行不能心浮气躁，不能急功近利，不能粗制滥造，否则你将一事无成。

体验了一段时间后，你可能觉得在制陶行业混下去很难有出头之日，那就转行投身到"尖端科技"领域。玻璃制造业技术含量很高，即便在现代也是如此。玻璃制品在现代司空见惯、物美价廉，但在很多古文明中都是普通人用不起的稀罕奢侈品。而罗马帝国是个例外，从公元1世纪中叶开始，玻璃器皿已经走进寻常百姓家了。

玻璃不是罗马人发明的，但罗马帝国的玻璃制造业却很出色，处于世界领先地位。所以，玩玻璃也是有前途的，这种产品特容易打开海外市场。

你在玻璃作坊里学艺要仔细观察，玻璃的生产方法比制陶复杂得多。每天一大早，你一走进作坊的仓库，就看见师傅们在装着五颜六色配方的瓶瓶罐罐前转悠，神秘兮兮地思考着什么，时不时还拿出小秤称一下配方的重量。他们这架势挺唬人的，想必"高科技"都是如此让人摸不着头脑。

师傅们终于从仓库出来了，端着一盆脏乎乎的混合配方，倒进一口大锅里。大锅架在火炉上，里面装着从海边铲来的细沙。熊熊烈火烧啊烧，工人忙不迭往炉子中添加木柴。人可以休息，火不能休息。为了确保人手足够，你也被分派了轮班守护炉火的任务。七天七夜过去了，大锅被烧得通红，里面的沙子和配方也成了岩浆似的炽热液体。你已经厌烦得不行，每天都是看那堆火在烧沙子，实在无趣至极。

这时，奇迹突然发生了。一位师傅举着长长的金属管子，像玩糖稀一样从大锅中挑出一小块"岩浆"，然后鼓起腮帮子对着管子吹气。大家疲惫不堪的脸上重新露出一丝活力。就像吹泡泡糖似的，一个软塌塌、红通通的玻璃球问世了。

罗马玻璃器皿

玻璃器皿在罗马帝国的流行程度超乎你的想象，而在同时期的中国，玻璃器皿可谓价值连城。北朝的一些贵族墓葬中有玻璃器皿陪葬品，它们都是通过丝绸之路从欧亚大陆另一端传过来的。

师傅随即平稳地转动金属管，吹气的力道也强弱交替，于是玻璃球又变成了长颈瓶。

刚才吹出来的器皿逐渐冷却，呈现出孔雀蓝、深蓝、青绿、浅蓝、琥珀、绛紫、淡红、中黄等绚丽魔幻的颜色。听师傅说，不同的颜色来源于不同的配方。至于那些配方是什么，工友只知道有一种烧制玻璃必备的催化剂是从埃及某个湖底淘来的泥。

你在外面漂泊多年，手艺应该学得差不多。积累一点资本之后，还是要争取自己开作坊干，跟在别人屁股后面永远都发不了财。有时，你不仅是企业家，还要兼职做商人。为了节省成本，很多作坊都采取前店后厂的策略，保证产销一条龙。

除了自己的营业服务部零打碎敲地出售商品，还有一些游走江湖的职业商人常来你的作坊批发货物，他们是真正的财富追求者，甘愿为了金钱冒着生命危险纵横帝国全境，渡过莱茵河、多瑙河前往蛮族出没的日耳曼尼亚、斯堪的纳维亚或顿河草原，甚至顺着丝绸之路抵达中亚、印度和中国，创造足以写入史册的人类奇迹。

有钱要会花

对已经习惯了现代生活的你来说，为了基本生活，你首先得知道那里用什么样的钱，货币单位之间怎样换算，是否存在通货膨胀风险。

在那个时候，还没有钞票的概念，你所能见到的钱是各种各样的金属硬币，有黄金、白银、青铜等材质。你一定期待抓一把亮闪闪的金币，让它们互相碰撞发出悦耳的响声，眼睛里流露着满足又贪婪的目光。

要知道，就和现在的情况一样，金币在罗马帝国也并非主要流通货币，你几乎看不到哪个人拿着金币到菜市场买土豆、白菜、地瓜什么的，或者从老板那里领取金币作为报酬，因为金币的价值实在是高，假如你非要拿着一枚金币去买根葱，找回来的零钱估计得拿麻袋扛回来。

当时金币主要用来进行大宗交易，比如买房子、买奴隶、买农田等，或者被国家用来支付战争开销以及用作财富储备。

罗马帝国市面上流通的主币是银币，由中央发行的叫第纳里乌斯，这个名称后来演化成"第纳尔"，被现代东欧或中东一些国家用作主币名称。每个第纳里乌斯平均重4克左右。按照规定，前面说过的1奥雷金币含黄金5.4克左右，可兑换25个第纳里乌斯银币。

当你用金币兑换银币的时候，一定要仔细观察白银的成色，因为罗马帝国的银币不断有掺假现象发生，尤其到帝国中后期，随着政府财政支出数额的加大，发行的所谓银币中实际上含不了多少白银，最低的时候甚至不足5%，基本上是铜芯外面镀着超薄的一层银。

除了银币，在罗马帝国经济领域广泛流通的还有各种铜币。说"各种"，是因为铜币面额比较复杂，主要分为塞斯退斯、杜邦狄乌斯（dupondius）、阿斯、塞迷思（semis）、夸德兰斯（quadrans）这五种。名字很难记，但你必须牢牢记住。

关于它们之间的汇率，请看等式：1奥雷 =100塞斯退斯 =200杜邦狄乌斯 =400阿斯 =800塞迷思 =1600夸德兰斯塞斯退斯常常被用作计算罗马经济的标准货币单位，而夸德兰斯和塞迷思这样的小钱纯属辅币，大概就跟现在的1分钱、2分钱似的。

　　罗马帝国的货币和中国古代货币最大的不同之处在于罗马帝国的货币印有复杂图案，这种传统深深影响了欧洲货币的样貌，乃至后来世界各国货币的样貌。当你拿起一枚罗马货币时，不管它是金是银还是铜，你会发现反面图案种类超级多，从女神到怪兽，从大船到祭坛，可谓形形色色、五花八门，但正面通常是个半身侧脸人像，他正是统治着你的君主或者已经死去的君主。从奥古斯都起，每个君主都会在即位后发行新币，迫不及待地把自己的帅样子放在上面，以期得到草民的衷心爱戴。

　　公元4世纪前，这些用写实手法描绘的君主像和本人相貌非常接近，你只要接触到钱，就会知道那帮最高统治者长什么样子。如果一个君主在位时间比较长，他可能发行好几款带有他头像的货币，你也就能看出他从年轻到年老的变化过程了。胡子越来越多，头发越来越少。

印有元首头像的货币
　　罗马货币也是研究罗马历史的重要资料，小小的钱币蕴含着丰富的信息，包藏着广阔的天地。

酷似莱昂纳多·迪卡普里奥的元首卡拉卡拉

卡拉卡拉是元首塞维鲁的儿子，他面对大厦将倾的罗马帝国采取了很多挽救措施，可惜没有成为"中兴之君"。他死后，罗马帝国迅速陷入混乱，史称3世纪危机。

奥古斯都精瘦精瘦的，一看就十分干练；喀劳狄没精打采的，显得有些好逸恶劳；尼禄的超级大下巴堪称一绝，和墨索里尼有几分神似；提图斯是个小胖子，前额不幸有点秃；图拉真是典型的鹰钩鼻子翘下巴，带有征服者的傲气；哈德良一脸潇洒的络腮胡子，颇有颓废派的美感；卡拉卡拉真的很帅，分明是贴着络腮胡的莱昂纳多·迪卡普里奥。

如果你在公元4世纪后的罗马帝国活动，就不太可能通过货币认识君主的长相了。因为那个时候的货币艺术出现倒退，或者说被呆板地模式化了，君主几乎都是用一个模子印出来的，彼此没有什么差别。

除了这些带有人像的货币，你还可能偶尔碰到正面印着神像的货币，它们八成是从罗马共和国流传下来的。在民主风气更浓、人人更为平等的共和国时代，谁也不可能享有被印到货币上的殊荣，只有高于普通人的阿波罗、密涅瓦、维纳斯、马尔斯等神灵才可以成为钱币的标识。

心中须有数

在罗马帝国，光知道用什么样的钱还不够，你还需要知道当时的度量衡，否则遇到的麻烦太多。

所谓度是指长度，测量方法简单得很，只要你四肢健全。你若是想知道什么东西的长度，请脱掉鞋，脚跟并脚尖地从头到尾走一遍，然后就知道那东西有几脚长了。"脚"便是罗马帝国的基本长度单位。这就是英语把"英尺"这个词叫"foot"的原因。当然，有的东西你是无法直接用脚测量的，比如城墙的高度。

其实，除非你只是想测出个大致数据留给自己作为参考，通过这种原始得要命的方法得到的数据在公众面前无效，因为你的脚不是标准脚。从事实上说，每个人的脚大小都不一样，如果没有一个标准，势必造成极大混乱。以买布为例，假设10脚长的亚麻布卖200塞斯退斯，那么你花同样的钱，从一个大脚的日耳曼人那里买，肯定比从一个小脚女人那里买要合算得多。罗马最标准的"脚"供奉在首都的朱诺·莫内塔神庙里。它大约29.6厘米长，常被称作"莫内塔脚"。人们参考它的长度来制作尺子。公元3世纪后，"莫内塔脚"被缩短了2毫米，不知政府为何做此修改。

把1个标准脚平均分成16份，每一份便是标准的"趾"；如果把1个标准脚平均分成12份，每一份又叫"寸"。只有这几个长度单位还不够，你会发现遥远的距离让你手脚并用都不能测量完，于是"步"和"里"被引来做支援。

1步 =5脚 =1.48米（罗马人把迈出两脚产生的距离算作1步）

1里 =1000步 =1480米

罗马帝国以地中海为"内湖"，周边还有大西洋和黑海等海域，航海是许多人的家常便饭，所以"海里"这个概念已经出现了，只不过叫"斯塔地亚"（stadium），和英文中的"体育场"是一个词，但二者之间说不太好有没有什么必然联系。

1斯塔地亚 =125步 =185米

请牢记这些长度单位，你在生活中要经常使用它们。

此外，在购买土地的时候，你还会用到"犹格"（iugerum）这个面积单位。罗马人是把一头牛一天内平均犁出的面积算作1犹格的。

1犹格 =2520平方米

"量"指的是容积，"衡"指的是重量。在沽酒或打油的时候，你需要使用"安法拉"（相当于7加仑，约25.79升）这个容积单位；在购买粮食的时候，你会用到另一个容积单位"摩底"（相当于8.75升）；而在称体重的时候，你又会用到"磅"这个基本重量单位，1磅 =335.9克。如果你的体重是60千克，到罗马帝国就得跟人家说你有178磅重；如果你的体重是80千克，就得说你重达238磅。

第二节

令人向往的城市生活

城市是罗马文明的立足点，不了解城市，就不了解罗马帝国。身为平民的你既然已经知道那么多有关罗马帝国的生活常识，基本上算是融入帝国的城市生活了，接下来你应该好好研究一下帝国的首善之区罗马城。

从神话中走来的罗马城

罗马帝国是个暴发户，别看它在最强盛的时候统治地跨欧、亚、非三大洲的领土，骄傲地把地中海称作内湖，但在"罗马"这个概念刚诞生的时候，它只不过是亚平宁半岛上的一个小镇，或者连小镇都算不上，充其量是个用篱笆当围墙的村子。

罗马"村"的出现伴随着一系列有趣的传说。构成罗马民族主体的拉丁人说自己是英雄的后代，不过这位英雄不是拉丁人原创，而是希腊人的专利。你肯定知道荷马史诗《伊利亚特》：特洛伊小王子帕里斯拐骗天下第一美女——斯巴达王后海伦，回到特洛伊寻欢作乐。结果，被戴了绿帽子的斯巴达国王召集希腊诸城邦组成联军，向特洛伊进发。10年后，木马屠城，特洛伊被彻底摧毁。

特洛伊完了，故事还没完。希腊联军各路诸侯纷纷回家，其中发生了著名的奥德修斯历险记，被人们传为佳话。而特洛伊一方，城池灰飞烟灭，人却没有死光，幸存者当中有个叫埃涅阿斯的。荷马笔下，这个埃涅阿斯确实是个不寻常的人物，战斗能力堪比特洛伊头号英雄赫克托耳。遗憾荷马没有交代特洛伊陷落后这位英雄的下落，他的名字后来被喜欢读书的罗马人记住，做了大胆续写。帝国初期的著名诗人维吉尔将各种版本的故事续编整理起来，加工成史诗《埃涅阿斯纪》。🚩····4

奥德修斯与埃涅阿斯构成了《伊利亚特》"后传"的两条线索。奥德修斯的故事是希腊人续写的，埃涅阿斯的故事是罗马人续写的。同样是大英雄，为什么罗马人不认为奥德修斯是他们的祖先呢？

奥德修斯的故事早就家喻户晓，已经不存在改编剧情的余地，荷马郑重声明奥德修斯回去的地方是伊大卡岛，这座岛屿靠近巴尔干半岛西部海岸线，离亚平宁还很远。罗马人只好认不受人关注的埃涅阿斯为祖先。而且，选择埃涅阿斯是别有用心的。

在被他们征服的希腊人面前，罗马人心理十分复杂，有时候感到极度自卑，觉得希腊人比自己有文化、有涵养，自己却是土包子、半文盲，而有时候强烈的自卑又使罗马人看起来十分自负。在希腊人心目中，埃涅阿斯不是手下败将吗？那好，罗马人就是这位败军之将的后代，现在却战胜你们，替祖先报仇了。

这位传说中的祖先的儿子在台伯河附近建立了根据地阿尔巴龙加，罗马城很快就要因为它而出现了。埃涅阿斯的后裔世袭王位至第15代，出了努米托和阿穆略两兄弟。父王临终时留下两份遗产供他们选择：一是王国统治权，二是埃涅阿斯从特洛伊带来的金银财宝。努米托选择了王位，阿穆略则占有了财富。

然而，不知不觉间，阿穆略凭借手中的财富变得比努米托更有实力，至少部落中的群众也愿意跟着这位有钱的老大混，弟弟阿穆略轻而易举从兄长手中夺走了王位。穷光蛋国王被害惨了，儿子们通通丢了性命，唯有女儿西尔维亚免于做刀下亡魂。篡位者阿穆略把西尔维亚送去做光荣的女祭司，为的是让她不能出嫁，自然也没机会生孩子。

天无绝人之路，曾经和阿芙洛狄忒偷情而被捉奸在床的战神马尔斯绝对是个情场老手，他这回看上了美貌的西尔维亚，让她怀上了一对双胞胎。阿穆略闻信又恨又怕，以不守清规戒律之名幽禁西尔维亚。可怜的西尔维亚在狱中产下双胞胎，阿穆略无情地派人把两个婴儿装到篮子里，扔到水流湍急的台伯河里去。

冥冥之中，台伯河水没有把篮子卷进大海，而是冲到荒凉河岸边一棵无花果树旁。一只母狼发现了篮子中的宝宝，没有吃掉他们，而是大发慈悲给他们喂奶，还有一只啄木鸟也来帮忙喂食，守护着两兄弟。据说这些生物之所以伸出援助之手，是因为它们平时专门被杀来祭祀战神。

狼是罗马人心目中神圣的动物。除此之外，鹰、野猪、摩羯、鹅等也都深受罗马人青睐。罗马人爱鹅，因为鹅曾经在高卢人偷袭时叫醒过沉睡的罗马人，从而使罗马城免遭涂炭。

漫画：牧人发现狼孩

一个牧人经过这里，看到两个狼孩，大为惊讶，便把他们带回家交与妻子抚养。孩子逐渐长大，一个取名罗慕路斯，另一个取名勒莫斯。兄弟俩都继承了战神的强大基因，生得体格健壮，性情豪迈，有着一股无所畏惧的勇气。两兄弟渐渐知道了自己的身世，于是集合许多对阿穆略有意见的公民发动起义，推翻了阿穆略的政权，让努米托重新登上宝座。

阿尔巴龙加有了合法统治者，罗慕路斯兄弟知道在这个地方混下去不会有前途。他们决定另立门户。选择创业地点总得有点说法，哥俩就在被牧人救走的地方开始干。新址附近有七座山丘，罗慕路斯打算在帕拉丁山上发展事业，而勒莫斯坚决不同意，他看中的是阿芬丁山。分歧出现了，但谈判解决不了问题，只好靠武力解决，结果弟弟勒莫斯被打死了。冷血的罗慕路斯踩在弟弟尸体上宣布："今后这块土地用我的名字命名，就叫罗马！"

罗马在传说中诞生，据说这一年是公元前753年。此时中国的姬宜臼刚刚建立东周王朝不久，埃及正处于法老时代的第25个王朝，印度的雅利安人还在向恒河以东迁移，希腊城邦兴起海外移民浪潮，并逐渐占据了西西里和亚平宁半岛南部。

口头传说未必是假的，历史记载未必是真的。埃涅阿斯从特洛伊逃亡而来的传说或多或少反映出拉丁人从中亚草原一路迁徙到欧洲的历程。而罗马帝国著名学者李维在史学大作《罗马史》（拉丁语原名《建城以来史记》）中，就像纪实文学一样煞有介事地再现母狼救起罗慕路斯兄弟的感人一幕，歌颂罗马人强抢萨宾妇女的丰功伟绩，† 至少李维认为这些故事都确实发生过。

根据李维的描述，罗慕路斯赶着两头牛围绕帕拉丁山犁出一条深沟作为"国境线"，还修了一座城堡。同时他大范围邀请外来务工人员到罗马居住，不管这些人以前是什么身份，农夫也好，牧民也好，商人也好，奴隶也好，通通接纳为罗马公民。为了更好地引进人才，从一开始，罗马城就形成了具有公民身份的人一律平等的传统。在政策鼓励下，生活在拉丁人周围的萨宾人和伊特鲁里亚人拿到了罗马户口，给罗马城的发展注入新鲜血液。罗马城就这么诞生了。

罗马不是一天建成的

罗慕路斯去世后，先后又有6个人继承王位。他们继续给罗马城添砖加瓦，不但筑起城墙，据说还修了一些桥梁和排水沟。

公元前509年，"王政时代"最后一位国王小塔克文被赶下台，罗马人用共和制取代君主制。共和国期间，罗马城经受住了许多考验，比如高卢人入侵、汉尼拔围攻、苏拉造反和凯撒夺城等，这些磨难使罗马城墙被修得越来越坚固。另一方面，罗马人不断对外扩张，积累了越来越多的财富，有更多资本拿来打扮自己的首都。随着年头增加，罗马城也滚雪球一般越来越庞大，囊括了台伯河畔全部七座山丘，即帕拉丁山、阿芬丁山、卡庇托林山、埃斯奎林山、奎利纳尔山、维米纳尔山和凯里乌山，号称"七丘之城"。

尤其在希腊被征服后，发达的城市文化深深影响了罗马城的格局。人们不再私搭乱建，而是秉承希腊人的习惯：把城市分成公共区域和生活区域。用石头、木材、土坯和砂浆碎石建造的神庙、广场、市政厅、纪念碑等基本取代了茅草屋、篱笆墙和简易棚。

早在共和国时期，罗马城已经初具规模，而这座伟大城市的大规模发展阶段处于你所前往的帝国时期。在你开始逛罗马城之前要注意，本文之前讲的那些神话、传说、史实什么的，必须当作常识记住，免得走在大街上有人跟你聊天的时候，你连这些最基本的信息都不知道。

如果你在公元前27年到公元14年期间，也就是奥古斯都当国家领导人时去罗马城，你将感到百废待兴、万象更新的活力，不过这并不是旅游的最佳时节，因为很多景点还没开发好呢。

伟大的奥古斯都曾骄傲宣称："我接手的是一座砖造的罗马城，留下的却是一座大理石造的罗马城。"你走在奥古斯都的罗马城中，会发现这是一座日夜繁忙的大工地，到处都搭着脚手架，到处都在响，到处弥漫呛鼻的石灰。罗马史学家卡西乌斯·狄奥毫无感情色彩地记载了奥古斯都及朝臣承包的那些大工程。🚩⋯⋯⁵这是一个伟大的工地时代。作为旅游者的你不能只顾欣赏这些正在兴建或刚刚竣工的人文风景，不能因为看到了这些已经在现代社会荡然无存的建筑物而沾沾自喜，因为就算在那个所谓的"和平时代"，罗马城中也随时都有危险发生。🚩┄6

辉煌业绩的创建主要归功于公元1世纪和2世纪这200年内优秀君主的雄心壮志。彼时，罗马帝国政治稳定，经济增长，人民对物质生活与精神生活有更高追求，罗马军队在境外的不断胜利给罗马城带来精美艺术品。大型神庙、宫殿、柱廊、凯旋门、记功柱、竞技场、图书馆等各个堪称奇迹的建筑散发着令你迷恋的魅力。

你走在罗马城中，蔚蓝天空、纯洁白云、清新空气根本就不是奢望。城市面积很大，多达上百万的人口可能让你感到窒息，缓缓起伏的山丘、精致优雅的建筑和流水潺潺的台伯河却总能舒缓你的紧张，它们像律动的音符一样打动心灵。每当夕阳西下，你可以站在任何一处高地俯视罗马城全景，金灿灿的光线与通红的云朵让白色大理石墙壁反射出梦境般的绮丽色彩，令你难以相信所看到的一切不是虚幻。

喀劳狄王朝、弗拉维王朝、安敦尼努王朝、塞维鲁王朝的那些君主给你建造了如此震撼人心的景观，卡里古拉、尼禄、韦斯巴芗、提图斯、图密善、图拉真、哈德良给你留下史无前例的丰厚遗产。

据说黄金宫是尼禄于公元64年在罗马城纵火后，在火灾废墟上建立起来的豪华私人别墅。你在公元1世纪下半叶经过埃斯奎林山时，尚能远远看见山坡上卧着这座黄金宫。黄金宫外形很独特，它是一座由很多拱形建筑拼接起来的组合体，最显要部分是位于中央的八边形穹顶大厅，据说那里面采光性能特别好，还装饰着满墙壁画，令人眼花缭乱。公元2世纪后，你就再也看不到这座奇迹了，因为臭名昭著的尼禄令后继者不敢享用其遗产，生怕背上腐化堕落之名，它逐渐被废弃，掩埋在泥土中，成为其他新建筑的地基。

建于公元92年的奥古斯塔那宫是另一宫殿建筑杰作。你发现建这座宫殿的人很会选址，为了让君主方便观赏各种比赛，它就盖在大竞技场一端，几乎和大竞技场连为整体。从功能上说，奥古斯塔那宫也是办公、学习、休闲和娱乐的结合体，它既有用于公务的巴西利卡（会议室）、国家宴会厅，也有用于放松心情的开阔庭院、下沉式花园和图书馆。

你应该庆幸能到这个时代的罗马城去参观，工业革命之前，无论从规模上、人口数量上，还是从美丽程度上讲，欧洲都没有哪座城市可以和它相提并论。你应该庆幸能到这个时代的罗马城去体验，它不但给当时地中海周边地区提供了最佳的城市规划模板，甚至还深深影响着现代城市的设计风格。

如果在公元292年（戴克里先皇帝当政时期）以后去罗马城，你会发现这座城市已经不再是皇帝驻地了，但它的风采依旧不减当年。如果你在公元5世纪去罗马城……算了，还是别去了。这个时候的罗马城多次遭受哥特人和汪达尔人洗劫，已经破败萧条得不成样子。你本来要逃离现代生活，穿越到历史中去换换心情，若是为此丢了性命可不值得。

完善发达的城市功能

厌倦了灯红酒绿、车水马龙的生活后，你或许不愿意再逗留在罗马这样的大城市里，而是更向往那些小一点、轻松一点的地方。

罗马广场遗址
这幅图片让人感觉罗马城就是片废墟。而这恰恰说明意大利人对古迹保护得很到位，并没有随意拆除过去的建筑。这片废墟并没有破坏罗马的市容，反而使它充满了独特的历史韵味。

你从罗马城出发，到帝国境内巡游一圈，将不难发现其他城市，尤其帝国西部的城市几乎是罗马城的缩小版。帝国东部很多城市在罗马城建立前就存在了，所以受罗马城市规划风格的影响较小，只是在建筑样式上选择性地接受了罗马特色。

1.特色各异的帝国城市

帝国那么大，你真应该到不同的城市去体验体验，它们或多或少都有自己的历史与风格。如果你往意大利南部走，看到的将是和罗马城最相似的古老城市，包括那座在公元79年被维苏威火山吞噬的庞贝。这些城市是罗马人最早的公民殖民地，和罗马城之间有最早的公路网连接，所以它们与罗马城联系最密切。

你渡过地中海来到北非，迦太基和大莱普提斯等沙漠城市等待你的光临。迦太基所在的土地很多年后被称为突尼斯，成了阿拉伯人的乐园，而在被你们罗马人占领之前，这里生活着迦太基原住民，也就是曾和你的祖先争夺地中海霸权的那个强大势力。你们罗马人在第三次布匿战争（公元前149—前146年）中把原有城市彻底摧毁，以防止迦太基人东山再起。现在，你看到的迦太基城基本没有了土著风格，而是在废墟上重新建立起来的新天地。

前往欧洲西北部，你看到的是星罗棋布的小城市，其中也有几座稍微大一点的，比如科洛尼亚、卢特提亚－巴里西奥鲁姆、卢格杜努姆、伦底纽姆等。这些地方远远没有罗马城繁华，在你看来也没有文化底蕴，基本上是暴发户的俱乐部。

它们之所以相对落后，皆因底子较差，都是在罗马军营驻地或凯尔特山寨的基础上发展起来的，和白手起家没什么两样。不管喜欢不喜欢，都建议你任选两座城市住一阵子，上述这几个"破"地方日后可了不得，成为全世界游人向往的胜地，它们的现代名称依次为科隆、巴黎、里昂、伦敦、曼彻斯特。

最后，你把目光转向帝国东部，那边的大城市可真不少，普遍历史悠久，像埃及的亚历山大，小亚细亚的以弗所、帕加玛，希腊的雅典、科林斯，色雷斯的拜占庭，都是久负盛名的壮丽大都会。尼罗河三角洲入海处的亚历山大城得名于马其顿征服者亚历山大大帝,那里不但有高耸入云的灯塔,还有规模庞大的图书馆。以弗所是小亚细亚行省首府,拥有"世界七大奇迹"之一的阿耳忒弥斯神庙。雅典你再熟悉不过了,地球人都知道。拜占庭一开始是个小地方,逐渐发展成连接黑海与马尔马拉海的重要纽带,公元330年君士坦丁大帝移都于此,改名为君士坦丁堡,再后来,这座城市被土耳其人占领,更名为伊斯坦布尔。

2.城市里的公共设施

罗马帝国的城市多如牛毛,刚才提到的这些只是比较有代表性的。你走遍千山万水,不管到哪座城市,几乎都能看到神庙、剧院、竞技场、市集、浴室、图书馆、引水渠等公共建筑以及鳞次栉比的私人住宅,所谓麻雀虽小,五脏俱全。

罗马城市的规划与布局很科学,完善发达的城市功能会带给你意想不到的方便。当然,有些方面也需要你去慢慢适应。

首先,你们罗马人很讲究城市的"风水"。几乎任何一座城市在初建之前都经过工作人员的仔细勘察,城址通常不会选在沼泽边上,也不会选在冷热温差变化大的地方,因为这种地方不利于人的身体健康。在看似合适的地方,经验丰富的勘探师还会把食用当地牧草长大的绵羊宰杀并解剖,检验它的肝脏是否颜色光润、形状完美。如果羊肝颜色混浊,形状怪异,说明这里大面积受到了毒素污染,不能选为城址。

除了健康因素,你们还重视安全因素。毕竟在弱肉强食的年代,野兽和敌人随时会来袭击侵扰。你所生活的城市都有围墙,进进出出必须走城门。这圈令人感到憋闷的石头壁垒有时候确实挺讨厌,但它们在关键时刻却显得可爱无比。一旦城墙被敌人突破,后果不堪设想。墙体要特别坚固厚实,墙头至少能允许两个人并肩而行。防御塔也很重要,需修成圆筒形,贴在城墙外面。圆形防御塔可有效扛住敌人重型攻城武器的打击,如果防御塔是方形的就会脆弱一些,而且反过来会被敌人利用为掩体。

你走在被城墙保护起来的纵横街道上,心情特别放松,踩着大理石路面行走非常舒服。你沿着街道登上城市制高点,俯视整座城市风光。

大莱普提斯的古罗马剧院
据说这座大剧场能容纳观众5万人，在那个时代绝对是建筑奇迹。

朱庇特神庙、朱诺神庙和密涅瓦神庙就在离你不远的地方，这三大主神的庙通常都盖在城市高地上，以便神明能够看到全城，从而保佑全城的人。你往远处眺望，看见在城市中心有开阔的广场，是居民举行节日庆典或其他公共活动的空间。广场周围往往盖有信使墨丘利神庙和低调的市政府建筑。在罗马帝国，政府建筑从来都不会成为最抢眼最奢华的建筑，只要能保证议员们开会就够。

如果你所在的城市有港口，那么港口附近也会修有广场，而且修有维纳斯神庙。这大概是因为维纳斯也是水手的保护者。

你环视一周，城中建筑给你留下最深印象的恐怕是半圆形露天剧场或者椭圆形竞技场。它们看起来非常壮观，尤其是露天剧场，依山而建，把倾斜的山坡用作看台区域。椭圆形竞技场是用来办田径比赛和战车比赛等体育活动的，场地中心耸立着高大的罗马柱或者从埃及弄来的方尖碑。建筑配神灵的原则仍然适用于这两种建筑。文艺之神阿波罗的庙宇依附露天剧场而建，大力神赫丘利的神庙则盖在竞技场旁边。有了神灵保佑，公共建筑似乎变得更加好用。

你从高地下来，去露天剧场参观一下。进到剧场里面，你看到这个建筑的正面是一堵高墙，长条形舞台贴在这堵墙接近地面的部分，舞台与观众席围拢出一个半圆形乐队演奏池。那堵高墙起到拢音作用，使演员的声音尽量多传到观众耳朵里，营造"立体声"效果。拢音墙还盖有带屋顶的柱廊结构，以便让观看演出的观众在下雨时躲到里面避一会儿，另外便于演员在出场前化妆或休息。你坐在观众席上，轻松自在地居高临下看着舞台，是不是感觉很惬意？每逢演出的时候，会有上万名观众和你坐在一起共享戏剧的魅力，现场氛围肯定好极了。可惜这两天没有演出安排，剧场里空荡荡的，你在里面顶多发一发呆，等过节的时候再来看戏。

3.当洗澡成为家常便饭

你走出剧场，再去公家修建的澡堂子放松一下。在罗马帝国，每个城市至少有一座公共浴场，而且通常修在最繁华热闹的城中心区。越是大城市，浴场就越多。罗马城在公元5世纪时竟然有800多座澡堂子。其中卡拉卡拉浴场和戴克里先浴场最有名，都是君主投资修建的，后者能容纳三千人一起洗澡。

罗马人向来患有"洁癖"，一个个特别爱洗澡，三天两头没事就去泡一泡。其实讲卫生是次要的，大家去公共浴场洗澡的目的是社交，因为你能在那个地方遇到城中形形色色的公民，其中不乏权贵人物。

古罗马浴场图

庞贝的温泉浴场内部

　　来到一座浴场前，你发现它是一大片冒着蒸汽的"面包"组合。每个远看像面包的拱顶建筑上都有开口，一方面用来采光，另一方面为了通风。浴场前厅有看门人负责卖票，票价很便宜，基本是象征性收费。男顾客门票价格通常是几个夸德兰斯。还记得吗？夸德兰斯是罗马货币中最小的辅币，1个金币能换1600枚夸德兰斯。也就是说，如果你有一枚金币，你可以洗上百次澡。就算每天洗一次，也得洗好久好久。

　　你付费进去，先是来到一间"健身房"，里面放着石头、哑铃等健身器材。为了彻底放松身体，洗澡之前你不妨先在这儿锻炼一会儿，等出了汗再去更衣入水会比较舒服。你在更衣室把衣服脱下，然后叫奴隶给你浑身上下涂橄榄油，以便清洗毛孔，有效去掉脏东西。现在从更衣室进入浴室。里面豪华极了，铺着马赛克镶嵌画，墙壁用涂料刷成温馨的红色，门口还有精美的大理石雕像。

　　这间大屋子非常热，装满清水的浴池冒出腾腾热气。你伸手摸一摸墙壁，会感到烫手，原来墙壁是空的，锅炉房把水蒸气输送到墙壁中，制造了暖气效果。池中热水也是地下室的锅炉烧开并通过管道输送进来的。

　　这里就是所谓的热水池。你慢慢把身体泡进池中，高温帮你除掉油脂和肮脏。泡一会儿之后爬上来，让奴隶用青铜板给你刮擦皮肤，彻底除去脏东西。

接着，你走进下一个房间——温水池。这里的水不烫，温度适宜，你可以躺在里面多享受一会儿，找几个人聊聊天，或者自己哼个小曲儿。洗完温水浴，这澡还不算结束呢，最后要进入冷水池凉快一下。按罗马人的习惯，洗完热水澡后再来个凉水澡有益于身体健康。

浴场的洗澡水来自遍布全城的供水系统。如果没有水，任何城市都将成为死城。罗马人的城市用水比较讲究。专业人员负责到城外寻找水源，并做水质测定。他们会把水样放在青铜锅里煮，等冷却后倒出，如果锅底没有沙子、泥巴之类的，说明水质干净，适于饮用。查明水质后，专业人员还要用测角仪观察水源是否高于城市，他们要利用水往低处流的原理引水入城。

待准备工作做好，水道施工项目就要开始了。奴隶工人从水源处开挖水渠，通常用铅、陶或者石头制造输水管道。为了保证供水不受污染，水道是几乎全封闭的，每隔一段距离要修造一个小水库，以防部分管道出问题后造成全城断水。当水渠遇到高山时，工人要开凿隧道；当水渠遇到峡谷时，工人又要修造高架桥。这个工程模式跟两千年后人们修铁路差不多，既费力又费钱。

以色列凯撒利亚的罗马引水渠

因为有些罗马引水渠是高架的，所以被后人误称为"桥"。有名的罗马引水渠之一是法国的"加尔桥"，它经常出现在18、19世纪古典派风景画家的作品中。

假如城外没有充足的水源，你喝的水恐怕只能从井里提取。井水需要一桶一桶打，比水渠引水效率低得多。总体来说，井水比较健康，因为罗马帝国很多引水渠采用的是铅管。

你那个时代杰出的建筑师维特鲁威已经发现金属铅有毒，可能会对人造成伤害，所以不提倡大家喝铅管引来的水，他把这种情况写在大作《建筑十书》中。罗马人容易得尿路结石，跟长期饮用铅管自来水有很大关系。除了提供洗澡水和饮用水，引水渠还给城中的水磨作坊提供动力，或者让喷泉得以正常工作，甚至给城中的人工湖灌水。引水渠就是你们的生命之桥。

紧张刺激的公共娱乐

罗马帝国宗教盛行，你几乎每隔几天都能过上以宗教为名目的节日，简直五花八门，多姿多彩。以8月份为例，短短31天内竟然有10多个节日。†

1. 看戏剧

这些节日期间，群众集会，观看表演，祀奉神灵，狂吃海喝，一派欢乐祥和的气氛。看戏可是少不了的节目。就像两千年后那些现代人喜欢看电影一样，你可以自己去看戏，可以跟朋友去看戏，也可以带着女友去看戏。

不过，你和女友在剧场中坐不到一起，因为按照规定，女观众要坐到剧场最上边的座位区，男观众则要坐在靠下位置。这是帝国政府对男性公民的优待政策，越靠近舞台的位置越能看清演员表演。

今天演出的剧目是《俄狄浦斯王》，作者辛尼加。在悠扬乐声中，演员们登上舞台。饰演俄狄浦斯的主角表现得非常夸张，他把俄狄浦斯塑造成一个多疑、阴险、暴戾的家伙，最后在命运的安排下杀死亲生父亲，并娶自己的母亲为妻。虽然演员很卖力气，但整场演出充满大段的独白和对话，枯燥极了。听其他观众

† 其中很重要的如：
8月13日，纪念庭院保护神维尔图姆努斯的维尔图姆那里亚节；
8月13日，也是纪念月神狄安娜的火把节；
8月17日，纪念仓库保护神波图内斯的波图那里亚节；
8月27日，纪念河神沃图尔努斯的沃图尔那里亚节；
8月28日，纪念太阳女神索尔的索尔节。

说，辛尼加的原作还算有意思，里面讲了很多鬼魂、巫术等有趣的故事，可惜这些都表演不出来。你对这次演出比较失望，毕竟看的戏多了，期望值越来越高。

以前你看过希腊著名作家索福克勒斯创作的《俄狄浦斯王》，故事情节和今天看的辛尼加版《俄狄浦斯王》很像。不，应该说辛尼加版是索福克勒斯版的山寨作品。辛尼加是你们罗马人的一员，他模仿改编了希腊人的经典名作。

相比之下，还是经典作品更好看一些，那里面的俄狄浦斯王可不是阴险的恶徒，而是令你崇拜的有血有肉的大英雄。今天如果不是因为实在无聊，你可能就不会来看这么沉闷的悲剧。若是非得追求高雅，你也宁愿多看古代希腊人的戏剧作品，比如《美狄亚》《特洛伊妇女》《普罗米修斯》等。个别罗马作家的作品也还过得去，像共和国时期的剧作家普劳图斯创作的《孪生兄弟》《一坛金子》《吹牛军人》和泰伦提乌斯创作的《阉奴》《婆母》等，都是很耐看的作品。

对你来说，"无厘头"的阿特拉笑剧比正经戏剧更有吸引力。这些笑剧没什么情节可言，原本是意大利农民在农闲时发明的，纯粹为了找乐儿。演员们戴着滑稽面具，演绎好色的老男人、贪婪的小人、招摇撞骗忽悠人的骗子，带有浓郁的市井兼乡下色彩。这种不算高雅的喜剧其实比阳春白雪的玩意儿更有生命力。

中世纪抄写的罗马喜剧剧本

2. 看比赛

如果不想看戏剧，你还可以去竞技场观看体育比赛。最常见的有5个田径项目：短跑、跳远、摔跤、铁饼和标枪。运动员清一色是男的，光着身子，一丝不挂，露出强壮肌肉，现场充满雄性与生俱来的好斗气氛。严格来说，女人没资格观看男性体育比赛，她们顶多能观赏专门设置的女子运动会。

短跑源自希腊人的宗教活动。起初，人们站在距祭坛200米的地方，待指令发出后奔向祭坛，争取跑在最前面，以获得点燃祭品的权利。这种仪式后来演变为200米裸体短跑，接着又衍生出400米裸体短跑和400米穿甲胄短跑。

竞技场跑道的两端都由一种叫"巴尔比斯"的石条做标记，上面平行刻有两道凹槽。运动员准备起跑时双臂前伸，身体前倾，并使两脚前后分开，将脚趾伸到凹槽里面去。这种设施可以帮助运动员迅捷地集合爆发力，飞速冲向跑道。似乎两千年后短跑运动员起跑时也用类似的设备，他们管它叫助跑器。

跳远这个项目有点怪异。你会看见跳远运动员总是自备一对半圆形哑铃。他们双手攥着哑铃起跳，身体腾空后向前甩动它们，以借助哑铃产生的惯性落到较远的位置。场地旁还有人用笛子吹出乐曲，让运动员根据韵律控制起跳节奏。

摔跤比赛很滑稽，因为赤裸的竞技者身体要遍涂橄榄油，本是为了防止皮肤被炽烈的阳光灼伤，结果使运动员身体变得光亮滑溜，两个人谁也不容易抓住对方，滑得跟两条泥鳅似的。

掷铁饼最能展现运动员优美的动作，常给雕塑家提供绝佳素材。竞技场上使用的所谓"铁饼"多是直径21厘米、重约2千克的器材。运动员赛前往往伸出双手握紧铁饼，同时将左腿向前稍微迈出，让右腿承担身体重量。如果运动员姿势不对，裁判会立刻纠正。比赛时，运动员身体下弯，右手拿着铁饼向后甩，然后以左腿为支点迅猛旋转躯干，凭借强大的爆发力和惯性将铁饼抛出。

标枪运动大概在战争的启发下诞生，但体育比赛的道具有别于打仗使用的武器，它的造型不以杀伤为目的。竞技会的标枪大约有1.9米长，与人的大拇指一般粗细。杆部用木头做成，顶端是三角形青铜枪头。与现代标枪不同的是，罗马标枪杆部的适当位置缠有皮带环，运动员把右手的食指与中指伸进去，同时用其他三个手指握住枪杆，而后奔跑着把标枪举过肩膀，借助皮带环的弹性把它投向远方。

竞技比赛中还有一项令人热血沸腾的运动——战车比赛。每一场比赛有4到12辆战车参与，最先到达终点者为优胜。驾驶员需要掌握过硬的驭马技术，因为战车需要用2到4匹马来带动，如果这些马不能步调一致地行动，则无法前进。

这是一项观赏性极强的运动，装饰精美的战车跑起来后犹如闪电，后面拖起高高飞扬的尘土，动力感和速度感会让你忍不住为之欢呼雀跃。当然，驾驶员也有失手的时候，万一驾驶不当或者和其他选手的马车相撞，很容易导致翻车。到时候驾驶员轻则骨断筋折，重则命丧黄泉。这是一项精彩但玩命的运动，真正的勇士才敢参与。

运动会把桂冠发给各个项目的冠军，除此之外，运动员并没有什么丰厚的物质奖励，对他们来说，荣誉大于金钱。

3.看角斗

如果你觉得运动会也没意思，那就到圆形斗兽场中去，血腥场面足以让你精神振奋。角斗士之间的格斗、角斗士与野兽的厮杀、大型仿真海战表演，这些都是上层人物不惜代价给你们的恩赐，希望你们对贵族阶层抱有感激之情。

贵族出资举办活动的名头很多。城中有新建筑落成是理由，为元首庆祝生日是理由，纪念战神马尔斯是理由，为某人的葬礼驱邪也是理由。只要贵族想讨好人民，他们不愁找不到理由。好比你想下饭馆改善生活，每次都能找到奢侈一把的借口。

一年里有很多机会观看斗兽或角斗比赛。你会在斗兽场中过足眼瘾，看得眼睛布满血丝，吼得嗓子失去声音。你视生命如草芥，视鲜血如清水，参加表演的人和动物都不是一个两个地死，而是成百上千地死。🚩⋯⋯[7]在看类似表演的时候，观众由于情绪高涨，往往失去理智，很容易闹出乱子。你在热血沸腾之余，要多注意人身安全。🚩⋯⋯[8]

注释

1 　　土地这个敏感问题说来话长。在罗马共和国早期，几乎每个公民都有或多或少的土地。因为怕有钱人吞并穷人的土地，政府还出台了土地限购令，每家每户最多不得拥有大于500犹格（罗马面积单位）的地产。为了保护自己的这点财产，他们既当农民又当兵，农闲时节没事就跟周边那些讨厌的敌人打打群架，几天之后，顶多个把月后再回来接着种地（如果还健全地活着）。

　　随着罗马领土的不断扩张，大多数战争发生在远离家乡的地方。这种情况造成一个后果：农民兵被卷入战争旋涡，别说几个月，几年都回不了一趟家，根本顾不上料理农事了。

　　勇士们在外出生入死，家里却发生许多变故，村里的财主、恶霸趁机强占了他们荒芜的土地。那时候又没有房本和土地证书，谁占了，地是谁的。

　　憨厚的农民兵打完胜仗，怀着为国立功的自豪心情回来时，却发现已无立锥之地。英雄瞬间化成狗熊，小地主转眼沦落为无产者。

　　放眼望去，到处都是权贵们靠无耻兼并得来的大地产。这些曾经的小农只好忍气吞声从大地产主那里租赁一小块地来维系生活，或者郁闷地逃窜到城市贫民窟，很多人逐渐变为流氓无产者，对社会治安与政治稳定造成恶劣影响。

2 　　如果在西班牙，你最好敲开金属加工作坊的大门。西班牙是个盛产金属矿藏的地方，而且那里民风彪悍，历来尚武，所以当地老百姓拥有制造上乘盔甲武器的天赋。很多由西班牙人设计制造的刀剑光荣地装备了帝国军队，为帝国国防事业提供可靠后盾。

　　如果在埃及，你应当到棺材铺学习木雕和彩绘业务。想必你也听说过，很久以前，古埃及人就能制造异常精美华丽的人形棺椁了，他们这种特殊活计一直都在传承并发扬光大。

　　如果在小亚细亚、叙利亚、美索不达米亚这样的东部地区，你应当进入纺织作坊当学徒，那里的毛毯、挂毯、毛织物等产品凭借得天独厚的原料优势在市场上立于不败之地。

　　如果在意大利、北非或高卢，你最好选择去制陶作坊实习，这些地方生产的红陶器皿在帝国里算是质量一流的，畅销海内外。

◫3　高卢红陶的颜色纯净柔润，有的宛若熟枣，有的酷似野柿，给你一种晶莹剔透的清新感。高卢红陶的质感轻盈滑腻，当你用手触摸时，仿佛觉得在巧克力表面轻轻擦过，愉悦之情油然而生。高卢的制陶业特别红火，你到那里走一圈，就会发现很多闻名遐迩的制陶中心，堪称罗马帝国的"景德镇"。伟大革命导师马克思的故乡特里尔就曾经是其中之一。

◫4　维吉尔给埃涅阿斯建立了相当深厚的背景。他的母亲乃是帮助特洛伊人打仗的美神阿芙洛狄忒。他的父亲安喀塞斯只是特洛伊国王的一个普通亲戚。阿芙洛狄忒到人间偷情是不光彩的事，所以她不允许安喀塞斯公开他们之间的暧昧关系。安喀塞斯也指天发过誓。但是，当埃涅阿斯出生时，安喀塞斯得意忘形，竟然向同伴吹嘘。吹牛的代价是双目失明。

特洛伊沦陷后，埃涅阿斯率领他的勇士，背着瞎眼的父亲冲出包围圈。后来，埃涅阿斯和同伴们在地中海一带漫游好几年来寻找新家园，像奥德修斯那样历经各种苦难和考验后，最终来到亚平宁半岛台伯河畔的拉丁姆，与国王的女儿拉维尼亚结婚。而拉丁姆国王死后，驸马埃涅阿斯顺理成章继承王位，成为拉丁人也就是罗马人的祖先。

◫5　他写道：在奥古斯都第六次担任执政官的那年（公元前28年），奥古斯都完成了帕拉丁山上的阿波罗神庙项目，附带周边陪衬建筑和几座图书馆。

在奥古斯都第八次担任执政官的那年（公元前26年），大臣阿格里帕在战神广场完成了选民活动空间的建设。他给这个空间增加了大理石板以及好看的绘画装饰，周围还造了壮观的环形柱廊。

在奥古斯都第九次担任执政官的那年（公元前25年），阿格里帕自费完成了海神议事厅的建设，以纪念瑙罗库斯海战（公元前36年，奥古斯都战胜小庞培）和亚克兴战役（公元前31年，奥古斯都战胜安东尼和埃及艳后）。随后，他还修造了名为拉科尼亚的体育场，以及闻名遐迩的罗马万神殿。

在奥古斯都第十四次担任执政官的那年（公元前20年），奥古斯都下令在卡庇托林山上建造一座复仇者马尔斯神庙，准备用从帕提亚人那里缴获的军旗作为献祭。

📖6   卡西乌斯·狄奥说，公元前16年的一个夜晚，尤文图斯神庙被突起的大火夷为平地，一只神秘的狼冲到罗马广场上咬死了好几个人，一团莫名其妙的火焰诡异地从城南窜到城北。公元前9年，暴雨和雷电摧毁了很多建筑物，甚至连朱庇特神庙也遭到损坏。在格涅乌斯·康涅里乌斯和瓦勒里乌斯·美撒拉任执政官时，严重的地震发生了，台伯河水涨起来并冲走了桥梁，城市内可行船七日。还有一次日偏食发生，人们遭受了饥荒。

📖7   在奥古斯都举办的一次活动中，从非洲抓来的600头野兽在竞技场被杀。

    同一时期，奥古斯都的孙子日耳曼尼库斯在竞技场内安排了屠杀200只狮子的表演。

    当时还有一次令人印象深刻的角斗士竞技，"波斯人"与"雅典人"之间的海战在人造湖中举行。假戏真做，死者不计其数。

📖8   奥古斯都死后不久，人民掀起了一次暴乱，因为在奥古斯塔里亚庆典上，一名演员因为嫌报酬低而拒绝进入戏院，导致表演延误，观众非常不满。暴乱直到保民官当天召开一次元老院会议并请求元老们允许人民花费比法律规定的数额更多的钱才停止。

    公元15年，民众娱乐活动上发生了混乱，出现伤亡事故，死了几名士兵和一名连长，伤了禁卫军的一个军官，因为他们想制止人们对高级官吏的侮辱和群众中发生的冲突。

    公元27年，一个名叫阿提里乌斯的人在罗马城外修建了一座半圆形剧场用来表演角斗，但是剧场地基并不坚固，而且上面的木架结构接合得也不结实。原来他搞这个工程并不是因为钱多得没处花，也不是为了讨好老百姓，而是想谋求不正当利益。罗马城中的男女老幼前来凑热闹，来的人特别多。挤满了人的建筑倒塌下来，把大量观众和站在四周旁观的人摔下来并压在下面了。灾难发生后，很多人从城中赶来辨认家属，现场哭声震天。辨认尸体非常麻烦，因为很多遇难者已经面目全非，甚至有人认错了亲人，导致真正的亲属和他们发生争吵。据统计，这次惨祸共造成5万多人死伤。元老院追究了责任，把组织者阿提里乌斯流放到边远地区。而罗马的显贵们发挥了人道主义精神，第二天就给受害者家属义务提供包扎用品和医疗。

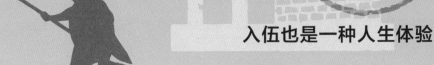

第六章

入伍也是一种人生体验

　　罗马人的战争机器一旦开动，整个地中海世界都要为之战栗。尚武是浸入罗马人血液里的本性，数不清的战争让罗马从一个小镇变成庞然大物。其实，规模巨大的著名战争多数发生在罗马共和国时代，用以完成开疆拓土的任务。罗马帝国享受了共和国留下的疆域遗产，并在此基础上继续填补。军队是罗马帝国的立国工具，作为一名军人的你，要在这个精密工具中扮演好螺丝钉，随时接受战争号角的召唤，用鲜血和生命去构筑帝国的坚固防线。

第一节

征兵的来了

你在塔拉戈纳西斯行省首府塔拉科（今西班牙塔拉戈纳）的大街上垂头丧气，漫无目的。昨日精彩的角斗场面还在脑海中浮现，观众狂烈的欢呼也在耳郭里萦绕不绝。这些都是真实发生过的吗？你开始习惯性地怀疑自己。坎坷生活会让一个人变得信心不足。

多年前，你意外失去了土地，努力开办过一个铁匠铺，由于经营不善而终归倒闭。命运之神似乎总是顽固地跟你作对，让你意志消沉，只能靠免费的血腥节目和廉价葡萄酒麻痹神经。已过而立之年的你一事无成，落魄于都市的喧嚣中，碰巧遇到征兵者。

你很早就听说过，帝国军队有好几个兵种：军团、辅军、禁卫军和水军。……1 现在你眼前征兵的是正规军团。走投无路的你忽然看到了希望，过去的挫折说明自己不适合当个体户，那就干脆报名入伍吧，这份工作不但能拿固定工资、绩效奖金，退休后还能得到一大笔养老费用。据说，服役期间还能享受公费医疗。

你慌慌不安地跟征兵者说："我想加入军团，可以吗？"

那人打量了你一下，问道："是公民吧？"

"是。"

"出生地？"

"阿奎塔尼亚行省布尔迪加拉（今法国波尔多）的乡下。"

"工作经历？"

"种过4年地，当过7年铁匠。"

那人微微点了点头，又问道："年龄？"

"好像是28岁了，已经记不太清生日。"

"年纪大了点，我们一般都愿意招20岁左右的小伙子。"他一边说，一边低头做笔录。

168

你有些紧张，不自在地盯着他的笔尖。

他忽然站起身，跟你说："请到这边来，量一下身高。"

很快，你的身高数据出来了：6 脚长（约 1.78 米）。

"身高符合要求。"征兵者继续做记录。

他抬起头来从上到下仔细看了看你，又做了如下一些描述：

目光呆滞，略显佝偻，胸膛宽阔，肌肉结实，臀部坚挺……

片刻后，这位老兄再次站起身，客气地跟你说："你的条件基本符合当兵的要求。"† 还没等你露出欣喜表情，他又补充了一句："请出示介绍信。"原来，报名参加罗马帝国军团必须有可靠人士帮忙开具介绍信才行，示范格式如下：

> 我，路西乌斯 · 黑伦尼乌斯 · 福斯库斯，
> 一个退伍老兵，以及连长福隆托
> 和连长路西乌斯 · 朗基努斯 · 塞勒尔
> 向朱庇特神与最伟大的奥古斯都圣灵发誓，
> ×××· ×××· ×××（你的名字）是生来自由的罗马帝国公民，
> 具有在军团中服役的权利。

凭着这样一封信，你顺利加入帝国军团部队，开始漫长的戎马生涯。按照法律规定，你要在军团中待够 20 年才能申请退休，你已经差不多把生命卖给国家了。

后来，你终于明白为什么自己报名参军时曾被问过那些问题。询问出生地是因为帝国军团对某些地方的人持有偏见，他们认为在热带长大的人很聪明，但由于体内血液比较少而缺乏自信、稳重和勇气，这样的人贪生怕死，不能被派上战场；在寒冷地区长大的人由于体内血液很多而奋不顾身、勇猛无比，可惜四肢发达，头脑简单，这样的人既不遵守纪律，也不能干什么大事。所以，最合适的人选是生活在温带的公民，像意大利、高卢中南部、西班牙、希腊、小亚细亚等

† 上述对话所示的征兵条件参考古罗马军事家韦格蒂乌斯《兵法简述》。

温润地带是军团常去征兵的地方，军团很少光顾非洲和高卢北部这样的极端气候区。到帝国后期，为了避免军人想念家乡，军队基本从驻地附近招募新兵，不再过多考虑出生地问题了。

询问职业经历也曾让你不解。原来，帝国军团认为职业会影响人的性格。他们特别不喜欢做过渔夫、捕鸟者、糕点厨师、纺织工等的人，觉得这些人比较软弱，缺乏男子气概。而做过铁匠、修理工、屠夫和猎人的汉子必然体格健壮，意志坚强。

你还被量过身高，这点也请理解。军团对士兵身高的最低要求是5.7个脚长，相当于公制的1.7米。如果身高过矮，恐怕连盾牌都举不起来。实际上，这条标准并没有得到严格执行，很多不符合身高标准却有一技之长的矮个子士兵照样能出色地建功立业。连罗马帝国的军事理论家韦格蒂乌斯也强调健壮的身体比合适的身高更重要。

你是个基本符合入伍条件的幸运儿，但在20年服役期中，你会一直都如此幸运吗？你的军旅生涯刚刚开始，大胆往前走吧。

大卫画作《贺拉斯兄弟的誓言》
这幅世界名画表现了古罗马军人的英雄气概，作为罗马军人，要有舍己为国、不畏牺牲、赴汤蹈火的精神。正因如此，罗马才取得一场又一场战争的胜利，从小邦发展成帝国。

光荣加入正规军

你是哪个部队的

就像新生入学要面临分班一样，你这个刚入伍的新兵也要面临分配，分配到"缺编"的部队中去。你是一颗螺丝钉，哪里需要往哪儿拧。就算你再优秀，满编的军团也不需要你。一个萝卜一个坑，国家按照"坑数"和"萝卜头"发工资。其实所谓的编制到帝国初期才确定下来，和一次大刀阔斧的裁军有关。

罗马军团历史悠久，为元老院与人民开疆拓土立下汗马功劳，但也在共和国末期成为军阀争权夺利的工具。凯撒、庞培、克拉苏、安东尼、李必达……这些野心家在内战中大搞军备竞赛，无限度地招募兵丁，扩充军队，力求取得人力资源上的绝对优势。

他们能如此放肆地征兵，是因为军费都是从自己腰包里掏，有钱就多征，没钱就少征，发不出工资是自己的麻烦，跟国家无关。对当兵的来说，有奶就是娘，老大给了饭碗就得给他卖命，一切行为跟国家无关。

军阀你打我，我打你，经过多年血战，轮番登场的英雄先后折戟。最后只剩下奥古斯都，扫灭群雄，建立帝国。他收编了破产军阀的残兵败将，共有70多个军团，约30万人。面对如此庞大的武装力量，奥古斯都并没感到多么喜悦，却差点愁白了少年头，这么多军队养不起。

奥古斯都决定裁军，只留28个军团就够了，每个军团5500人左右。如果没有特殊情况，不许增加军团总数。另外，军团不再是私人武装，而是成了国家守卫者，所以从今往后，军饷也应该从国库里出。这样一来，帝国有了固定编制的常备军。🏌️···▸²

随着岁月流逝，军团编制悄然变化着，军团的驻地、番号和绰号也随着时代的变迁而变化。军团驻地发生变迁很容易理解，你知道，罗马帝国的疆界屡次发生改变，军队必然根据防守需要不断挪动驻扎营地。例如公元43年，人迹罕至的不列颠岛被纳入帝国领土，元首喀劳狄从欧洲大陆抽调3个军团到那里驻防。帝国初期，日耳曼人主要在莱茵河一线对帝国构成威胁，帝国曾经在那里驻扎8个军团的强大兵力。帝国后期，莱茵河边境很少受到侵犯，而多瑙河一线御敌压力陡增，因此大量军队从莱茵河转移到了多瑙河边境，这便是罗马帝国式的拆东墙补西墙战略。

军团的番号和绰号是什么呢？假如你在塞维鲁统治时期入伍，就有可能根据部队缺编情况被派遣到如下众多军团中的一个。

军区	军团
不列颠军区	奥古斯塔Ⅱ团、维克特里克斯Ⅵ团、维克特里克斯ⅩⅩ团
上日耳曼军区	奥古斯塔Ⅷ团、普里米哥尼亚ⅩⅡ团
下日耳曼军区	密涅维亚Ⅰ团、乌尔比亚ⅩⅩⅩ团
上潘诺尼亚军区	阿迪乌特里克斯Ⅰ团、哥米那Ⅹ团、哥米那ⅩⅣ团
下潘诺尼亚军区	阿迪乌特里克斯Ⅱ团
上美西亚军区	弗拉维亚Ⅳ团、喀劳狄Ⅶ团
下美西亚军区	意大利卡Ⅰ团、马其顿Ⅴ团、喀劳狄ⅩⅠ团
达西亚军区	哥米那ⅩⅢ团
卡帕多契亚军区	弗尔米那塔ⅩⅡ团、阿波利那里斯ⅩⅤ团
叙利亚军区	高卢Ⅲ团、斯基太Ⅳ团、弗拉维亚ⅩⅥ团
犹太军区	菲拉塔Ⅵ团、弗莱腾西斯Ⅹ团
阿拉伯军区	昔林尼加Ⅲ团
埃及军区	特来亚那Ⅱ团
阿非利加军区	奥古斯塔Ⅲ团
西班牙军区	哥米那Ⅶ团
诺里克军区	意大利卡Ⅱ团
雷提亚军区	意大利卡Ⅲ团

军区	军团
美索不达米亚军区	帕提亚 I 团、帕提亚 III 团
意大利军区	帕提亚 II 团

你发现，每个军团的名字由一个拉丁词汇和一个拉丁数字组成，拉丁词汇是绰号，拉丁数字则是番号。

给军队起绰号不是罗马人的专利，中国古代就有"杨家将""岳家军""戚家军"这样的称谓。20世纪20年代的北伐战争中，叶挺将军指挥的独立团在湖北汀泗桥、贺胜桥战役中表现生猛，被誉为"铁军"。绰号往往表现了军队特色，罗马军团的绰号都有渊源："奥古斯塔"说明这个军团是奥古斯都创立的；"维克特里克斯"换成英文就是"Victory"，意为"常胜之师"；"普里米哥尼亚"是幸运女神福尔图纳的姓氏，意为"幸运之师"；"密涅维亚"意为"智慧女神密涅瓦的军队"；"阿波利那里斯"当然就是"太阳神阿波罗的军队"；"哥米那"的拉丁文"Gemina"意思是"双子"，所以指那些奥古斯都裁军后被合二为一的军队。

军团的结构

你去所属军团报到，才发现军团内部还有着复杂的结构划分。包括你在内的5000来名步兵主要归属于10个营。其中第一营是加强营，虽然只包含5个加强连的兵力，但每个加强连的人数是普通连的两倍，即160人。所以，一个加强营的兵力为800人。加强营中有一名特殊的士兵，负责高举代表整个军团的军旗。军旗顶端是一个金灿灿的老鹰雕塑，旗帜上通常绘有所属军团的徽章，并写有军团名号和当政元首的名字。

军团徽章以动物或神怪为图腾符号，是军团的个性化 logo（标志）。例如奥古斯塔 II 团以飞马为徽章。

其他9个营是普通营，各营也都有自己的旗帜。每个普通营由6个连组成，一连80人，每连又分为10个排，一排8人。这8个兄弟在宿营时住在同一个营房或帐篷里。你是新兵，不可能成为责任重大的加强营的一员，只能先进入某个普通营的普通连，当一个普普通通的小兵，在基层接受锻炼。营地外的校场上，很多连队都在那里集合。这段时间来了很多新兵，领导自然要清点人数，认识一下新面孔。你的连长站在队伍前面，旁边还跟着一个同样有些派头的人，据说这人是连长挑选的副连长。† 连长威风凛凛，只见他一身银色锁子甲，头盔上的扇面形毛状饰物在风中微微摆动，前胸点缀很多圆形勋章，腰间佩带短剑和匕首，手中还拿着一根藤棒。

校场上人喊马嘶，很多骑手在成群结队进行马术训练，每个军团除了步兵还配备有120名轻骑兵，主要负责战时侦查和干扰敌阵。他们才是名副其实的骑士，尤其在你那个时代，大家还不知道马镫为何物，如果没有过硬的骑马技术，早就被马摔死了。

哥米那 XIV 团的徽章

喀劳狄 XI 团的徽章

每个军团都是一个凝聚力很强的团体。特有的军团徽章或许能让战士获得强烈的归属感和荣誉感。

---

† 其实所谓的副连长这种职务都不算领导，因为他们不在朝廷命官之列，纯粹是被拉过来白干活的。副连长在拉丁文中叫"奥普提奥"（optio），后来这个词在英文中成了 option，意为"备选项"，说白了就是看你顺眼才让你当个副职助手，看你不顺眼就随时把你换掉，让你继续回去当小兵。

军团连长的装束
虽然穿戴很拉风，但军团连长属于基层军官，打仗时要冲在前面，死亡率很高。

军团司令是你们军团的最高长官，是来自元老级别的50岁以上的贵族，这么高的职位只有元老才能当，骑士级都很少有机会当上。军团司令权力很大，他督导一切后勤保障工作，给你发工资和奖金，同时还组织日常军事训练并强化军队纪律。你知道连长可以打士兵，而军团司令也可以打连长，有时甚至用当众罚站这种方式羞辱违纪的中层军官。

作为五六千人的上司，军团司令在自己的军团中牛得不行，但他不是整个军界最牛的人，因为他还有上司。军团司令只能控制一个军团的兵力，而罗马帝国的战争很少有只派一个军团去应付的时候，大多数情况下要出动两个以上军团，构成集团军。这个集团军的指挥者叫大帅，通常兼任军团所在行省的总督，军团司令无疑是他的下属，因此也叫副帅。

军团司令在军界中算不上什么人物，因为他不具备举行凯旋式的基本资格，也就是"统治大权"。凯旋式是罗马人最高级别的荣誉，只有具备"统治大权"的战功卓著者才能享有此项殊荣。共和国时代尚有一些杰出将军举行过凯旋式，能够把脸涂成红色，驾驶金色战车在罗马城中带兵游行，受到人民夹道欢迎。帝国时代，大概只有御驾亲征归来的元首才能举办凯旋式，甚至有时候连元首都不好意思搞这么张扬的活动。

跟在军团司令后面一起来视察的是6名军事保民官和1名营帅。军事保民官中，只有1名是高级的，而且只能由元老级别的人担当。这些军事保民官可以组建军事法庭，审判有罪过的士兵，也可以代替营长职位指挥步兵营作战。他们职责不固定，主要目的是积累军事经验，以便到别处获得升迁。

"营帅"可不是混饭职位，担此职位的人责任重大，除了带兵打仗，别的事也都要管。比如，要确定安营扎寨的地点，主管军医和伤兵，查验武器缺损情况，甚至还要带领士兵搞修桥、挖渠、引水之类的工程项目，堪称军团大总管。

第三节

宝剑锋从磨砺出

入伍后有个短暂试用期，考查你的体力、灵活性和纪律性，决定你是否能正式留在军营中长期服役。如果顺利通过了试用期，你还将被文身。别紧张，罗马帝国军团士兵的文身只不过在你手臂上刺一个标记而已，表示你是国家的人了，防止你开小差当逃兵。正式参军后，你的名字被收入军队花名册，这也意味着你不可能再过安逸日子，等待你的是没完没了的艰苦训练。

1.艰苦训练

训练从轻松而简单的踢"正步"开始。你们迈出漂亮的步子不是为了参加阅兵式，而是为了使行军队伍步调一致，从而始终让队形保持完整，以免大家走得零零散散的时候被敌军逐个击破。

经过苦练，你走路的速度也会大幅度提高，即便在炎热盛夏，你也能在5小时内徒步前进38千米，比较人道的是，你每走1个小时能休息10分钟。

你不但要善于齐步走，还要善于跑步走。在战场上，谁跑得快，谁就能获得更多优势。如果你冲向敌人，快速奔跑能让你充满力量，给敌人措手不及的打击；如果你抢占高地，快速奔跑能让你把握先机，在敌人到来之前占据有利地形；如果你见势不妙打算逃走，快速奔跑能让你捡条小命，在敌人追来之前消失得无影无踪。

跑步过程中即便遇到壕沟或者栅栏，也要勇敢跳过去。你也许会掉到沟里或被栏杆绊倒，摔得鼻青脸肿，眼冒金星，但没人顾得上扶你，你只能靠自己的努力爬起来，拍拍身上的泥土，吐掉折断的牙齿，重新加入跑步行列。如果有大河拦路，你要毫不犹豫地跳进水中，不管它多么冰冷和湍急，你唯一能做的就是游过去。所以，你平时还要有意识地学游泳，否则集训时被淹死是活该的。

日常训练中，你只需穿着简便的衬衣；而在战斗时，就要穿上厚重的铠甲，背上沉重的行囊与武器。为了训练负重能力，你在跑步过程中还要经常带上大约30千克的重物，相当于背6个5千克的大西瓜呼哧带喘地跑。

罗马骑士

罗马人还没有发明马镫，所以骑兵并非战场主力，这个军种主要负责侦查，或者待步兵突击后，凭借较强的机动能力从侧翼包抄敌人，对步兵予以协助。

综上所述，竞走＋长跑＋跨栏＋游泳＋负重＝古罗马铁人五项运动，乃最基本的体能训练，算作第一关。

下面，你要进入第二关——模拟打斗。在冷兵器时代，士兵要和敌军面对面殊死搏斗，双方拼的不仅是体力，还看谁的武艺更精湛，武器更好使。罗马军队步兵的远距离进攻武器是标枪，近距离进攻武器是短剑，防守武器是长方形盾牌。

训练时给你发的并非真正的武器，而是仿真教具。就像很多运动员训练时腿上绑沙袋以加强效果一样，你在练习扔标枪或拼短剑时也要加码。罗马标枪长约1.4米，枪尖像针一样插在木柄中心。教具标枪比真正的标枪分量重很多，你习惯了这样的超重标枪后再用真正的标枪，肯定轻松。你也不能在训练时没目的地到处乱扔，而是要竖立一个人形靶子，努力让标枪远远地刺中它。真正作战时，你没必要一枪命中敌人，只要让飞出的标枪牢牢钉在敌人盾牌上就行。若是盾牌上带着一根大约4千克的重物，敌人会感到很不舒服，为了行动方便，敌人必然扔掉这个累赘。

标枪和盾牌
罗马帝国时代的方形盾牌比希腊时代的圆形盾牌个头大，遮蔽性强，但比较笨拙，不太适合单打独斗。装备的变化反映了战术变化。希腊时代崇尚个人英雄主义，单兵作战能力比较强，而罗马则注重集体配合，用滴水不漏的战阵取得战场优势。

卸掉敌人的防御装备后，你在近战时变得更加有利。罗马剑的长度从26厘米到59厘米不等，是你到死都不能离手的武器，它将帮你彻底毁灭敌人的肉体。你将用比铁剑重两倍的巨大木棍作为替代品，同时拿着一个比实战盾牌重两倍的用柳条编制的圆形盾牌护身，在严厉教头的指导下练习剑法。

第三关——学习使用弓箭和暗器。帝国军团没有专门的弓箭手，这个兵种隶属于辅军部队。尽管如此，你在训练场上也要练习射箭，以提高臂力和注意力。其实，射箭练不练无所谓，反正战场上你也没有弓箭可用。你真正应该做的是在空闲时间练练打弹弓，石子满地都有，捡起来就可以当武器。何况弹弓很轻便，可以随身携带。打仗时以迅雷不及掩耳之势掏出来朝敌人面门或眼睛放一发光滑坚硬的石子。

你还应学习使用一种叫"马提奥巴布利"的金属飞镖，每次把5枚飞镖藏在盾牌后面，等挪动到距离敌人不远的地方就突然抛出去，杀他们个措手不及。用暗器打敌人绝对是个技术活，既要偷偷摸摸的，不让敌人发觉，还要一击必中，一闪必杀，不给敌人留下反击余地。

第四关——练习跳马。校场上，教官们给大家准备好和真马高度差不多的木马，一开始要求你穿着便装，赤手空拳跑过去，迅速攀上马背，再快速从另一边跳下去。这个项目的目的在于锻炼你的协调性。慢慢地，你已经能轻而易举完成一系列跳马动作。但上司不会这么便宜你，他现在要增加难度，让你穿上盔甲，拿上标枪和短剑后再去跳。

2.复杂的装备

跳马前会给你发一整套装备，包括头盔、铠甲、剑、标枪、盾牌、水壶、铁锯、篮子、水桶、斧头、镰刀、铁链、铁锹、铲子、皮带……总重可达30千克。据说如此繁复沉重的装备是从共和国名将马略开始配给士兵的，以便大家多干体力活。

发给你的铠甲像个带有护肩的防弹背心，由一层层带状铁片做成，铁片之间靠皮带子与金属合页连接。与中世纪欧洲骑士铁桶般的甲胄相比，罗马军团士兵的铠甲要灵活许多，分层的铁片允许穿戴者自由地弯腰、后仰、左边扭扭、右边扭扭，颇有人体工程学的意思。你可以像穿马甲一样把它套在身上，然后系好前面的带状扣。所谓带状扣和皮鞋鞋带差不多，你得把一根长长的细绳按照"Z"字顺序穿过10多个孔，最后打个活结就完成了。穿好铠甲后，你再系上一条厚实的腰带，用来佩带短剑和匕首等武器，也用来挂围裙。当然不是家庭主妇烧菜时穿的那种围裙，而是在你两腿之间垂下来的一束皮带，上面缀着很多金属片。

别的部位都不如头部更需要重点保护。罗马头盔比较大，可以完全罩住你的前额、顶骨与后脑勺。头盔后端伸出一个护板，用来保护你的脖颈，两侧也各有一扇护板，让你的脸颊免受伤害。这样的头盔戴着会比较热，但很实用、很安全，说明帝国非常重视你的生命。炎热夏天来临时，如果摘掉两侧的护板，就会感到凉快些。

每个军团大概装备55台床弩和10部投石机，它们都是战场上的重型武器，摆放在步兵队列之后发射。床弩射程达300多米远，投石机能把石弹抛到500米开外的地方，专门破坏敌人的盾牌防线和骑兵突击。

你的战友正在操练高科技武器，他们并没有搞实弹发射，而是忙于把重型武器拖到骡车上绕着校场走两圈，再把它们从车上弄下来仔细调试，如此反反复复地训练。你累了一天，回营帐休息要紧，记得把短剑好好磨一下，明天还得接着训练。

床弩

罗马军队不会跟敌人纯粹拼蛮力，他们喜欢使用一些"高科技"武器，靠发明创造打败敌人。

第四节

长本事靠实战

一起组成"大乌龟"

清晨，你被嘹亮的集结号吵醒。几天前连长就通知大家，说最近将有一次小规模出征，让大家各自做好准备。你还从来没有上过战场，入伍以后只是在营地坚持训练，虽然武艺提高了很多，却不知真刀真枪打起仗来什么样子。

1. 集合

同"宿舍"的弟兄麻利地收拾好床铺，已经开始穿戴盔甲了，外面不断传来呼喝声、跑步声和金属碰撞声。这个景象让人紧张得手脚冰凉，头昏脑涨。你慌慌张张穿上铠甲，觉得它比平时还沉重。更可恶的是，这次还要带上锅碗瓢盆。出征在外，生活要自理。

各种武器中最烦人的是那张大大的半人高的方形盾牌，它用多层薄木板黏合而成，边缘被青铜包裹起来，外面覆盖一层皮革，装饰着朱庇特闪电图案。尽管很讨厌，你还是毫不犹豫地拎起它。在日常训练中，你已经懂得盾牌对罗马军团的重要意义，抓紧时间回忆一下盾牌的使用要领，战场上保命全靠它了。

你与战友全副武装地在校场上组队集合，这时发现驻扎在周围的辅军部队也来到这里整装待发，另外还有从另一个军团抽调来的几个营。担当本次出征司令官的行省总督（大帅）高高站在队伍前面，情绪激昂地发表演说，先是痛斥敌人种种暴行，然后要求大家为祖国荣誉而战。他的自信与激情瞬间把战士的士气鼓舞起来，校场上长时间响起雷鸣般的呐喊声与武器敲击声。

2.行军

在大帅的指挥下，部队依序出发。充当前锋的是辅军轻装步兵和弓箭手，他们装备轻盈，行动自如，善于在森林深处穿梭，可以探明前方是否有敌军伏兵。紧随其后的是一部分军团步兵和骑兵，作为对前锋的支援。10名勘探员作为第三梯队，带着测量仪器，到预定目的地选择扎营位置。后面是一些工程师，负责把弯曲坎坷的道路弄直铺平，遇到大河搭建浮桥，遇到森林则要披荆斩棘，给大部队开辟道路。

大帅跟在工程师后面。他派一支护卫骑兵走在自己前面，既保护他的安全，也保护包括他在内的军中高级长官的装备和生活用具。另外还有很多步兵担当保镖。你所在的军团跟着大帅的足迹前进，隶属于军团的120名骑兵走得快，所以放在队伍前面。军团司令、各营营长和6名军事保民官在保镖簇拥下出现在大队骑兵之后，接着是举着鹰徽的旗手以及举着各连队旗帜的旗手，还有没完没了反反复复只会吹那几首曲子的号手，他们引导军团主力部队有条不紊地行军，你就夹杂在这声势浩大的几千人中，连长在队伍旁边督导自己的手下好好走路，绝不允许有人掉队。

军团乐手
军团乐手发出号令，鼓舞士气。

行进中的罗马军队

　　你们不是走在最后的人，成群的奴隶赶着骡子牛马给你们运输后勤物资，虽说是奴隶，也被合理编排到几个队旗下，以便管理。另有一支混杂着轻装步兵、重装步兵和大队骑兵的辅军部队断后，防止你们背后受到袭击。

　　先头部队被一条不太深也不太宽却很湍急的河流拦住了，于是紧随其后的骑兵骑着马分成两列站在水里，让部队从中间蹚过去。有他们保护，你不必担心会被急流冲走。没走多远，你们又遇到一条很深的大河，工程兵早已为大军渡河做好充分准备。他们先驾着一条平底木船从上游漂下来，到达部队计划渡河的地点后努力让船靠在岸边，迅速抛下一个装满石头的大篮子，用缆绳把它和船连在一起，从而把船牢牢固定在那里。随后，第二条船、第三条船、第四条船……一条一条排在一起，直达对岸。这时工程兵取出木板和钉子，将这些船钉成一座纹丝不动的浮桥。

　　搭建浮桥很费工夫，所以大帅决定不拆掉它，等从原路撤军时再用。他留下一小队士兵看守这座临时桥梁，并让工程兵在桥的两端挖掘出壕沟，修造了堡垒与幕墙。

你们的行军路线是大帅和幕僚们秘密设计好的，之所以这么难走，是因为没有选择大道，而是选择了敌人意想不到的偏僻小路。即便如此，连长还是不断嘱咐大家提高警惕，时刻拿好武器，随时应对来自黑暗深处的突然袭击。尤其走在暗无天日的黑森林中时，你会紧张到极点，总感觉有许多阴森的眼睛在神秘地观望着你，鸟挥动翅膀时发出扑啦扑啦的声音，猴子从树冠里冷不丁跳出来吱吱号叫几声，煞是恐怖。

3.扎营

　　距离敌人老巢不远了。先头部队抓来几个当地人，通过威逼利诱，让他们供出敌人的行踪、兵力与作战习惯。大帅将根据这些信息部署全军作战计划。

　　勘测员也已找到合适的露营地，你们劳师远征，一定得休息好。这片空地确实不错，足够容纳住有五六千人的营帐，关键是它附近有水源和草料，而且地势较高，能够防止敌人居高临下搞偷袭，也能避免山洪灾害。

　　你们的营寨很安全，周围不但挖了一圈三四米宽的壕沟，还用木桩盖起牢固围墙，晚上有人轮流执勤。罗马军队如此谨慎小心，敌人若是识趣，恐怕都懒得来偷袭了。为了防间谍，军队指挥官制定了一些口令，一般用单词或短语来传达命令和信息。"胜利""棕榈""神与我们同在""元首的凯旋"这样的口令是你在军营中常听到的。交战时，号手吹出不同声音，表明进攻、停步或撤退。有时候，军队还以烟火和手势传达指令。

4.交战

　　天又亮了，集结号再次让你紧张到极点。很快，军队就要对敌人发起进攻。这可是你第一次拿着武器去和敌人近距离拼杀。出发前，部队给大家准备了美味的早餐。虽然罗马人平时没有好好吃早餐的习惯，但现在为了增加体力，大家都狼吞虎咽地吃了起来。

　　战场选定在一片略有起伏的开阔地。再往前一点就是敌人聚居的范围。敌人已经做好迎战准备，黑压压地在对面等着你们到来。他们也是以步兵为主，人数略占上风，所以并不介意跟罗马军队搞阵地战。

你的大帅是位很优秀的军事家，迅速指挥大家排兵布阵。富有战斗经验的军团重装士兵被放在最前面，后面是辅军弓箭手，接下来是辅军轻装步兵和投石机等重武器。你和其他经验不足的新兵跟在轻装步兵身后，负责投掷标枪或者发出暗器（小心别误伤前面的战友），最后还有一支预备梯队，随时准备支援前方。骑兵则安排在步兵队伍两边，起到保护侧翼的作用。

在床弩和投石机的掩护下，罗马军队按照有序的矩形队列整体向前移动，发起积极进攻。走在第一排的战友举着盾牌，彼此挨在一起，形成一道紧密墙壁，只通过盾牌间不大的空隙把剑锋露在外面。后面的战友纷纷把盾牌放平并高举过头顶，形成一个稳固的"天花板"。从远处看上去，这种用盾牌组成的阵形很像慢慢挪动的巨大乌龟，俗称"龟甲阵"。

敌人被这阵势吓蒙了，一边躲避投石机抛出的"飞弹"，一边慌忙用弓箭还击，却无济于事。他们根本射不透坚硬的"乌龟壳"——这分明就是那个时代的"人体坦克"。眼看你们逼近敌人阵地，敌人再也坚守不住，干脆冒着弩箭射穿的危险一窝蜂冲上来，拿着刀剑和长矛乱砍乱刺，妄图凭借人数优势挽回败局。他们依然对"大乌龟"无可奈何，反而被龟壳里伸出来的短剑刺破身体，鲜血和内脏流一地。

在敌人被打得手足无措时，"大乌龟"顶盖打开，隐藏在内的弓箭手和轻装步兵向敌人放箭或投掷标枪，让他们倒下更多人。两翼骑兵也乘胜出击，用铁蹄把敌人阵脚彻底打乱。†

你夹在队伍后列，装模作样地跟着喊打喊杀，其实今天你一个敌人都没杀死，只是心惊肉跳地看着战友如何制造血腥场面。此仗终于结束，胜利属于罗马。你们在号角的欢快伴奏中凯旋。撤军路上，你惊魂未定，平生第一次见到杀人场面，第一次经历了生死考验。当兵的生活刚刚开始，不知以后是不是还要像今天这样冲锋陷阵，是不是也会变得和老兵一样残忍无情了。

......

† 上述军事常识参考塔西佗《编年史》《历史》和韦格蒂乌斯《兵法简述》以及约瑟夫斯《犹太战争》的描写。

攻城拔寨没商量

你在军中服役多年，经历过数次阵地战，也参与过几次攻坚战。回想那些攻城拔寨的过程，总是心有余悸。对罗马军队来说，在荒原上与敌人正面交锋是家常便饭，攻城拔寨也是重要战略要求。当你奉命去剿灭叛贼和外敌时，如何迅速攻下敌占城市或要塞是巨大难题。基本上，这种行动可以归入工程学范畴。

这些年，你在日常训练和实战中接触到很多种攻城机器。比较普通的有床弩、投石机等在阵地战中也用得上的家伙。投石机个头越大，抛出的石头越大，对敌人城墙的破坏力越是显而易见。

1.飞抓

罗马军队还配备有专业攻城工具。飞抓，类似中国武侠小说中江湖高手深更半夜密探皇宫时使用的绳索，头部安装着铁钩，使用时需要用力往上抛，准确地让铁钩钩住城墙垛口，人攀着绳子往上爬。这破玩意儿只是便于携带，其实一点都不好用。

如果你光天化日之下明目张胆地用它爬城墙，等着你的无疑是乱箭、滚木或礌石，你连还手之力都没有，必然从半空掉下摔死。

2.冲击槌

冲击槌，比飞抓好用一些。这东西就是把大木头一端削尖，再套上铁皮。攻城时大家抬着它拼命朝着敌人城寨跑去，猛力用铁尖撞击相对脆弱的城门。如果一次撞不开，就退回来接着撞。当然，敌人不是木偶，不会让你们潇潇洒洒地扛着大木头桩子在脚底下跑来跑去，他们甚至会用火弹阻碍。所以，罗马军队发明了一种带有装甲的冲击槌。

绰号为"乌龟"的装甲冲击槌是用厚木板建造的会移动的小房子，外面铺上兽皮和防火毯，冲击槌藏在里面。这样，士兵们把它推到城门前，可以放心大胆使用，不用再担心被弓箭、石块、火弹伤到了。

3. 曼特雷

"曼特雷"是一种小型移动掩体，士兵们可以藏在它后面逼近敌人的城墙，用随身携带的石头和土包等填充城墙前的壕沟，给移动攻城塔开路。

4. 移动攻城塔

移动攻城塔一旦接近城墙，敌人就会非常被动。这种庞然大物通常比城墙还高，底下装有轮子，身体被防火毯保护起来，内部分为三层。士兵可以在第一层用攻城槌敲打城门，或者顺着梯子爬到第二层，往城墙上搭出栈桥，攻到城头。第三层是弓箭手和标枪手，不断向城内射箭、投掷，掩护战友登城。有了这些"先进"设备，你们攻城拔寨时往往得心应手，有时甚至可以用不费吹灰之力来形容。攻城塔好用，但并非没有破绽。敌人曾经用巨大的带火弩箭集中攻击你们的攻城塔，你正聚精会神地站在塔里，准备等靠近城墙就跳出去与敌人拼杀时，突然发现攻城塔披着的防火毯被打穿了，火焰迅速从塔的腰部蹿到顶部。你急忙往下跳出，幸亏这里是一片沙地，否则你早已命丧黄泉。那些没有及时从攻城塔逃出的战友被烧成了焦炭。

罗马龟甲阵

罗马龟甲阵所向披靡，几百年内没有对手。它凭借灵活性击败了曾经独霸一方的马其顿铁桶方阵，最后终于不敌蛮族的快马冲锋。

187

所以，凭借先进武器和超凡勇气强攻固然是攻城拔寨的有效途径，代价也会比较大。最出色的指挥官不会让你们白白送死，而是会以杰出策略达到目的。如果粮草充足，指挥官可以采取长期包围敌城的策略，既不攻也不退。这种手段一方面使被围的城池断绝供给，另一方面可以静观其变，等待城内变乱发生。⚑···▸3

耳闻目睹了数不清的战场惨象后，你已经成为资深的铁血战士。丰富的实战经验也让你在战斗中沉稳自如，一次又一次为帝国创造伟大功绩。

第五节

边疆的召唤

修筑工事不含糊

罗马军人并不总是主动出击，也不会经常跑到别人地盘上攻城略地。和平年代，你们最重要的任务是老老实实待在边疆某个要塞，确保敌人不来骚扰。

长期驻扎需要稳定住处，即所谓的永久性营地。这样的营地往往修建在毗邻边境的罗马大道附近，在确保交通顺畅的同时还扼守重要隘口或渡口。永久营地本身就是坚固要塞，需要结实的围墙、瞭望哨和壕沟。

你们修建一座要塞的时候，最先盖起来的是军团司令部，这个建筑被确定为整个要塞的中心。司令部当然得气派一些，应该用柱廊、大门和厅堂等宏伟建筑衬托司令权威。在靠近司令部的地方，要修建军团司令的住所，别忘了给他弄个私人浴池和花园什么的。最重要的是要符合司令的生活品位，他当年在城里过什么样的日子，在这儿就要过什么样的日子。所以，他的官邸可以奢华一些，雕塑、壁画、马赛克一个都不能少。

司令部完成建造之后，请你们以它为基点铺设两条横竖交叉的主干路，作为

188

中东地区马萨达的罗马要塞遗址

其他次要街道的参照线。校尉军官和普通士兵的宿舍集中建造在街道两边。另外，你们还需在要塞中修造医院、马厩、公共浴室、宗教场所等功能性建筑。

军营医院必不可少。罗马军队很重视对伤兵的救治，以及对士兵日常健康的维持。这一点体现了士兵的优越性，如果你没有当兵，生病的时候可没有医院管你，只能寻找江湖郎中来给你诊断一通。

你们修建的医院呈"回"字形，中间有个露天庭院，可以让病人在里面放风，建筑里边是个贯通走廊，两边都是病房。为了制造隔音与保暖效果，病房和走廊之间还有一小段穿堂，病人可以从穿堂去厕所。

谷仓用来存储食品，为了保证通风，这栋建筑是悬空的，底层用架子架起来，不和地表发生接触。大车从外边运来肉、鱼、蔬菜、芝士、食盐、红酒、大麦和干草存放在谷仓中，养活着军营中好几千人和牲畜。

修好内部建筑后，你们还要给要塞修筑坚固的城墙。要塞的墙壁比城市的墙壁在设计上讲究更多。当外敌入侵时，首当其冲的就是你们的要塞，如果没有可靠的城墙，你们通通抓瞎。用来建造要塞墙壁的材料主要是干硬的草皮土，你们用这硬得像板砖一样的玩意儿垒出前后两道相距3到5米的板墙，然后再给中间的空隙处添加泥土，最终形成一堵厚实的混合型墙壁。这种墙壁既不怕火烧也不

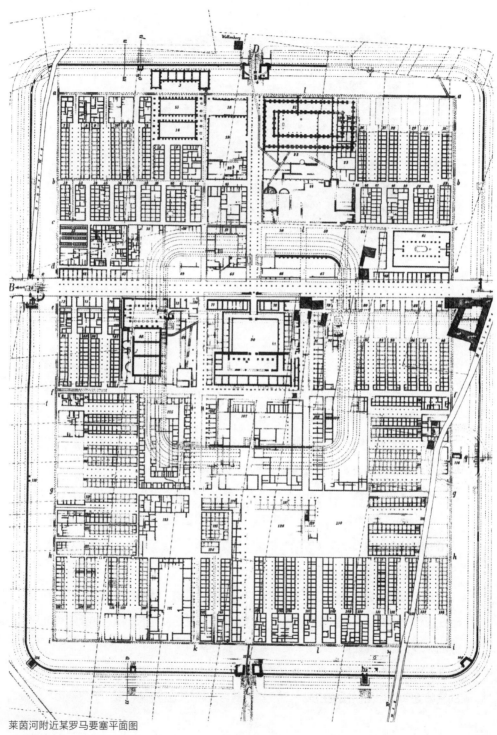

莱茵河附近某罗马要塞平面图

　　罗马军营就像一粒粒种子，撒播之处往往
生根发芽，演变为城市。

怕投石机。要塞墙壁外面还需挖掘至少两道足够宽、足够深的壕沟，以阻止敌人冲到墙壁下面。

挖掘壕沟需遵守这样的原则：你们站在墙壁上可以看到并攻击到每一条壕沟的底部。因为狡猾的敌人会把你修得不合格的壕沟用作他们自己的掩体，趁你不备时翻出壕沟冲到墙壁底下。当敌人真的来临时，你们还可以在要塞外围偷偷挖出很多陷阱，里面布上锋利的长矛或削尖的木桩，用草皮掩盖住阱口。傻乎乎的敌人只要接近你们的要塞就会命丧黄泉。他们在对陷阱摸不着头脑时，绝对不敢贸然进攻。

条件虽然艰苦，生活不能凑合

身为驻守边疆的军人，你总是闲不住。即便在和平年代，你也要经常在要塞内外参加义务劳动，维护设施、筑路修桥都少不了你的身影。说实话，当兵的除了身份自由外，似乎跟奴隶差不到哪儿去，干的都是大汗淋漓的体力活。军团司令为了自己的功业拼命使用你们，甚至会让你们去做挖掘银矿这种危险工作，或者一口气修筑长达几百千米的道路。看看那些悠然自得行走在帝国道路交通网上的闲人吧，多么令人讨厌，他们从来没有体谅过你们军人的辛苦，也从不知脚下的路出自你们之手。

军营生活确实比城市里的生活劳累辛苦得多，你受到的管束也更多一些。按照规定，你要把每天的活动及时报告给专门负责汇总消息的同事，以便让军队高层了解普通士兵们现有任务的完成情况。

1. 吃军饷

军队就像一座该死的大监狱，你一进去就等于被判了有期徒刑20年（军团士兵的法定服役年限）。虽然代价很大，你也不是没有收获。至少，在这座"大监狱"中，你从来不用为生计发愁，因为你是在编的国家工作人员，可以从纳税人那里领取工资。

在帝国时代当兵，你算赶上好时候了。共和国时代早期的军人都没有正式工资，他们当兵乃是作为公民应尽的义务，一切装备和消费都要自己出钱，因为他们拥有国家分的土地。打完仗就得赶紧回来耕种，为参加下一次战争积蓄财富。自己掏钱不说，还随时随地得去送死。渐渐地，罗马人的对外战争越来越多，军人去的地方也越来越远，根本无法回到自己的土地上耕种。打仗和种地成为难以解决的矛盾。

第二次布匿战争时期（公元前218—前201年），罗马高层已经想出了解决办法并付诸实施。他们给出征的士兵一定数量的金钱，让这些"乡亲"专心致志去打仗，不用担心后方的田地没收成。

整个共和国时代后期，军人始终都在领工资，但也没个固定数目，发的钱数由带兵将领决定。所以，可观的薪水在那个时代成了军阀笼络军心的筹码。对士兵来说，谁给的钱多谁就是娘。军队逐渐成为私人武装。凯撒给士兵开的价为每年225第纳里乌斯银币。在当时来说，这个数字似乎比较合理，既不会让发工资的老板亏损，也能让领工资的员工满意。

罗马军人的墓碑

罗马军人在长年服役期间也要娶妻生子，老弱病死，他们是一群穿着军装的有血有肉的人，而不是传说中只会冲锋陷阵、建功立业的不食人间烟火的机器。

凯撒的成功证明了这一点。奥古斯都仿效凯撒，把这种工资制度固定下来。为了保证工资到位，奥古斯都不再自掏腰包，而是向全民增加了遗产税和销售税这两个专项税收，把军费负担转移到老百姓头上。军队也从私人武装变成国家常备军。

整个公元1世纪，普通军团士兵的薪水都是每年225第纳里乌斯，分三次发到士兵手中。后来由于通货膨胀，也涨了几次工资。公元3世纪初，这个数字变成了657第纳里乌斯。身为帝国军人，从来都不用担心减薪的事情发生。你们是君主的靠山，君主会千方百计哄你们高兴。若是某个不开窍的君主在待遇上亏待你们，他就别想混了。塞维鲁王朝的建立者塞普提米·塞维鲁（公元145—211年）临终留给儿子的遗言说："让军人发财，别人可以不管。"以上所说是普通士兵的待遇水平，军官拿的工资还要多一些，毕竟是高层管理者。不过可恶的是，很多军官仍旧不满这样的待遇，竟然伸手勒索下属。

法定工资之外，你还时不时能拿到奖金。打胜仗弄来的战利品也会分给你一部分。此外，还有"军功章"。罗马人讲求实惠，帝国的"军功章"很多都是贵金属打造的，动不动就是条金项链、金臂钏，顶不济也是能佩戴在胸前的圆饼形装饰物。这些东西不仅是荣誉，也是可兑现为货币的财产。

2.军营外的欢乐

发了工资之后，你最先想到的就是改善一下伙食。无奈军营中的食堂实在差劲，如果只靠公家的粮食过活，每个人都得变瘦。虽说军营周围有你们闲着没事时耕种的土地，但就凭你们那点收成，还不够打牙祭呢。不要紧，军营周围已经聚集了很多商贩，他们一路跟着罗马大军，专门给你们提供各种理想的消费品，有卖小吃的，有卖衣服的，有开饭馆的，有修鞋的，有开妓院的……这些聪明的家伙很会做生意，也特别有眼光，早就意识到罗马军队是个庞大消费群体，怎么会轻易放过你们鼓鼓囊囊的口袋？所以，有了钱不用愁没处花。

你们军团司令比较开明，他允许商贩云集在营地附近，这样可以方便士兵的生活。同时，你们部队在营地外修造了露天剧场和澡堂子，不但给士兵提供了娱乐和休闲，也把罗马表演艺术和娱乐方式介绍给当地居民。罗马文明通过你们这帮文盲大老粗传播到边远地区，那些地方因为越来越认同罗马帝国这个大家庭而变得非常稳定。

3.军婚

军人和当地老百姓杂处在一起，互相依赖，就像犀牛和犀鸟的关系。虽然也偶尔会发生兵痞欺压老百姓的事，但整体来说，军民之间大多数人能够和平相处，共建和谐。

在这种和谐的氛围中，你们这群寂寞的年轻光棍汉内心骚动。大家入伍时都二三十岁，正值青春年华，如果不来当兵，也许早就成孩子他爹了。现在，你却不得不在男人堆里度过一个又一个无聊的夜晚。帝国政府一直反对军人在服役期间结婚，用禁令对这种行为进行了制约，除了部队高层，绝不允许任何现役军人在部队中组建家庭。

这非常不合理，所以，别去理睬什么狗屁禁令。如果你在军营周边社区里邂逅某个漂亮姑娘，就大胆去追大胆去爱。浪费青春才是最傻的事情。你和心仪的女孩秘密结为夫妻，用省吃俭用攒下来的积蓄在军营外置办房子，到时候生个一儿半女，幸福小日子就这么过上了。

违法娶妻确实会给你带来一些麻烦。大多数情况下，军营周边的"寄生居民"很少拥有罗马公民权或拉丁公民权。依照帝国法律规定，如果孩子的母亲没有公民权，那么孩子也不具备公民权，这就意味着你的孩子生下来就是"黑户"，将来享受不到公民应有的待遇。即便你娶个有公民权的老婆也无济于事，因为你们的婚姻本身就不合法，孩子无权"上户口"。

很多军人生下孩子后并不告诉别人，等孩子长大后弄一个假的过继程序，收亲生孩子为"养子"，就可以让孩子获得公民权。公元197年，军人出身的元首塞维鲁干脆取消士兵不可以结婚的禁令。如果你在公元3世纪以后服役，可以放心大胆在军营中娶妻生子。服役期结束后，你还可以从军队领取一大笔退休金，回到老家或者在帝国境内其他地方买房置地。鉴于老婆是当地人，你也在军营生活了大半辈子，退休之后还能去哪儿？就在军营附近买块地安度晚年。

军营周围的社区越来越庞大，渐渐成了小镇，甚至变作城市。这样的城市在不列颠、莱茵河、多瑙河沿岸比比皆是。在英国，很多地名都带有"彻斯特"这个后缀，表示曾经是罗马军营。如此说来，"彻斯特"大致相当于中国人在地名中常用的"堡""屯""营"。

漫长的防线

罗马帝国的陆地边境线相当长，弯弯曲曲穿越高山、平原、河流、沙漠、沼泽等复杂地形和地貌，也穿越成百上千友好或敌对的民族聚居区。

帝国几百年历史中，这条边境线并非一成不变，它随着帝国的盛衰沉浮而反复游移，是攻守形势变化的晴雨表。你身为罗马军团一员，在不同时代去同一地方，或者在同一时代去不同地方驻扎，都会有不同体验。分配任务时，你将遇到五种可能性，即被派往不列颠、莱茵河、多瑙河、东部地区或非洲地区的任一地方当兵。

横亘在英格兰原野上的哈德良长城残迹

1.美丽而凶险的不列颠岛

不列颠是座巨大荒岛，草原遍布全岛，南部以平原为主，北部以山地为主，阴天较多，温润多雨，气候适宜，经常有大雾。军事紧张阶段为公元1世纪，你的主要使命是在罗马占领区内镇压叛乱，维持稳定，在适当时机向非占领区扩张，为元首拓展更多领土。你的死敌为布里甘特斯人、奥多维西斯人等凯尔特游民。公元2世纪，哈德良元首在不列颠中北部修筑了一条横贯全岛的长城，从东到西长达117千米。有了这条坚固防线，当兵的人就不用担心夜里睡觉的时候被敌人割去脑袋了。

2.莱茵河攻防战

凯撒在入侵高卢时曾经到达莱茵河一带，并与生活在那里的日耳曼人交过手。这大概是罗马帝国和日耳曼人长达几百年恩怨的开始。

帝国初年，莱茵河防线一度成为令罗马帝国最头疼的地方。比凯尔特人还彪悍的日耳曼人严重威胁着防线安全。如果你驻防在这里，作战任务会比较频繁。幸好帝国高度重视这条薄弱的链条，在此处派驻了数量较多的军队。在莱茵河流域，森林、沼泽与狡猾的日耳曼人是罗马军队的大敌。

日耳曼人习惯沼泽地战斗，他们身材高大，可以把很大的标枪投到很远的地方去刺伤你们。如果遇到这种情况，你们必须尽快找到一块平地，尽快修筑堡垒，做阵地战打算。一旦敌人发起猛攻，绝不能四散奔逃，因为你会遇到更多的森林，更深的沼泽和更凶猛的敌人。

公元21年，罗马宿敌阿尔米尼乌斯被亲戚杀害。莱茵河防线的压力因此减小了许多，之后多年中这个地区都没有发生重大战事，直到公元3世纪，经过重新组合的日耳曼人再次成群结队光临这里，并在100多年后叩开了帝国大门。

3.蓝色多瑙河

公元2世纪初，帝国防守重点从莱茵河转移到了多瑙河，日耳曼人发现多瑙河沿线没有莱茵河沿岸那么险峻而改变了进攻方向。这时，你在多瑙河防线担负的压力超级大，不但要镇压境内的叛乱，还要对付境外的入侵者。

奥古斯都统治时期，生活在多瑙河中段以南的达尔马提亚人在一段时间内难以管治，因为罗马人向他们索取贡赋，终于逼迫他们联合潘诺尼亚人一同起义。这帮人闹事闹得很凶，但打起仗来不行，加之达尔马提亚地区先后受到饥荒和传染病打击，叛乱很快就得到平息。

日耳曼人在多瑙河一带的骚扰已经成了家常便饭，规模都不算大。但除了日耳曼人，还有更难缠的敌人。如果你在公元2世纪初期图拉真当政时期去多瑙河沿线服役，很可能被卷入一场不大不小的战争——达西亚战争。"达西亚"这个名字在你那个时代指多瑙河下游北岸一大块土地。多年之后，来自北方的阿瓦尔人在罗马帝国抓捕了很多居民，掳掠到达西亚安置下来，于是将这个地方改了个更贴切的名字——"罗马人居住的土地"，拉丁文称作"罗马尼亚"。

4. 不怕死的去东线

所谓东部边境是指小亚细亚、美索不达米亚、叙利亚、以色列一带。你在这

岩壁浮雕上的波斯武士
波斯人曾经是希腊人的死敌，等罗马人来了又成为罗马人的死敌，等罗马帝国崩溃了就接着做拜占庭帝国的死敌。

罗马图拉真记功柱上刻绘的兵败自杀的达西亚首领德塞巴鲁斯

图拉真记功柱至今仍矗立在罗马市中心，它身上的浮雕用连续画面表现出达西亚战争从开始到结束的精彩过程，被誉为最古老的电影脚本，另外，这根柱子也给今天的人提供了关于罗马军队的大量图画证据。所谓有图有真相！

里遇不到凶残的凯尔特人或日耳曼人，但有另外一些敌人等待着你，他们是犹太人和波斯人。

犹太人富有斗争精神，不会轻易向谁低头。当犹太地区成为罗马帝国领土后，驻守在那里的长官肆意欺压犹太人，甚至不准他们进入犹太教堂。公元66年，愤怒的犹太人揭竿而起，你们只好奉命前来镇压。公元70年，你和战友攻下耶路撒冷城，进行了惨绝人寰的大屠杀，上百万犹太人死在你们刀下。60多年后，不屈不挠的犹太人再次起义，哈德良决心铲除这里的隐患，于是派大军狠狠教训了这帮渴望自由的人。哈德良一不做二不休，索性命令将犹太人赶出家园。这个民族从此流落到全世界，成为无助的漂泊者。

犹太人虽然猛，却不足以和帝国抗衡，最终落得流散外乡的下场。建立帕提亚王国的波斯人才是罗马人在东方的主要敌人。罗马帝国与帕提亚王国的拉锯战几乎没有停止过，位于双方中间的亚美尼亚则成为可怜的"皮球"。

帕提亚王国能打败所向披靡的罗马军团，全靠独具特色的军事。它的陆军以机动性很强的骑兵和射手为主，分为重骑兵、轻骑兵与徒步弓兵。重骑兵全部由贵族子弟担任，人数最少，他们的战马也装备有铠甲。这些贵族的部下充当轻骑兵，是帕提亚陆军最典型的军种，人数最多。他们的轻骑兵时常诈败，在敌人追击的时候突然回身发射弓箭，把敌人打得措手不及。这种战法被称为"帕提亚战术"。

公元2世纪开始，东方与西方两大军事强国的拉锯战进入白热化阶段，双方谁都没有明显得失。频繁的拉锯战让你们这些驻守在东方边境的军人苦不堪言。帕提亚王国于公元226年被萨珊波斯帝国取代后，你们还是不能感到轻松，萨珊波斯是比帕提亚还凶恶的劲敌，腐朽的晚年罗马帝国经常惨败给这个后起之秀，作为牺牲品的你们只好一次次丢下同伴尸体，彻底丧失了往日自信。

5.北非沙漠容易让你堕落

撒哈拉沙漠天然划定了罗马帝国的南部边界。如果不是因为有富庶的埃及和战略要地迦太基，帝国似乎没有派兵到这里的必要。所以，如果你不想建功立业，不想体验凯旋的激动，这里是你最理想的服役之地。

北非阿尔及利亚的罗马古城遗迹

电影《巴顿将军》中有一幕讲述巴顿来到北非的一处罗马城市遗迹，开始深情怀古。北非在罗马帝国时代是个很有活力的地方，那里和平稳定，坏分子少，所以帝国只派一个军团维持秩序。

北非仅仅驻有一个军团，你到那里去当兵的概率较低。在那个地方服役，基本没什么大事，只是偶尔出去平叛。你遇到的敌人也不是高手，轻而易举就成为你的手下败将。

 ## 注释

📖1　军团是正规军，只吸纳具有帝国公民权的自由人。军团战士地位比较高，是帝国武装力量的在编人员，当然也是沙场上的主力。辅军是协助军团作战的部队，只吸纳不具有帝国公民权的自由人。比如，很多被征服的凯尔特人和日耳曼人愿意加入辅军，为了获得个人利益，不惜斩杀那些仍与帝国为敌的同胞。禁卫军是首都罗马的卫戍部队，待遇不错，门槛也很高，一般人迈不进去。这帮人表面上威风凛凛，实则中看不中用，虽然没有打硬仗的本事，却善于玩弄政治，有时候让君主头疼得要死。至于水军，情况比较特别。舰船划桨手基本由奴隶组成，只有军官才是自由人。而这些军官也往往是从其他兵种选调、提拔上来的。所以，水军很少向公民直接敞开招聘大门。

📖2　这个"固定"是相对的。罗马帝国战争频繁，主动攻伐不计其数，狼狈防守也数不胜数。既然打仗，就不可能不死人，甚至会发生全军覆没的惨剧。比如公元9年的条托堡森林战役一下子就让3个轻敌冒进的军团消失在日耳曼人的埋伏圈中。

　　奥古斯都气急败坏，发誓不再恢复那3个倒霉军团的编制。结果很长时间内，帝国军团只有25个。之后近200年，个别元首也曾在此基础上增加或减少过军团总数，无论如何，始终没有超过30个。直到公元2世纪末，建立塞维鲁王朝（公元193年—235年）的塞普提米·塞维鲁才第一次打破这个框框，把军团总数扩大到33个。

　　紧接着，帝国陷入公元3世纪的军阀大混战，短短半个世纪内，先后有30多位将军自立为王，彼此打得你死我活。内战刺激了军队的发展，军人数量失控一般急剧膨胀，完全摆脱了奥古斯都的编制规定。公元284年，戴克里先结束混战，重组帝国军队，竟然把军团总数增加到72个，而军团内部编制变化向来不大，一直坚持五六千人的标准。

3　　　成功的案例你也体验过。有个地方本来固若金汤，牢不可破。但在你们的长期围困中，敌人的主战派与投降派之间发生了内讧。随后两派之间发生了一场惨烈的暴力冲突，结果主战派被打败，其中一些人死于非命，另外一些人设法逃跑了。在内讧过程中，主战派竟然得到城镇里很多妇女的支持，因为这些妇女不像她们的男人那样贪生怕死，而是渴望自由，宁死也不愿沦为罗马帝国的奴隶。主战派被清算，那些发誓顽抗到底的女人抱着孩子，要么投入城里燃烧的火中，要么跃进城堡下面的河里，死得非常壮烈。罗马大军被投降派迎接进城，没费一兵一卒就占领了这个地方。

第七章

帝国的女人

　　你很有可能投胎成为罗马帝国的一名女性，那就是另外一种独特体验了。罗马帝国的自由女性地位并没有你想象中那么低，拥有很多本该拥有的权利。作为女人，不管在哪个时代、哪个国家，都会有一颗爱美之心，这大概是女人的本性。幸运的是，罗马帝国给了你爱美的自由，你能够体验罗马式的发型、妆容和时尚，很多首饰风格哪怕到现代都不算过时。当然，婚姻和生育通常是大多数女人躲不过的人生历程，你可以放任自己在罗马帝国体验爱情和家庭带来的悲欢离合。如果凑巧，你或许还有机会参与国事，在这个帝国的统治中枢发挥影响力。

做女人其实挺好

从女孩到女人

如果让身为女性的你穿越到古代，你恐怕会犹豫不决。女人普遍获得自由与解放是近代以来的事，而在大多数古代文明中，女人几乎没有什么地位，甚至没有足够的自由。所以，古代肯定没有现代舒服。

连在号称西方文明源头的古希腊，女人的地位都高不到哪里去。首先，她们连公民都算不上，因为在许多希腊城邦居住者的概念中，公民是指有财产和身份自由的成年男性。其次，希腊女人的基本任务是伺候男人，不但要承担一切繁重家务，还要想方设法取悦男人，让他们满意。

如果你生在罗马帝国，人生会是另外一番景象。也许你过得不如现代女性洒脱，至少比古希腊女人幸福多了。只要你诞生在公民家庭，不管贫富贵贱，都能获得公民权，受到帝国法律的保护。女性拥有的公民权和男性的不完全一样，主要差别体现在女性不能当公务员。

你从小到大都要受到家长或法定人员的监护，男孩子小时候也受到监护，但长大后就没人管了。其实，有人监护并不是坏事，监护人仅仅替你打官司，替你料理财务，替你订立遗嘱，继承你的遗产。监护人处处为你着想，并没有剥夺你的行动自由。他们不会像希腊人那样整天盯着女人，连上街都要看着。

当你还是个小女孩的时候，家长对你和哥哥弟弟一视同仁，并不会明显偏袒男孩子。有条件的爸爸妈妈也愿意把你送到学校去接受基本文化教育，学习拉丁语和希腊语。个别时候，家长还会带着你去参加好朋友聚会，让你从小就懂得如何跟别人打交道。

课余时间，你也可以和男性小伙伴一起玩滚铁环、掷骰子、捉迷藏等游戏。

玩偶娃娃才是女孩子的最爱，令你开心的是，罗马帝国时代也有"芭比娃娃"。这些有趣的玩具一般都是用木头或烧陶做的，也有用动物骨头和象牙做的，"娃娃"的关节能活动，你可以随意摆布它们，让它们做出各种可爱的动作。

　　大多数女孩子经过初等教育后就要走上另一条发展道路。随着年龄增大，你发现爸妈不再重视你的文化水平了，而是开始向你灌输怎样料理家务，怎样相夫教子。妈妈还会教你怎样穿衣打扮，涂脂抹粉，把你往美少女的方向引导。

梳洗打扮起来

　　你已经从女孩变成了女人，把玩偶娃娃放在一边，去研究一下妈妈的梳妆盒吧。走进家中的化妆间，你很庆幸自己出生在富裕家庭，只有富裕人家的姑娘才有条件打扮自己。那些穷苦人家的女孩子只能眼巴巴地看着你这富家小姐整天花枝招展，羡慕都来不及。她们每天要做很多家务劳动，哪儿有空去护理自己的脸蛋？何况，化妆品那么贵。

罗马女性雕塑
　　古罗马艺术大量反映女性，女性在罗马帝国史上写下重重一笔。

你还应该庆幸自己生对了时代，如果你生活在罗马帝国还没崛起的时代，根本不可能有化妆需求，周围的人不具备欣赏女人美貌的品位。你的祖先在征服了地中海东部地区，开始接触希腊人和埃及人后，才知道女人的美貌原来也可以用各种矿物质加强。很快，化妆品的制作方法被罗马人学会了，很多专门生产化妆品的作坊出现在帝国版图内。这些作坊生产出化妆品套装，放在精巧的盒子里拿到市场上销售。

现在取出妈妈的化妆盒吧。它看起来非常精致，是用珍贵的木料做成的，外面镶嵌着繁复的金银纹饰。你小心翼翼打开化妆盒，里面竟然摆放着琳琅满目的瓶瓶罐罐，有的是用木头做的，有的是银质的，更多的是玻璃做的。

1. 皮肤护理和美白

透明玻璃瓶里装着五颜六色的粉末，分外可爱。有个大点的瓶子，里面装着"皮肤护理液"。你在开始正式化妆前应该拿这种液体打理一下脸部。所谓"皮肤护理液"的成分主要是果汁，还有一些护理液由植物种子、牛角粉末、动物粪便、动物尿液、蜂蜜、胎盘、骨髓、醋、胆汁、硫黄、鸡蛋、没药、香料、牡蛎壳、洋葱、铅粉和大麦等东西混合制成。

最高级的洗面液是驴奶，据说埃及艳后克娄巴特拉就用这玩意儿美容。涂完护理液，下一步你应该美白。粉底种类很多，有白垩粉末、白色泥灰、鳄鱼粪和白铅。这些其实都是对皮肤有害的物质，尤其是铅粉，人们明知道是剧毒，还鼓励女人往脸上抹。随着时代进步，能工巧匠研制出了很多无毒的替代品，如蜂蜡、橄榄油、动物脂肪、玫瑰叶子等。美白不是一朝一夕的事，需要耐着性子慢慢来。

2. 化妆

看着镜子中的大白脸，你会觉得可笑，赶快给这张脸化妆。现在，腮帮子似乎有些单调，苍白而缺乏血色。你找一块海绵，蘸上一些胭脂轻轻往两腮擦抹。你用的这款胭脂是进口货，来自地中海东岸一个名为推罗的城市，那里盛产紫色染料。有时候，玫瑰与罂粟花瓣这样的纯天然胭脂更为绿色清洁，但不如推罗的紫胭脂效果好。朱砂和红铅也是好用的胭脂，却因为含有剧毒而让人望而却步。穷人家的女孩子买不起这些矿物胭脂，只好用研磨的紫色桑葚酱充作腮红。

化妆盒里有几根玻璃棒，一端插着黑炭，这就是你用来画眉毛和睫毛的工具。使用之前，请先把炭棒浸到橄榄油或水里，使之软化，再开始描眉。罗马男人喜欢长长的、几乎连在一起的眉毛，所以你用炭棒画眉时，注意往眉心处多描几笔，形成"一字横眉"。

大眼睛是用眼影衬托出来的。你用的罗马眼影效果不错，而且颜色种类丰富，适于不同场合。供你选择的有用孔雀石磨制而成的绿色眼影、用蓝铜矿制成的蓝色眼影，还有用煤炭制成的黑色眼影。

脸部基本化妆完毕，现在伸出手来，用红色染料把指甲涂一下，这样可以让你更加性感。现在化妆完毕，你需要往身上喷洒香水。罗马帝国的香水制造业很成熟，作坊工人们用蒸馏法制造这种奢侈产品，原料基本上是来自东方的香料和各种花瓣。媒介成分是一种叫"昂法琪奥"的橄榄油，或者叫"阿格瑞斯托"的葡萄汁。在媒介液中掺入不同类型的花瓣粉末则能制出不同香型的香水，如玫瑰香水、百合香水、月桂香水、桃金娘香水、茉莉香水等。

表现罗马女子化妆的镶嵌画

女人自古就爱美。在古罗马，如果你是贵族女子，会有奴隶帮你梳妆打扮，根本不用自己动手。这幅马赛克镶嵌画表现的镜子非常逼真，女主人的面容在镜子中清晰地映出来。

3. 做发型

你让家里的女奴来帮你做发型，她平时负责给妈妈弄头发。女奴说，发型要根据脸型设计。比如，长脸女孩适合弄刘海，圆脸女生则适合把头发盘起来在头顶打个结。

罗马发型多种多样，充满个性色彩，诗人奥维德曾评价："罗马女人的发型之多，有如海布拉山上的蜜蜂，阿尔卑斯山中的野兽。"烫发和染发在你那个时代已经成为时尚。

你可以用药剂把头发弄成红色、黑色或金色。但由于染发剂都是硫黄等矿物质，所以长期染发对头发不好，容易造成脱发，请谨慎体验。为了防止脱发，你可以采用学者大普林尼发明的用猪胆、牛尿、鹿角粉、红酒混合而成的生发液，听说山羊粪和羊奶对脱发也有很好的疗效。

4. 戴首饰

你还要佩戴漂亮首饰。金银制成的手镯、项链、耳环、戒指、发夹、胸针任你挑选。很多首饰上面还镶嵌了璀璨夺目的珍珠和宝石，有金刚钻、蛋白石、绿翡翠、绿松石、青金石、红宝石、蓝宝石、红玛瑙等。真是珠光宝气，美不胜收。

化妆、衣着和首饰让你在外表上从女孩变成女人。为了体现自己是大家闺秀，你平时还需多注意言谈举止，比如笑的时候不能让嘴巴扭曲，而是要将双唇微微张开，嘴角轻轻翘起，令唇边遮盖住齿间。切忌长久大笑，前仰后合。这就是所谓"笑不露齿"。走路的时候，你要讲究臀部动作，使衣服随风飘摆，大方平缓地向前挪步，千万不能叉开两腿走四方步。说话的时候，你最好能发出悦耳的声音，这样才会让异性对你产生强烈的好感。

罗马帝国的男权社会驱使你精心打扮自己，把自己修炼成一个人见人爱的美女。你已经从不谙世事的小女孩摇身变成亭亭玉立的大姑娘，并且将迎来人生中新的一页——婚姻。

埃及发雍棺木上的罗马人肖像

发雍是埃及尼罗河畔的一处绿洲，适合农耕与生活。公元前1世纪末罗马军团占领埃及后，埃及便逐渐被罗马文化所影响，但传统依然存在。譬如，很多埃及人死后仍旧要制成木乃伊，并且用人形棺材装殓起来。与以往不同的是，棺材不再用雕刻手法表现死者面容，而是改成了写实主义的绘画手法，这种技法显然属于罗马人。

罗马金项链

罗马镶红宝石金耳坠

古罗马的首饰制造业相当发达，各种各样的首饰令人眼花缭乱。

第二节

婚姻意味着什么

父母之命，媒妁之言

你，一个罗马帝国时期出生在公民家庭的女孩子，可以自由恋爱，但不能自由结婚。罗马帝国的"婚姻法"规定：儿女结婚，必须征得双方家长同意。

1. 婚约

对女孩子来说，若是家长，尤其是爷爷或爸爸给指定了未婚夫，你根本不能拒绝，除非这个男人有"丧廉耻"的恶名，或生理不健全。有时候，家长为了实际利益，竟然能把已经嫁出去的你转让给别的男人做妻子。比如，利维娅是元首奥古斯都之妻，但之前她是提比略的老婆，后来被转让给了奥古斯都。† 原来妈妈教你怎样打扮是为了把你顺利嫁出去，家长为了自己的利益根本不会考虑你是否喜欢那个人。罗马帝国严禁直系亲属结婚，严禁姻亲之间结婚，也严禁精神病人、具有双重性别的人结婚。

家长把你正式嫁出去之前，通常先跟夫家弄个订婚手续。虽然帝国法律并没要求结婚之前必须搞订婚手续，但这已经成为多数人遵守的社会习惯。只要你年满7岁，家长就可以去跟别人家定亲。但在你7岁之前，家长无论怎样跟别人承诺你的婚事都是瞎扯，更别提什么指腹为婚了。

订婚的时候，男方家长为了表示诚意，会给你的家长送聘礼，你的家长也要适当回礼。你未来的丈夫还要给你戴上一枚铁戒指，就戴在左手的无名指上。似乎现代人结婚后也习惯把戒指戴在这根手指上。

---

† 奥古斯都也干过这种事情，他先把独生女儿朱莉亚嫁给外甥马尔凯鲁斯，然后又把她嫁给得意助手阿格里帕。阿格里帕死后，朱莉亚又被迫嫁给提比略，提比略为此不得不和原配离婚。

一旦订下婚约，双方家长就不能再去和别的人家订婚，否则严重违法，因为罗马帝国从来都奉行严格的一夫一妻制，决不允许男人纳妾，更不允许重婚。除非婚约因故解除，你未来的丈夫基本就是预定好了的那位，无悬念可言。一般来说，如果男孩家提出解除婚约，聘礼就留在女孩家不用归还，同时男方要把女方的回礼退给原主，仅此而已；如果女孩家提出解除婚约，不但当初给男方的回礼不能索要回来，还要赔偿男方精神损失费。所以，你的家长一旦订立婚约，肯定不愿意毁约。等你年满12岁，便到了法定结婚年龄，男孩子的适婚年龄为14岁。

　　罗马式婚姻分为两种：有夫权婚姻和无夫权婚姻。···¹到底是有夫权还是无夫权，与你没关系，这都是家长的决定。罗马帝国时代占主流的是无夫权婚姻，而有夫权婚姻是共和国早期通行的婚姻形式，到共和国晚期就不那么受人青睐了。这也说明你们女性地位在逐渐提高。

壁画上的古罗马性爱

2.婚礼

不管嫁给什么人,你的婚姻要以婚礼作为开始。家人事先选择良辰吉日,一定要避开那些不宜举行婚礼的时间,比如整个5月,3月和6月的前半月,每个月的第1天、第6天和第15天。此外,很多宗教节日也不应该安排婚礼。

婚礼那天,你一大早起来就要化新娘妆,除了浓妆艳抹一番并佩戴各种金银首饰,还要用弯铁矛把头发梳成6条辫子盘在深红色的发网中,发网上面戴橘黄色头纱,还需戴一个美丽的橘子花冠。你的婚纱并不是白色的,而是一种名叫"帕拉"的番红花色外套,脚上穿的是红色凉鞋。打扮就绪后,你被家人围在中间,等待新郎前来迎亲。

新郎带人来了,你的家人并不会设法刁难他。父母要把你从炉灶边拉开,象征着你即将离开这个从小长大的地方。父母从炉灶中点燃一支火把让你拿着。你举着火把,在一大群高唱颂歌的亲朋好友簇拥下前往新郎家。而新郎急急忙忙赶到前面,在他家门口等着接你。

等你到了婆家门前,先不能迈过门槛,而是等公公婆婆端出火盆和水盆。火象征新郎的家族,水象征你的纯洁。你要用手象征性地触摸火盆,并且任由男方

关于罗马家庭生活的壁画

家属往你身上洒水。你把手中火把交给新郎家人，表示自己即将属于他们。

接着，新郎率伴郎们伴装过来抢你，而你的伴娘们装作保护你，不让他们轻易得手。等差不多的时候，你的同行人员表示投降，并把你举起来，迈过门槛，送到屋子里。注意，你的脚千万不能碰到门槛，否则会被认为很不吉利。

下一步，你要在婚礼仪式上宣誓，很简单，就一句话："无论你盖乌斯什么时候，去往何地，我盖娅都会追随。"盖乌斯是罗马常见的男名，盖娅则是常见的女名，象征了你们的夫妻身份。

在新郎引导下，你来到他们家的神龛前，这里供着他们家祖先的雕像和神灵的雕像。你们需向这些雕像行礼，旁边有祭司为你们证婚。礼毕，祭司给你和新郎分发本来供在神像前的麦饼，让你们吃下去。这多少有点像现代婚礼中的分蛋糕。婚礼过程结束。你们正式结为夫妻。婚礼结束后，男方还要大摆筵席，招待来宾。

女怕嫁错郎

你的婚姻八成由家长决定，幸福不幸福要看运气。若是运气好，你嫁的人重情重义，他会对你关怀备至，让你尽享家庭生活的乐趣与温馨，沉浸在忠贞爱情的幸福中。

然而，在罗马帝国，好男人并不多见。很多人是酒色之徒，婚后生活放荡不羁，丝毫不把妻子放在眼里，也根本没有家庭责任感。男人的婚外情在罗马帝国简直成了时尚。他们经常去勾引别人的老婆，有时候连女奴隶和漂亮小伙儿都不放过。诗人贺拉斯曾露骨地说："当性欲强烈的时候，身边有一侍女或小听差，你会立即扑上去，而不会心甘情愿地克制自己。"

如果丈夫对你毫不珍惜，他丝毫不会照顾你、关心你。你多次在脑海中做斗争，要不要把这样的生活继续下去。若是你讨厌你的丈夫，就千万别贪恋他的富贵，与其冒着风险偷情，不如痛痛快快离婚。在无夫权婚姻中，女人也可以单方面提出离婚请求。⚑···²

你和丈夫离婚后，原则上你无法带走当初结婚时你家送给夫家的嫁妆，除非你们事先签有归还协议。而你在日常生活中积攒的财产恐怕也要留给丈夫。所以，婚姻对女性来说就是个赔本买卖。

女人也要参与国事

神秘的维斯塔贞女

在罗马帝国，极个别的女孩子天生就注定要走另外一条发展道路——参与国事。国家大事不仅指中央政府的决策行为，还包括许多宗教事务。因此，负责主持祭祀活动的各种祭司便算是国家"高干"，在社会上具有很大影响力，祭司工作当然也属于国家大事。

维斯塔女祭司头像

油画《维斯塔女祭司扮相的法国贵妇》
　真正的维斯塔女祭司哪儿有画中贵妇这般妖娆？她们是清心寡欲、奉献青春的一群"尼姑"。

　　令人羡慕的祭司岗位基本上只对男性开放，但有一个例外——维斯塔祭司。这是以专门侍奉维斯塔女神为业务的工作职位。维斯塔女神主管灶火与家庭，在罗马帝国的官方宗教中具有相当高的权威。在罗马人心目中，维斯塔女神是大地的化身，她掌管的灶火是万物之源，能保佑国家长治久安，家庭和睦安康。

　　她的神庙在帝国境内到处都有，里面供奉着从远古传承下来的让国家与民族生生不息的纯洁"圣火"。维斯塔神庙通常是圆形的，与希腊罗马世界中最常见的长方形神庙有所不同。这正是因为罗马人认为大地呈圆球形状。

　　也许因为罗马人认为只有纯洁的女人才不至于玷污维斯塔圣火，所以要求维斯塔祭司必须由处女担当。要不要去承担这个神圣而光荣的任务并不由你自己决定，而是由你的父母决定。要想出现在维斯塔女祭司候选人行列内，你至少得满足两个条件：首先，你家二老的出身必须合格，必须是身份自由的人而且都健康快乐地活在世上，不能是离异夫妻；另外，他们还要有送女儿去当祭司的愿望，因为维斯塔女祭司的候选人必须是6到10岁的女孩子，你在这么大的时候还不懂事呢，绝对不会自己跑出去报名当什么女祭司。

女孩子参加维斯塔祭司职位竞聘的机会并不多，因为只有某个成年女祭司去世或离任后，这个职位才向新人开放。而女祭司团的法定编制是4到7个人，可见，多少年也未必能有一次选拔活动。如果碰上了这样的就业机会，你真应该感谢神。经过大祭司长百里挑一地精心挑选，你或许会从众多候选人中脱颖而出，"幸运"地成为贞洁的维斯塔圣女团的一员。大祭司庄严地向你宣布："某某某，我选择你为一名维斯塔女祭司，你将依法代表罗马人民执行神圣仪式。"

从此，你的生活将和其他女孩子的生活截然不同。化妆品和美丽的衣服不属于你关心的东西。你要在至少30年当中穿着朴素得不能再朴素的衣服，留着齐耳短发，和别的女祭司一起住集体宿舍，向成年女祭司学习宗教理论。

罗马城中的维斯塔女神庙遗迹

维斯塔女神在希腊神话中叫作赫斯提，她掌管家中的灶火，保佑家人平安，促进人丁兴旺。几乎所有的维斯塔神庙都是圆形的，外面围一圈柱子，这种建筑在当时并不多见。

描绘坐着的维斯塔的金币

最关键的是，你在做祭司的时候绝对不能想男人。国家规定你要保持贞洁，不可以在漫长的30年任期内恋爱、结婚或者通奸。否则，你将受到严惩。惩罚方式是把你活埋到城市广场下。行刑者不会让你窒息而死或饿死，因为法律规定罗马人不能在城中以活埋的方式处决犯人。为了解决这个问题，他们在地坑中留给你大量食物、淡水和生活用具，让你想活就能活下去。

上班时间，你们承担着保护维斯塔神庙里的圣火，永远不让它熄灭的重任。按照习惯，遗嘱和条约也存放在维斯塔神庙里由你们保管，并监督其执行过程。这同样是一个责任重大的工作。奥古斯都死后，维斯塔女祭司曾把君主的遗嘱拿出来，宣布提比略和利维娅为继承人，从而维系了帝国的稳定发展。

除了日常维护工作，你在每年6月份的维斯塔利亚节期间还要主持人们对维斯塔女神的祭祀活动。你先把蘸盐的蛋糕掰碎撒在牺牲（一头怀孕的母牛）的身上，让助手剖开它的肚子，从中取出小牛胚胎……你出门的时候，有专车来接你，而且会有一名扈从跟随，保卫你的安全。如果你想去剧院或者竞技场观看比赛，可以坐在专门为你预留的豪华座席中，和元老贵族们谈天说地。

从你成为女祭司的那天起，你就自动脱离了父权控制。你老爸无权再对你指手画脚。同时，因为你成了绝对自由人，也可以完全拥有自己的财产，并能够订立遗嘱。你的诚信度提升到满分，你说的话在别人心目中是千真万确的，具有影响社会的作用。你有权用触摸对方身体的方式释放囚犯或奴隶。

维斯塔女祭司还算个不错的职业，你不仅能拥有罗马男性公民拥有的一切权利，甚至在很多方面超出了普通男人享有的待遇。这在以男权为主导的古代世界中是个令人费解的神秘奇迹。

成功男人的背后

如果你是一个有心机的女人，你的人生就不应该仅仅是化妆品、金银首饰、玩乐和情人。你要巧妙地在男权社会中体现自己的价值。就算不当维斯塔贞女，你也有机会参与国事。

作为合格的妻子，你应当经常用言行来鼓励或帮助丈夫，让他摆脱困扰，放开手脚去干事业。如果你的丈夫是个显赫人物，你在他耳边吹的风或帮他做的事往往对国家政治产生间接的影响。奥古斯都的妻子利维娅对丈夫的帮助就很大。

大英博物馆馆藏利维娅雕像

利维娅这个女人不简单。她有点像中国历史上的马皇后、庄妃什么的，对当政的老公或孩子起到帮助作用，为新王朝的巩固做出贡献。

阿格里披娜的画像

元首尼禄的母亲阿格里披娜在历史上被称为小阿格里披娜，她的母亲被称为老阿格里披娜，嫁给了名将日耳曼尼库斯。老阿格里披娜的父亲是奥古斯都的宠臣阿格里帕，母亲则是奥古斯都的女儿朱莉亚。

权力旋涡中的女人

　　某些女人和男人一样，同样具有权力欲望。如果你丈夫是个有权势的人，你也许能跟着沾光，有资格对底下人颐指气使、发号施令，从中取得玩弄权力的快感。这种情况引起罗马上层人士注意，有个叫凯奇纳的贵族就曾建议手握重兵的被派往外省的高级官吏不应带着妻子上任。如果你极为幸运地成为君主的妻子或母亲，那么你很可能得到非同寻常的权力。当然，这样的概率不是一般低。就像罗马帝国的元首屈指可数一样，罗马帝国的皇后和太后也属于珍稀物种。就算你成为皇室成员，如果不具备一定的智慧、胆识和残忍，恐怕也很难在权力斗争中胜出。

　　不过，权力从来都是把双刃剑。如果你对它过于沉迷，很可能会惹来杀身之祸。元首尼禄的母亲阿格里披娜（大将军日耳曼尼库斯之女，和她的母亲同名）

就是个活生生的教训。

这个女人天生就有强烈的权力欲望。据说她还是个女孩子的时候，便因贪权而投入一个贵族的怀抱。为了同样的目的，她不断更换男人，最终嫁给了自己的叔叔——元首喀劳狄。尼禄当上君主后，阿格里披娜竟要控制他。终于，尼禄对母亲的行为忍无可忍，决定用计除掉这个女人。

尼禄在一个恰当的时机诱骗母亲坐上一条海船。船在繁星满天的夜晚航行于平静无波的海面上时，船舱顶盖突然塌了下来，因为有人在上面偷偷放了很重的铅块。阿格里披娜的随从被砸死，阿格里披娜自己则幸免于难，仅仅受了一点轻伤。船上乱作一团，有人在混乱中寻找阿格里披娜，企图置其于死地。阿格里披娜被迫跳入海中，后被渔船救起，返回自己的住处。尼禄的帮凶随后赶来，围住阿格里披娜，先用木棍打她的头，然后抽出刀来刺入她腹中。喜欢权术的阿格里披娜就这样惨死在权术之下。

 注释

📖1　根据罗马法，有夫权婚姻就是把你嫁给男人后，家长不再对你有任何权力，而是把人身控制权转交给了你的丈夫。你一下子成了丈夫的财产和监护对象，身份上相当于丈夫的女儿。丈夫随时可以打你骂你，或者把你赶出家门，你却不能提出离婚。

　　相对来说，无夫权婚姻对你更有利，因为在这种婚姻下，你仍然是娘家的人，而你的丈夫和你是平等的，他没有控制你或惩罚你的权力。丈夫不能单方面休掉你，你也可以在对婚姻不满的情况下提出离婚。

📖2　休夫需要合法手续，你得在7个证人面前声明离婚，并且要写一封离婚书，注明离婚日期、子女身份等内容，然后交给男方。正式的离婚需要一场仪式。就像婚礼时一样，你和丈夫一起到神龛前，离婚仪式主持人（祭司）给你们拿来麦饼，但你们拒绝分食它。这就象征着你们从此将不在一起生活，开始各走各的路。

第八章

沦为奴隶怎么办

所有的人，要么是自由人，要么是奴隶。

——查士丁尼《法学阶梯》

在任何情况下，"奴隶"都不是什么好职业，用来形容这个职业的词语通常是"受苦受难""压迫""禁锢""劳累"……因为奴隶是没有自由的人，是不被人当成人看的人，顶多算是"会说话的工具"，几乎和马牛羊等牲畜平起平坐。在罗马帝国，奴隶不在少数，罗马帝国是一部架构在奴隶身体上的机器，通过压榨奴隶的血汗来维持动能。

你怎么就成了奴隶

天生就命苦

没有哪个正常人愿意当奴隶，也几乎没有人在玩历史穿越游戏时喜欢把自己设计成奴隶，大家都乐观地期望在古代作威作福，连普通的自由民都不屑于当，何况是奴隶？但这次，你的历史穿越美梦将被击碎，当个碌碌无为的小老百姓都成了你求之不得的奢望。你前往的罗马帝国是个拥有最成熟奴隶制度的文明国度，统计数字显示，奴隶占国家全部人口的20%，生在那个时代的你，不是没有成为奴隶的可能性。

靠奴役、压榨、剥削同类来给自己谋求幸福的动物恐怕只有人类。奴隶制最早出现在什么时候已无法推断，很多古代文明甚至现代文明都采用过奴隶制。古希腊城邦斯巴达竟然拥有七倍于公民人数的奴隶，它的强盛建立在由奴隶包揽全部日常活计的基础上。公民除了享乐、祭祀和打仗什么都不干，这是个极端例子。

你所在的罗马国家的统治者却很聪明，在对待奴隶的事情上很善于把握分寸，至少明确地把奴隶问题写进法律。根据有关规定，你可能天生就命苦，但真正的处境未必像你之前想象的那么惨，去体验了才知道。

罗马法认为，如果你是新生儿，身份需由母亲决定。只要母亲是奴隶，你就必然是奴隶，即使你父亲是自由人也无法改变这个事实。反之，倘若你的父亲是奴隶，母亲是自由人，那么你照样是自由人。

罗马帝国奴隶的绝对人数有近200万。罗马人早在建立罗马城的时候就开始收集奴隶，特别在公元前3世纪第二次布匿战争后靠频繁的武力征服俘获了众多奴隶，在国内制造了世代相袭的奴隶阶层。说不定你的祖上已经是奴隶了，想翻身可不容易。你这个小奴隶呱呱坠地，妈妈把你看作亲爱的宝贝，但在主人眼中，你无非是和小鸡、小鸭一样的东西，等养到适当年龄后就可以给他干苦活或者拿到市场去卖个好价钱。

你是战利品

家生奴隶虽然是比较稳定的奴隶来源，但其自身生产速度有点慢。相比之下，战争是批量制造奴隶的最好途径。打一场胜仗能够掳掠成千上万的俘虏，随军奴隶贩子可以把很多这样的战利品直接拿到市场上去卖，不用像培养家生奴隶那样还得耐着性子等。凯撒在进攻高卢的8年中杀了100多万人，同时把100多万人卖作奴隶。†

奴隶市场
　　爱琴海的提洛岛是罗马帝国时期名气最大的奴隶批发市场，就像今天中国的白沟箱包市场或香河家具城那样家喻户晓。

....

† 见凯撒《高卢战记》。

你呢，或许生来不是奴隶，却可能是罗马帝国的敌人。要记住，跟罗马帝国作对需要担风险。若你方在战斗结束的时候没有打赢，而是被罗马人俘虏，你们肯定会被卖作奴隶，失去往日的尊严、财富和自由。

在一个很大的奴隶市场上，你赤裸全身，站在一个能转动的"展台"上，脖子挂着一块木牌，上面写有你的个人信息。看中你的顾客纷纷聚集在你周围，等待拍卖师喊价。由于你文化程度不高，不会吹拉弹唱，你的售价比那些聪明的奴隶便宜。卖出的6个月内，如果你身上出现任何在市场上没有明示的"质量"问题，主人都会带着你去见卖家，要求退货或者换货。

那天，你不是唯一被卖出的奴隶，而是上千成交商品中的一个。拍卖之前，你和几个刚刚认识的难友聊了会儿天。有个从西班牙被抓过来的小伙儿，好像是什么坎塔布里部落的人，难友们因怨恨奢侈残暴的罗马驻西班牙行省总督而掀起叛乱。坎塔布里人的反叛缺乏周密计划，纯属头脑发热，因为他们认为这位总督刚到任不久，对当地情况肯定不熟悉。

实践证明他们是大错特错，总督轻松打败了这帮乌合之众并将其降为奴隶。坎塔布里人虽然头脑简单，气节上却可敬可叹，很多坎塔布里人在看到自己失去自由的希望时，也失去了对生存的渴望。有人死于自刎，有人死于自焚，有人则当众服毒自尽。你认识的这小伙儿没来得及自杀就被制伏了，所以落得此番下场。

坎塔布里人这样宁为玉碎不为瓦全的集体并不多见，你认识的多数难友属于有勇气闹事却没胆量自裁的类型。例如来自黑海南岸比提尼亚的那些蠢货，他们在当地的骚乱中折磨并杀死了一些罗马公民，结果在政府发威后乖乖就范，被罚为奴隶。

在集市上，你看到的大部分难友，不管黑人、白人，都是因为和罗马帝国作对而被人家打败并降为奴隶的，每个人都有自己的故事。你们都是罗马帝国的战利品。

也有一小部分难友并不是战俘，他们有的曾经是罗马公民，却因为严重罪过被剥夺公民权，罚为奴隶。这种情况很少见，毕竟罗马人不愿意奴役自己人。还有的是与奴隶通奸的淫妇，这些女人或许本来可以过着衣食无忧的生活，却因为自甘堕落而被姘夫的主人收作奴隶，现在也拿到市场上来卖。在奴隶市场，曾经的英雄豪杰直不起腰来，已无尊严可谈，很快将被买主投入使用。

第二节

奴隶的任务

务农活

你被主人带到他的庄园里，成为一名没有报酬的农业生产者。主人的地产真不小，分区种植着葡萄、橄榄、苜蓿、苹果、梨、无花果等经济作物。田间地头里有很多和你一样的奴隶正在呼哧呼哧地忙碌着。

罗马的橄榄磨
在庄园中，奴隶要完成农业生产的全部流程，从耕地、播种、施肥、收获到加工，奴隶一年里几乎没有休息的时候。

为了防止你逃跑，主人在奴隶"宿舍"门外单独盖了间"传达室"。监工就住在里面，知道谁进谁出，出来进去的时候手里都拿着什么。你被带到庄园里的铁匠铺，主人让师傅给你套上一个很难摘掉的金属项圈，上面刻着：这是某某某的奴隶，如果他跑了请帮忙逮回来，地址是某某某，事后必有重谢！

做好防范工作后，主人开始教你怎么干活，比如锄草、翻地、播种、施肥、收割、打谷这些基本功。这都是他自己积累的经验，你的主人当年白手起家，没钱买奴隶的时候只能亲自下地干，吃过不少苦。

经过一段时间的培训，你要开始下地实践了。你被派去经营一个大约160英亩（约0.65平方千米）的橄榄园，和你一同被分派到这个橄榄园的还有其他12个奴隶。原来你不是一个人在战斗。这是主人的科学安排，他根据你们的个人情况分了工。算你在内的13个人当中，有1个所谓监工，也就是资历老一些、忠诚度高一些、干活技术熟练一些的杰出奴隶，他将用实际行动而不是皮鞭引导手下好好工作。

别小看这家伙，他可以在劳动时带上老婆，你们普通员工就没这特权。老婆可以协助他管理生产工作。除了这对奴隶夫妻，还有5个园丁、3个御夫、1个赶驴的、1个养猪的，以及1个放羊的。

聪明的罗马主子真会充分利用资源，这样的橄榄园中，直接与种植收获橄榄有关的只有那5个园丁，他们把养猪的、放羊的也编在橄榄组中，是为了让牲畜方便吃自然落下来的橄榄果，而牲畜的粪便又顺便做了橄榄树的肥料。你们这群奴隶一起劳动着，你在清闲的时候倒是可以把猪丢在一边让它们自己去捡果子吃，然后坐在橄榄树下得意扬扬地看工匠如何收集树上的橄榄。

面对长得密密麻麻的橄榄，他们不能用硬棍子去敲，因为这样会影响橄榄果的存油量，只能爬到梯子上耐心地用手采摘，实在够不着的才可以用苇子棍轻轻击打。橄榄采集完毕，工匠还要对其加工，压榨成新鲜的橄榄油，装到陶瓶里准备卖出。

你忙碌一整天后也该回去休息了。主人管饭，但他没工夫给你做好，只不过每半年分配给你一次口粮，上半年4斗半小麦，下半年4斗小麦，一年下来大概能磨30千克面，自己根据需要做着吃，平均每天用面不到100克。你一天全都吃完了也没人管，余下的时间你若是饿死就活该了。

主人毕竟还算仁慈，他不单给你饭吃，还会把庄园里生产的葡萄酒拿来给你喝。他也会给你必需的腌制橄榄果、橄榄油和食盐。令你意想不到的是，主人有时会夸赞你几句，并且愿意跟你切磋农业经验，以此显得你很有价值，令你心情大爽。

你甚至还能得到一个女奴隶做老婆，为你生儿育女，其实是奴隶的下一代。无论怎样，这都是主人对你的恩惠，你在身份自由的时候或许还讨不到老婆呢。所以，你很可能乐不思蜀，甘心在主人的庄园过着规律的小日子，踏踏实实为主人效力。✝

挖矿石

被卖作奴隶后，你还可能成为矿工。罗马帝国的奴隶主不都是农业经营者，他们中的一些人更愿意经营利润颇丰的矿山。一般来说，帝国境内大多数矿山都是被元首垄断的，他委托承包商去开采，允许商人从中获取利润，同时也保证了国家的金属供应。

古罗马露天矿

✝ 详见加图《农业志》和瓦罗《论农业》。

矿的种类很多，罗马帝国主要开采七种金属矿：黄金、白银、铁、铅、锡、铜和水银。石头和煤炭是比较重要的非金属矿藏。帝国对建筑石材需求量极大，煤炭在你那个时代也成了流行的燃料。这些矿藏分布在不同地区，唯有西班牙是帝国境内矿物种类和储量最丰富的。相比之下，高卢、阿非利加、小亚细亚这些地方的矿石贫瘠得很。所以，你很快被送到西班牙这棵帝国摇钱树上，或者说矿业奴隶的集中营里去工作。

你先是来到一处金矿，学习各种挖掘黄金的方法。现在，你要拼命寻找金子，但不会有成堆的黄金等着你去拿，辛辛苦苦找到之后，它们还是属于别人的。矿老板命令你拿着一个篮子到一片疑似金矿的山上收集土样。然后，你用清水漂洗这篮子沙土，反复几次之后，发现留下的固体物质中还真有微乎其微的金粒。你把情况汇报给老板。老板喜出望外，凭他的经验知道金矿就在附近，于是赶快组织大批奴隶在山上挖掘竖井。

你们被迫坐着吊篮下到井里，用锹、镐、铲子、凿子、锤子挖掘矿老板梦寐以求的东西——金矿石。所谓金矿石看起来并不熠熠生辉，更像貌不惊人的大理石，金子成分低调地依附在上面，所以等运到地面之后还要加工。

古罗马矿坑遗迹
古罗马的采矿业很发达，以采集金、银、铜等金属为主，用于铸造钱币、生产武器或加工器皿。

你的奴隶同伴把出土的矿石粉碎，煅烧，研磨成细细的粉末。筛掉炉渣后，金粉和伴生的银粉都被干净利落地析出来了。为了防止提炼不彻底，奴隶把炉渣放进熔炉中进行第二次煅烧，保证里面再也没有黄金后才扔掉。你们就这样开凿了10多个竖井，矿老板逐渐发现这是个储量很大的宝藏，用竖井挖掘效率实在太低，猴年马月也挖不完。于是，利欲熏心的老板决定做点大动作——置你们性命于不顾的大动作。

你们休息了好几天，正暗自庆幸老板没有让你们继续开凿该死的矿井，忽然在这天早上看见老板叫人准备了很多用橄榄油做燃料的陶灯。你们每人拿着一盏灯，扛着各种工具，被赶到劳动地点。在一处比较松软的山体前，你们被要求从那里挖掘隧道，挖得越深越好。这意味着，在此后几个月中，你将不见天日，吃喝拉撒睡都在自己挖掘的隧道里进行。

为了防止山体坍塌，你们每挖一段隧道就要在内壁上用木头构架拱形结构。尽管如此小心地做防塌处理，还是几乎每天都有塌方事故发生。工友已经死了10多个，有的竟然被糊在泥浆里，连尸首都无处可寻。

你们的工程进度有时会减缓，因为当挖到易爆的燧石层和软陶土层时必须采取措施，防止坑道大爆炸和大面积塌方发生。燧石还算容易处理，只要用火焚烧使之化成碎屑就好了，但频繁放火导致坑道内令人窒息，工作环境越来越压抑。如果遇到软陶土层，你们没有好的解决办法，只有格外小心，哪怕多费些功夫也要绕开这片死亡地层，千万别去碰。

面对随时都会到来的死亡，以及整天里伸手不见五指的洞穴，你觉得头顶上的山体似乎马上要压下来，混浊稀薄的空气让你胸闷心慌，在这个鬼地方待着简直比死还难受。

拼角斗

比矿工还痛苦的职业是角斗士。让人们拿着刀剑进行互殴表演的创意并不是罗马人想出来的，而是始于曾经住在罗马人南边的坎帕尼亚人。公元前4世纪至前3世纪，罗马人取得向意大利中部扩张的萨姆尼特战争的胜利，坎帕尼亚地区被并入罗马共和国领土中。坎帕尼亚人与罗马人融合在一起，他们的文化顺理成章地成了罗马文化的一部分。

于是罗马人开始迷上角斗表演，使之取代杀人祭祀，成为葬礼中的一项重要活动。他们相信斗士和野兽的鲜血可以告慰亡灵。通常，角斗表演在葬礼后第九天举行，标志着服丧期限的结束，然后死者家属每五年或者每一年要在忌日那天再次举办角斗表演，以表达对死者的深刻怀念。

为了吸引大家观看，角斗举办地点常选在市场或屠宰场附近。尽管后来罗马人举办角斗活动不完全是为了葬礼，但以葬礼为名目的角斗表演从共和国直到帝国时代始终屡见不鲜。角斗也逐渐有了专门的场地。⚑┈▸1

除了为葬礼安排的角斗，一些节日期间也有角斗表演，这样的活动具有较强的公众参与性。从习惯来讲，很多节日都适合举办角斗。⚑┈▸2可以说，一年四季都会有角斗表演。角斗士这个职业闲不着。

举办角斗表演是件非常烧钱的事，组织者不但要花钱购买角斗士，还要给比赛搭建临时场地。共和国时代，国家还没有实力修造庞大的永久性竞技场，举办者要用木头修建临时场地，活动结束后就要拆掉。直到公元前55年，凯撒的政敌庞培在罗马城修造了第一座可以长期使用的石头竞技场。公元82年，也就是元首提图斯时代，著名的罗马大斗兽场才竣工并投入使用。

虽然角斗比赛是金钱的无底洞，但有钱的政客仍然一掷千金，频繁举办这种活动来赢得老百姓欢心，从而为自己捞取名声。⚑┈▸3

最初，罗马人只是让死刑犯拿着武器和野兽搏斗，如果犯人赢了就放他一条生路；如果犯人输了，对不起，他本来就该死。而大多数情况下，犯人输。在奴隶人数还不算多的时代，奴隶主或许不舍得让自己的奴隶参加角斗，因为这等于糟践钱财。但在罗马对外征服的过程中，奴隶人数成倍增长，远远不如过去值钱了。这样，奴隶就获得了角斗这个充满挑战和机遇的就业渠道。其实，乐观点想，谁入这一行，就等于进了罗马帝国的娱乐圈，不仅有赢得观众掌声的机会，也有因为表现出色而被释放为自由人的机会。

1.角斗士的天赋

不是所有奴隶都有资格当角斗士，干这行是需要一定天赋的。条件是你必须人高马大，身强力壮。一旦被"角斗士经纪人"相中，无论愿意与否，你都得去做这一行。入行之前，你须发誓忍受烙印、锁链和鞭打，并甘做剑下亡魂。发完誓，你可能会得到不多于2000塞斯退斯的"启动资金"，然后要接受严酷的培训。经纪人希望你成为合格的角斗士，把你送去专门的角斗士学校上"辅导班"。

2.角斗士学校

这样的学校在帝国遍地都是，大多是国营的，通常设置在角斗场旁边，以方便"学员"感受现场气氛。一所学校可容纳五六百名角斗士学员，配有若干位经验丰富的教练。他们以前也都是角斗士，凭借高强的武功和极好的运气在角斗场上挺过3年而大难不死。他们获得解放后便转行做了教练。

要说这学校条件还真不错，至少能给你提供免费食宿。一日三餐，顿顿有保障。而且，为了让你身强体壮，学校配有保健医生给你提供合理的饮食建议，告诉你如何荤素搭配，保持营养均衡。最终，你将吃成一个结实的胖子，而不是只

角斗士学校旧址

你可以在美剧《斯巴达克斯》中了解到很多关于罗马角斗士的常识，这部戏虽然在剧情上做了很多演绎，但在道具和场景布置上还是下了一番功夫，尽可能让细节接近历史原貌。

有肌肉没有脂肪的健美男——脂肪在角斗上是有用的，它可以帮你的内脏挡住刀剑的致命伤害。

为了让你们得到足够的睡眠，学校舍得给你们一人一间宿舍，保证你们互不干扰。吃饱喝足睡醒玩够之后，你要干正事了。每天的课程都是在学校操场上完成的，最初基本都是体能训练等项目，根本没有烦人的文化课。你要像罗马军团的新兵在训练时所做的那样，拿一把木剑对着稻草人练习劈刺。将来如果你能获得自由，这把木剑就会被当成礼物送给你。一来，证明你不再是角斗士；二来，让你留作对角斗士学校"快乐时光"的纪念。

你不仅要和不会动的稻草人拼杀，还要和队友互相练习拼杀。用心一点，努力练习不会有亏吃。现在你们用的是假模假式的木剑，将来说不定会拿着真刀真枪在斗兽场上相遇，到时候就算对方是好朋友、亲兄弟也绝不能留情。

整个训练过程中，教练特别冷血，似乎要把当年的痛苦都发泄在你们身上，动不动就用皮鞭抽你们，挨打者不能有丝毫反抗和怨言。据说这是为了训练你们

一座普通的古罗马竞技场

除了罗马城中最著名的那座圆形大竞技场，整个地中海地区还有很多类似的建筑，规模或大或小。观看角斗表演已经作为一种流行文化，被罗马人灌输到被征服者的头脑中。

234

的心理承受力，或者说面对死亡仍旧悠然自得的心态。你们不仅要学会如何杀别人，还要学会如何被人杀。既然做了以死为己任的角斗士，将来就要死得专业一些，从而体现英雄本色。

3.角斗士的专业

为了提高观赏乐趣，比赛时要有不同类型的角斗士。为此，角斗士学校还分很多"专业"。你一入学就要面临专业选择，当然，很多情况下，你的专业已被安排好了。

"与人格斗"和"与兽格斗"是两个一级学科。"与人格斗"专业下面又设置了一些二级学科：

（1）色雷斯角斗士。色雷斯是欧洲南部一个地区，拜占庭就在那里，史上著名的斯巴达克斯也出生在那里。色雷斯角斗士并非来自色雷斯地区的角斗士，而是说这种角斗士的装备很有色雷斯甲胄的范儿：网眼面罩、高顶头盔、保护小腿的胫甲、小型方形或圆形盾牌、弯形短剑。他们还常常在持剑的手臂上和大腿上绑有棉布垫。这个专业比较热门，学员不少。

（2）萨姆尼特角斗士。萨姆尼特是生活在意大利中部的一个民族，也就是那个最先发明了角斗表演的民族。从公元前343年到公元前290年，罗马人进行了3次萨姆尼特战争，将萨姆尼特人彻底征服。战争过程中，萨姆尼特人异常勇猛，曾多次令罗马军团全军覆没，还使罗马战俘蒙受过"胯下之辱"。他们给罗马人留下了深刻的印象，所以其样子也被设计成一种角斗士形象。萨姆尼特角斗士拿着椭圆形盾牌，头戴鸭舌帽形头盔，手持短剑。

（3）鱼盔角斗士。这种角斗士头戴鱼形盔，手持三叉戟，常常和色雷斯角斗士比赛。

（4）重装角斗士。这个专业的学员穿戴厚重盔甲，但机动性差。

（5）战车角斗士。即驾着战车打斗的角斗士，或者为了耍酷而驾着战车出场，然后跳下战车打斗的角斗士。该专业的学员容易吸引粉丝，但需要掌握过硬的驾车技术，危险系数也很高。

罗马角斗士头盔

角斗士的头盔看起来很酷，但肯定特别沉重，戴着它的人绝对不会感到舒服。角斗组织者只重视娱乐效果，谁还管角斗士的感受呢？

（6）骑兵角斗士。就是骑着马打斗的角斗士。战马没有马镫，骑手很容易从马背上摔下来。

（7）撒网角斗士。该专业的学员心狠手辣。他们不穿戴盔甲，拿着一张渔网，要设法把对手套住，然后用手中武器刺杀对手。但在实际比赛中，撒网角斗士不敢轻易接近全副武装的对手，只能凭借装备轻便的优势逃来逃去，等时机出现才敢下手。所以，这个专业名声不太好。如果撒网角斗士的表现过于消极，就算不死在对手刀下，也会被对比赛不满的观众判处死刑。

（8）套索角斗士。像美国西部牛仔那样用绳索抓捕猎物的角斗士。

（9）双剑角斗士。罗马有手持双剑战斗的角斗士。

（10）睁眼瞎角斗士。这个专业的学员头戴完全遮住视线的头盔，在角斗场上乱摸乱撞，一旦触到对方（也是睁眼瞎角斗士）就赶快砍杀。

（11）索命角斗士。这个专业的学员戴着鱼盔，手臂和大腿上绑护垫，左腿穿护胫，腰间缠着金属腰带，手中拿着短剑和盾牌。这种角斗士的对手是撒网角斗士，要满场追逐"抱头鼠窜"的敌人，所以被称为"索命角斗士"。

4.赴死的前夜

经过专业训练,你可以从学校"毕业"了。比赛前夜,你和其他角斗士被角斗活动主办者盛情招待。这已经成为一种惯例。用美食和甜酒为壮士送行在哪儿都是悲壮万分的举动。你在吃大餐的时候心情如何?

是满不在乎,是情绪激动,还是悲伤欲绝?吃完这顿饭,也许你再也没有下一顿可吃了。更可气的是,主办者竟然邀请公民来和你们一起用餐。他们带着幸灾乐祸的心理前来提前观看你们,看看你们吃最后的晚餐时的狼狈状态。甚至有些公民还带着他们家里的奴隶一起来蹭饭。那群奴隶同样以恶毒的眼神看着你们。这群家伙到时候也会以观众的身份坐在看台最上面,欣赏你们的生死大战。

5.死亡的气息

第二天,你们一行人穿着花花绿绿的衣服,排着队往角斗场走去,游行队伍中有乐师拿着乐器吹吹打打,似乎在告诉人们将有好戏上演。沿途贴着本次活动的海报,上面注明赞助者的名字、本次比赛的选手数量、参赛选手的名字、角斗士公司的名字、比赛的地点和日期等。

比赛中的角斗士

按照惯例，海报上写的是你们每个人的艺名，比如普纳科斯（好战分子）、底格里斯（老虎）、赫尔墨斯（拥有赫尔墨斯神力的人）、哥伦布（温和人士）……参加与兽格斗的要在上午出场，参加与人格斗的在下午出场，中午休息时间则安排处决犯人的表演来热场。

你的比赛场次在下午，所以先到角斗场那黑暗压抑的休息室里待着，虽然手脚都上着镣铐，但你可以透过墙壁缝隙往场地上看。赛场座位上坐满了观众，有2万多人，他们兴奋地呐喊助威。刚刚举行了一只狗熊和一头公牛的动物搏斗，熊被公牛开膛破肚，公牛也奄奄一息，被场上助手用剑结束了性命。

在爆豆似的掌声中，50多名准备与兽格斗的角斗士上场了，他们拿着长矛、弹弓和弓箭，基本都是猎人使用的武器。你越看越紧张，浑身不断打冷战，因为你想到再过几个小时你也会出现在这死亡场地上。笼子一开，大象、狮子、犀牛、老虎、猎豹、狗熊……一大群猛兽疯狂扑向场中心的角斗士。很多野兽还彼此撕咬起来，现场一片混乱。只见有的角斗士被撕去了脸皮，没了五官只有一脸鲜血；有的角斗士被咬掉了脑袋；有的角斗士被开膛破肚，内脏流了一地；还有

油画表现的角斗表演

在罗马角斗士队伍中有一对亲兄弟，哥哥上场比赛击败对手，撩开敌人面具时发现对手竟然是他的弟弟。在观众的要求下，哥哥必须亲手杀死失败者，悲愤却又无奈的哥哥在处决弟弟后将剑插进了自己的喉咙。

的角斗士被大象踩成了肉饼。其他角斗士缓过神来，发自本能地和野兽搏斗。有的人甚至和猛兽玩起了一对一的较量。过了一会儿，很多猛兽也死在角斗士的刀剑下，或者和角斗士同归于尽。临近中午，场上的活物已所剩无几，参加本次比赛的角斗士不给力，50多人只剩下七八个人还活着，体力已基本耗尽，有气无力地等待猛兽扑向自己。那些猛兽负了伤，在满场鲜血腥味的刺激下反而来了劲，轻而易举把那几个幸存者送进了地狱。比赛以角斗士的失败告终，猛兽被场上的驯兽员收回笼子里。很多奴隶跑进场地，拖走人和动物的尸体，捡取散落一地的残肢断臂和内脏，最后用扫帚翻弄场上沾满血污的尼罗河细沙，让场地重新恢复到干净平整的状态。

这时，全场观众都从座位上站起身，朝着贵宾席方向热烈鼓掌，原来元首陛下携家人莅临角斗场，他们是专程来观看下午的比赛的。场上服务的奴隶把沙地打扫干净，人与人的格斗即将开演。

6. 赴死的时刻

你们被解除镣铐，换上和自己专业相对应的盔甲，到竞技场上去当着观众的面抽签分组。通过抽签，你可以知道自己要和谁进行生死决斗，但无法知道关于对手的详细信息，只能了解他在上一场比赛中的输赢。如果对手名字后面用大写字母"V"标注，说明他是赢家；如果用"M"标注，说明他上场比赛没有赢，但表现不错，所以观众饶他不死。如果谁在比赛中被打死了，经纪人会在花名册上找到他的名字，然后标上希腊字母"θ"，作为注销记号。

轮到你上场了，你和搭档的专业是索命角斗士，所以对手是一对撒网角斗士。你们上场后一起向元首行礼，说道："将死之人向您致敬！"经过短暂的热身活动，比如做做俯卧撑、抛一抛盾牌什么的，你突然不再紧张。那么多观众看着你，让你感觉自己就是个大明星。你们率先发起进攻，撒网角斗士慌忙逃走，场上一片嘘声。你找到一点点自信，并拼命回想着角斗士学校的教练说过的经验。

场边乐队用圆号、喇叭等乐器有节奏地奏出音乐，使打斗显得更为精彩，就像电影配乐那样起到烘托气氛的作用。对手开始反击，他们把渔网甩起来，寻找抓捕你们的时机。你千万别大意，一旦被渔网缠住就很难脱身。

"啪"，一条响鞭抽在撒网角斗士身上，因为他们的逃跑主义引起观众不满，场上人员开始教训逃到场地边缘的胆小鬼了。你们越战越起劲，渐渐放松警惕，急于求胜。不料，你的搭档被渔网罩住了，一名撒网角斗士用三叉戟狂刺"猎物"，另一名撒网角斗士阻止你上前营救。场上形势发生大逆转，现在是一对二。

你顿时慌了神，觉得死神正向自己走来。那两个人疯狂地朝你撒网，好几次你都险些被罩住。他们有些得意忘形，却不小心把网缠在一起。你趁机跳上前去掀翻一个对手，用短剑割断他的喉咙。另一个人扔掉渔网慌忙逃走，也被你赶上，一剑刺在他大腿根部。那可怜的家伙彻底失去斗志，鲜血汩汩地从腿部涌出，他趴在地上求饶。场上观众报以热烈掌声。

元首显然对撒网角斗士不满意，他伸出手，大拇指向下，让你处决那失败者。失败的一方要死得有尊严，他应该爬起来跪在你面前抻着脖子让你砍头，表现出英勇赴死的气概。也许因为失血过多，对手仍然趴在地上不动，你只好用短剑戳进他的后背。

加油吧！假如有一天你成为明星，会有很多贵妇人主动来和你偷情，主人也可能高抬贵手把你释放为自由人。似乎每个角斗士在赢得第一场比赛后都有这样的幻想，但梦想成真者又有几人呢？不管怎样，有希望总比绝望好。

干教育

奴隶一定就是干苦力、白送死的命吗？别那么悲观，如果你是有文化的希腊奴隶，很有可能被主人高价买来当家庭教师。这种工作听起来还不错，谁让你的主人有钱没文化呢。掳掠你的罗马人虽然很残暴，却非常好学，向来都重视教育。很久以前，他们都是自己培养娃娃，由父母担当孩子的老师。罗马家长的文化水平实在让人不敢恭维，他们要么是整天下地的小农，要么是只会做家务的家庭妇女，绝不是满腹经纶的知识分子。在战争年代，孩子的父亲还很可能背上行囊去打仗，一走就是一年半载，哪里有空教育孩子？

就教学内容来说，罗马父母能教给孩子的无非是基本生活技能：如何开荒、如何播种、如何施肥、如何收割、如何做饭、如何刷碗……再就是如何拿武器跟人拼命。至于孩子是否识字倒不那么重要。那时候，用心的家长顶多再给孩子灌输家长们所信奉的人生准则，教男孩努力成为对国家有用的栋梁，教女孩将来怎样相夫教子。不称职的家长则对孩子放任自流，连道德教育都无从谈起。

公元前3世纪，当罗马人遇到盘踞在意大利南部的希腊殖民者后，这种全民文盲的时代即将结束。在出口成章、口若悬河、"上知天文，下知地理"的希腊人面前，罗马文盲们自卑了。原来以前父母教的知识是那么低级和幼稚。此时对罗马人来说，只要他们想学，希腊人就不会不教。因为后者被征服了，沦为前者的奴隶——有文化的奴隶。就这样，从公元前3世纪开始，一直到帝国时代，伴随着罗马大军对希腊本土和小亚细亚等希腊化地区的大面积征服，聘请希腊奴隶当家庭教师成为罗马上层社会的风尚。在一代代希腊奴隶的教育下，罗马孩子掌握的知识发生质的飞跃，逐渐接近老师的水平。

尽管帝国时期的罗马贵族已不再是纯粹的土包子，可他们没时间亲自教育孩子，且仍然觉得希腊人比罗马人文化水平高，所以他们还是喜欢找具备知识分子气质的希腊奴隶给他们的孩子当老师。

你，就是这教书奴隶群体中的一员。在没有师范大学培训的情况下，你需要学习前辈的经验，那就是：按阶段给孩子传授知识，由浅入深，循序渐进。据说这种方法在未来进化成了年级制度。当家长把他们的宝贝孩子交给你后，你要根据孩子已有的知识水平决定该教他们什么。

如果孩子还没学过认字，你就要从最基本的字母、单词讲起，教他们掌握常用语。罗马帝国的家庭教师都必须具备双语教学的能力，你不但要懂拉丁语（经过几代传承，希腊人早被罗马化了，所以懂拉丁语），还要会希腊语，让你的学生同时掌握这两门语言的使用方法。作为将来的帝国政治参与者，贵族孩子如果只会一种官方语言，肯定要吃大亏，何况他们这帮附庸风雅的土包子从来都以谙熟希腊语为荣。

等学生们入了语言的门，你可以进一步提高他们的阅读能力。挑选一些有代表性的文章作为课文让孩子们朗读、背诵是个有效的方法，比如亚里士多德、柏拉图等人用希腊语写的著作，西塞罗、辛尼加等人用拉丁语写的著作，都是不错的资料。为了进一步挖掘天资聪颖的学生的潜质，你还可以让他们欣赏希腊、罗马的诗歌。荷马、品达罗斯、萨福、奥维德、贺拉斯、维吉尔……优美的作品不胜枚举。

学生学到何种程度全凭你的判断，那时候还没发明以分数衡量成绩的考试。孩子们平时课上的表现就是你评估的依据。如果孩子的表现达到预期标准，他们就可以进入下一个学习阶段。

掌握了足够的单词之后，学生应该通过分析文学作品来理解语法，这样才能学会自己写文章。继续学习文化课是男生的权利，女生此时就不必再深究诗歌散文的奥妙了，而是要开始学习如何打扮自己，如何当媳妇和母亲。这个阶段通常要持续2年到5年。为了激励孩子们努力学习，你常常设置一些"奖学金"，比如把某种世上少有的珍藏版旧书赠送给成绩优秀的孩子以资鼓励。罗马孩子通常富有竞争意识，誓与小伙伴一决高下。

从该阶段"毕业"后，大多数学生都不再念书了，他们奔向社会，凭借自己的出身和人脉跻身军旅或仕途。只有极少数天资聪颖的"读书材料"会升入更高的学习阶段。甚至有些一心追求学术的青年会跑到希腊本土去留学。他们主要研习的是当时的显学——修辞学。修辞学乃是罗马政客必备的学问，因为它可以帮助一个人掌握出色的演说能力和辩论能力。但修辞学不是"高年级班"学生学习的唯一学科。为了让演说内容言之有物，他们还要辅修地理学、音乐学、哲学、文学、神学和几何学等。

你掂量掂量自己的知识水平，能胜任"高年级班"的教学任务吗？社会上确实存在如此多才多艺的希腊奴隶，但实属稀缺人才。不知你是不是这样的能人。如果是，就可以继续在奴隶主家当老师；如果不是，就别误人子弟了。奴隶主说不定会放了你，还你自由，到时候在社会上开个私立学校，收入也不赖。罗马法律规定，上私立学校的学生每月要交给老师200第纳里乌斯银币的学费。

当保镖

除了务农活、当矿工、玩角斗、做老师，身为奴隶的你还有可能当演员、做乐手、干杂务，甚至在特殊情况下成为主人的忠实保镖或追随者。这说明主人也并不总是虐待奴隶，你们之间由于长期相处也会产生深情厚谊。历史上，奴隶为主人引颈就戮的例子比比皆是。

第三节

为你的结局担忧

苟且偷生

做角斗士的奴隶是最悲惨的奴隶，做老师的奴隶是最幸福的奴隶。这两种奴隶都属于极端，罗马帝国的大多数奴隶都过着半死不活、苟且偷生的日子。

身为一名普通奴隶，你一辈子劳碌，一辈子受气，但法律规定了很多对你不公的条款，让你只能屈从于现实，根本无处去申冤。罗马法律规定：你没有自己的人格，只能算作介于自由人和牲畜之间的会说话的动物。你不得穿戴自由人的衣服，只能穿短袖的"丘尼卡"或者天天裸奔。你没有人身自由，一切活动都要由主人安排。假如你干活干累了，想出去逛逛街，小小地放松一下，对不起，未经主人许可休想出门。你可以和女奴隶同居生孩子，但这种关系不是婚姻关系，得不到法律保护。这就意味着，如果有其他奴隶过来和你抢女人，你只能眼巴巴地戴绿帽子。你不能保留财物，你通过劳动所得到的一切财富都归主人所有；如果你私下里欠了别人债，主人不会帮你还。如果你在壮年时代被主人抛弃了，你并不能因此获得自由，而是会成为更惨的无主奴隶，因为你仍旧无权拥有私人财产，却又没人养活你，你只能坐以待毙，冻饿而死。

在诉讼方面，你既不能成为原告也不能成为被告。如果你被别人伤害了，无权直接起诉，而是应由你的主人以私有财产受到损害为由提起诉讼。当你受到主人的折磨时，你不能留存证据来反对主人。

虽然这些霸王条款让你生不如死，但明白事理的罗马人也没忘了给你一些优待，让你不至于被逼得想要鱼死网破。在这种刚柔并济、"两手都要抓，两手都要硬"的双重政策下，你轻易不会被折磨致死，但或许一辈子都要过着暗无天日、毫无尊严的生活，郁闷地了却残生。

光荣而死

不自由，毋宁死。你如果有骨气，就选择逃跑吧，或者干脆站出来起义。这两条道路都是不归路，只要走上去，就没有太多生还的希望。人生总有一死，与其在压迫欺凌下屈辱而死，倒不如死得轰轰烈烈。成功逃走的奴隶还是有的，起义也许真的能使自己重获自由。

想从奴隶主的庄园中逃走并不容易。别忘了，你们在刚被售出的时候就被打上了烙印，标明了主人的姓名和地址。作为报答，抓住逃跑奴隶的人能从失主那里得到一笔赏赐，所以在大多数自由人眼中，逃亡的奴隶就是肥硕的猎物，他们一定会竭尽全力捉拿这些享受了短暂自由的可怜人。

恐惧转化成绝望，绝望转化成愤恨。奴隶群体中的反抗情绪越来越强烈。奴隶起义在罗马历史上不乏先例，共和国时期，西西里的奴隶最先举起造反大旗，给当局带来极大震撼。公元前73年，角斗士斯巴达克斯组织卡普亚角斗士学校的同学跟政府军作对，成为造反界的一代巨星。

在这颗曾经闪耀过的巨星的鼓舞下，你们会觉得造反有理，并且时常对结果抱有希望。罗马帝国时期，社会似乎就没给奴隶起义提供过优良土壤。纵观整个帝国历史，从来就没有过最终取得成功的奴隶起义，也很少有规模稍大一些的起义事件。到了公元3世纪之后，奴隶起义变得稍微频繁，著名的巴高达运动和亚哥尼斯特运动掀起不小的波澜，让帝国政府胆战心惊。

奴隶起义难以成功的原因很多，最重要的是帝国时期奴隶主普遍改善了与奴隶之间的关系。虽然奴隶受到的待遇仍然很差，但也不至于差到让人忍无可忍的地步。像你们主人这样残暴的奴隶主并不多见。另外，罗马军队的战斗力相当强，罗马人惩罚失败者的手段也相当残忍，令人发指。尽管奴隶会以斯巴达克斯为榜样，钉十字架的惩罚也让人望而却步。没有几个傻瓜甘愿拿生命冒险。再者，大多数奴隶起义缺乏斯巴达克斯这样优秀的领导者。

所以，你们的下场可想而知，起义百分之百会被罗马政府镇压，你们会遭到严厉的惩罚。但走这条路也许是你最正确的选择。为了自由和尊严而死，无怨无悔。

重获自由

尽管你可以漫无目的地虚度光阴，尽管你可以舍弃生命奋起抗争，但你决不能彻底放弃最后的希望——被主人释放，重获自由。对你这样一个奴隶来讲，这是最好最完美的结局。正因为美好，人家才不会轻易给你。从购买一个奴隶到把他养成壮劳力，要花费主人多少金钱和粮食？所以，你必须对主人或国家有独特的贡献，让人家觉得放了你没有吃亏。

为主人豢养牲畜的奴隶

奴隶逐渐变成隶农，隶农逐渐变成农奴，农奴逐渐变成农民，农民逐渐变成工人。这就是社会发展史。

最起码，你的工作态度要端正。既然不幸成了人家的生财工具，就该任劳任怨做好本职工作，给主人好好种地，好好挖矿，好好角斗……你让主人多收了三五斗，说不定哪天他一高兴就真的把你放了。这实在没谱，因为追求进步的奴隶多了去了。大家都在主人面前死皮赖脸争表现，谁知道主人最后青睐哪个？若是碰到狡猾阴险的主人，可算倒了大霉。他总是给你获得自由的希望，却始终不予兑现，迫使你加倍工作，以期达到主人满意的标准。你勤勤恳恳、呕心沥血给他劳动到死，也许都得不到释放，最后才明白自己陷入了一场骗局。可见，奴颜婢膝地期待主子开恩非常被动，你应该寻觅其他途径获得自由。

有些途径可遇不可求，但确实快捷。如果你在主人危难时挺身而出，救下主人并得以幸存，或者你因告发逃兵、揭露伪造货币活动而立功，国家法律规定主人必须放你为自由人。只要你的主人是公民，你一被释放就能得到罗马公民权或拉丁公民权，成为帝国的正式公民，命运也发生大逆转。正因如此，帝国政府始终担心奴隶主随意释放奴隶，会导致社会上从奴隶转化为公民的人数超过根正苗红的公民人数。4

在重重关卡设置下，符合释放条件的奴隶并不多，能被放出来的都是当之无愧的精英。你的主人打算释放你，他可以在某年某月某日召集一些朋友，然后开派对，在席间向众人宣布你已经成为自由人。为了确保合法性，主人请来的朋友不得少于5人，他们都是你获得自由的证人。

有时候，性格含蓄一些的主人不愿直接告诉大家你被释放了，而是用隐晦的方式让大家去揣测。比如，他突然请你和他共进晚餐，或者特许你穿戴公民的衣服，这些都是奴隶本不能享有的特权。既然你能和主人平起平坐了，就说明主人已经承认你为自由人。

但上述释放方法都不算正规路数，国家法律不会对你进行有力保护，奴隶主很容易出尔反尔，把你重新召回做奴隶。若你的主人诚心诚意释放你，他会把你带到政府长官面前，并请一个朋友假扮原告，主人自己假扮被告，双方各拿一根棍棒抵着你的身体做争斗状。原告声称你是自由人，被告予以肯定或不做争辩，长官则根据这种情况宣布你为自由人。获得解放之前还要演一出戏，不知罗马人脑子里是怎么想的。

你获得自由之后，不会和主人完全脱离关系，因为那是你的"恩人"。至少，你不能做出忘恩负义的举动，否则主人有权把你重新变成奴隶。当主人家道中落时，你还有支援并赡养主人的义务。虽然很难摆脱掉"恩人"的阴影，但不管怎样，你的枷锁已经去掉，现在可以放开手脚实现自己的价值了。罗马帝国任人唯贤，对优秀的被释奴钟爱有加，这可能是因为被释奴一无所有，也没有深厚的背景，干起活来比较卖力气。

正规军队也会向你们敞开大门，尤其在国家遭遇危难时，你们常常临危受命，拯救黎民于水火之中。公元9年条托堡森林战役之后，前线3个军团被全歼，日耳曼防线出现漏洞，帝国兵源出现紧缺，奥古斯都就用抽签的办法从服完军役的人和被释奴中选人当兵，在把他们招进军队后，就火速将其派到日耳曼尼亚地区支援。

有些被释奴在长期磨炼中获得充足的经验，混得相当好，甚至成为元首的救命恩人或好朋友。奥古斯都第11次成为执政官时突患重病，似乎好转无望。紧要关头，有个叫安东尼·穆萨的被释奴通过冷水浴和冷汤剂使他康复起来。作为报答，奥古斯都和元老院给穆萨一大笔钱，并且给予他戴金戒指的权利。穆萨还被免除了税收，其同行和后代也得到了这种恩泽。

有些被释奴还被元首派到行省去当高官。高卢人里希努斯曾被罗马军队俘虏过，成为朱利乌斯·凯撒的奴隶，然后得到释放并混入罗马帝国政界，最后竟被奥古斯都任命为高卢总督。很多飞黄腾达的被释奴摇身一变成为大富翁和奴隶主，他们这帮家伙发迹之后同样贪婪无耻，一点都不比原来的主人逊色。⛳···5

这些就是你们被释奴中的牛人，你可以拿他们当成功楷模，但千万不要学习他们的骄横跋扈。有了辉煌的今天，也别忘了凄惨的昨天。希望你能在自由大道上走得更远，珍惜这来之不易的解放。

注释

1　公元前264年，贵族德西穆斯·朱尼乌斯·佩罗的葬礼有3对角斗士表演。公元前183年，普布里乌斯·李锡尼乌斯的葬礼安排了60对角斗士助兴。

帝国初期，奥古斯都的宠臣阿格里帕的葬礼也安排了角斗士表演，除奥古斯都外，所有观看表演的人，包括阿格里帕的儿子，都穿着黑衣。

2　春暖花开时节，从4月28日持续到5月3日的花神弗洛拉节。由于春天来临，人们心中开始长草，欢乐放荡的气氛笼罩大地。剧场中的女演员演到兴头上甚至会脱光自己的衣服给大家看。

每100年才举办一次的塞丘拉瑞斯节。每年7月6日到13日的阿波罗那里斯节，是纪念太阳神阿波罗的节日。7月底举办的凯撒维多利亚节。顾名思义，这个节日是为凯撒和胜利女神维多利亚举办的。

9月4日到19日的罗马节。为了纪念大神朱庇特而出现的节日，规模非常大，有点罗马国庆节的味道。

10月15日的卡庇托林节。10月26日到11月1日的苏拉维多利亚节。最后还有11月4日的平民百姓节。

3　辛辛苦苦建立罗马帝国的奥古斯都不喜欢铺张浪费，另外也是为了防止贵族们借举办角斗表演笼络人心，所以曾经严格限制角斗活动。他规定没有元老院批准不许举办角斗表演，一年中顶多安排两次这类活动，招募的角斗士不许超过120人。

规定是这么规定的，却根本挡不住人们对角斗的狂热。若是哪个君主不让多搞角斗，他很容易失去老百姓的拥护。结果，连节俭狂人奥古斯都一辈子里都出钱组织了8次角斗，还有26次猎杀野兽活动。至于其他显贵组织的角斗活动则无法统计。

后来的大部分元首都迷恋并弘扬角斗活动。

喀劳狄曾组织19000名角斗士进行海战表演，可谓空前绝后。

图拉真也多次安排过千人以上的角斗。

血气方刚的康茂德甚至亲自披挂上阵，冒着被杀的危险参与角斗。自古常有君主爱江山更爱美人，却很少听说有爱江山更爱玩命的。

4　奥古斯都在遗嘱中说：不得给太多奴隶自由，以防止城中充斥贱民。帝国法律对释放奴隶进行了严格限制，设定了释放指标。比如，拥有3到10名奴隶的主人最多可以释放二分之一，拥有11到30名奴隶的主人最多可释放三分之一。这种规定带来一个奇怪现象：对一个奴隶主来说，拥有的奴隶人数越多，他可以释放的人数比例就越少。也就是说，假如你是主人唯一的奴隶，被释放的概率就特别高；假如你的主人拥有成百上干的奴隶，那希望就渺茫了。另外，奴隶主必须年满20岁才可以释放奴隶，而奴隶本人达到30岁才可以被释放。这种规定其实是为奴隶着想，罗马人认为大多数奴隶智商偏低，如果他们在很年轻时就被放掉，这群傻瓜恐怕会因为没有生活自理能力而饿死。

5　有个叫维狄乌斯·波利奥的被释奴，这个人没取得什么值得记载的成就，也从没做过任何光荣的事。然而，他的富有和残忍一度在罗马帝国闻名。

他曾在水槽中饲养巨大的鳗鱼，用来吞食令自己不满的奴隶。一次，当他宴请奥古斯都时，他的持杯者打破了一个水晶高脚杯。为此，波利奥命令手下当着元首的面把这个奴隶扔给鳗鱼。

男孩跪在奥古斯都面前哀求保护，元首力劝波利奥别做如此令人发指的事。看到波利奥毫不留情时，奥古斯都说："把你其他所有像这个杯子的酒器或者任何值钱的东西都拿给我用。"当这些东西被拿出来时，元首命令把这些杯子通通打碎。波利奥大怒，但是当他看到很多杯子被打破时，他就不再对那个高脚杯的破碎感到生气，也就不惩罚那仆人了。

第九章

你也许是蛮族的一员

生在罗马帝国时代，你很有可能不是罗马公民，甚至连罗马帝国境内的外邦人和奴隶都不是。你可能属于生活在罗马帝国边境之外，自由自在的另外一群人。罗马帝国那帮"文明人"称呼你们为"蛮族"。在他们眼里，你们野蛮、嗜血、暴力、落后、肮脏、垃圾、变态……

虽然不受罗马君主管辖，但你们是罗马帝国的近邻，始终都和罗马帝国有着千丝万缕的联系，无论是和平贸易还是残酷战争，你们命中注定要与这个庞大可怕的帝国博弈。

在文明史上，你们和罗马帝国绑定在一起。如果没有你们，罗马帝国的辉煌与伟大将因失去陪衬而无法显现；如果没有你们，罗马帝国这个越来越衰朽的巨人恐怕也不会轰然倒下。

你是哪里的野蛮人

在罗马人心目中，但凡和他们不是一回事的，除了希腊人都算野蛮人。你可能是迦太基人、凯尔特人、日耳曼人、斯拉夫人、印度人、埃及人、非洲黑人、柏柏尔人、阿拉伯人、西徐亚人、波斯人、犹太人、色雷斯人、匈人……

从对罗马帝国的影响力来看，波斯人、凯尔特人、日耳曼人和匈人是比较重要的"蛮族"，其他蛮族要么早就被罗马人彻底征服了，要么八竿子打不着。波斯人建立的帕提亚王国和萨珊波斯帝国在东方不断与罗马帝国角力，威胁着罗马帝国的安全。凯尔特人、日耳曼人和匈人则是罗马帝国在西北部、北部和东北部最主要的劲敌，与罗马帝国打的仗不计其数，与罗马帝国的攻守之势在几百年中发生戏剧性变化，最终取代罗马人成为欧洲文明传承者。如果你生在那个时代的欧洲，却又不是罗马帝国的臣民，那么最有可能是凯尔特人、日耳曼人或匈人。

凯尔特人

先假设你为凯尔特人。这是个什么族群？名字听起来挺熟悉，似乎 NBA（美国职业篮球联赛）中就有个"波士顿凯尔特人队"。现代西方人很敬佩历史悠久、骁勇善战、崇尚自由的凯尔特人，所以愿意用这个族名来命名球队。

你的祖先是过着游牧生活、说印欧系语言的游牧族群，早在公元前1000年左右就定居在中欧平原。渐渐地，凯尔特人占据了西欧和中欧大部分土地，分布在意大利北部、高卢、不列颠和伊比利亚半岛等地，几乎成了欧洲霸主。当时的罗马还是个名不见经传、鸟都不拉屎的小地方。

"凯尔特人"是希腊人给你们取的名字，后来罗马人由于最先接触了生活在高卢的凯尔特人，所以用拉丁语命名你的祖先为"高卢人"。说起和罗马人的第一次亲密接触，你听了肯定会感到自豪无比，因为你的祖先曾经干过一件惊天地、泣鬼神的大事。

那是公元前390年，凯尔特人组成大军从波河平原顺势南下，向尚处于发展初级阶段的罗马城进发，围攻那里达7个月之久。他们势如破竹，几乎把整个罗马城都夺下来了，很多历经百年才盖起来的建筑被毁，大批元老贵族以身殉国。眼看这个罗马文明就要被你的祖先扼杀在摇篮中。

整个罗马城还剩下一处高地没有被占领，便是朱庇特神庙所在地卡庇托林山。卡庇托林山面临台伯河，其余三面都是峭壁，易守难攻。山上有为数不多的精壮战士殊死把守，誓与罗马城最后一隅共存亡。凯尔特人反复进攻卡庇托林山，却被敌人一次次打退。据说你的祖先们打算趁夜色偷偷爬上山顶，杀罗马人个措手不及。不料山顶的鹅被爬山的声音惊醒，开始呱呱大叫，等于给罗马人拉响了警报，结果凯尔特人无功而返，还损失了很多弟兄。这个事很神，在罗马人的信仰中，朱庇特附到鹅身上，在危急关头拯救了罗马民族的命运。从那以后，鹅与罗马建城传说中的母狼有了同等待遇，都被罗马人视作神圣动物。

凯尔特人的英雄石像

总体来说，凯尔特文化比较落后，艺术水准也不高。当罗马文化渗透进来后，凯尔特文化被迅速击败了。

其实，凯尔特人并不是在这次反偷袭中被击溃的。如果你的祖先再多坚持一段时间，卡庇托林山上的罗马残部必定会因粮草断绝而陷入绝境，凯尔特人会成为历史改写者。不得不承认，你们凯尔特人当时没有什么大的理想和抱负，洗劫罗马城只是图一时之快，为了抢劫一些金银财宝而已。你们只知道烧杀抢掠，却没意识到这样做的后果是搞得自己也无粮可吃。遍布罗马街巷的死人开始腐烂发臭，滋生出可怕的瘟疫，习惯了自由生活的凯尔特人宛如堕入地狱，终于因为吃不消而主动放弃了对罗马的进攻。

应该说，这是个巨大的遗憾，也是个永远无法弥补的错误。你的祖先不懂什么叫放虎归山。凯尔特人爽了一次之后再也没创造过辉煌，后来被日渐壮大的罗马步步紧逼，大部分人沦为亡国奴。

罗马城经历过这次劫难之后，竟然创造了人类历史上的奇迹。它神话般地成为"永恒的城市"，下一次被蛮族攻陷，已经是800多年以后的事情了。绝境逢生的罗马人受到极大刺激，始终把你们凯尔特人视作心腹之患。罗马人在完成海外征服的过程中一直没忘记凯尔特人的威胁，相继吞并了被称作山南高卢的意大利北部地区、伊比利亚半岛和山北高卢的南部地区（今法国朗格多克与普罗旺斯一带）。

凯尔特人失去入侵意大利的跳板，只好退缩到山北高卢，做防守之势。罗马人是绝不会轻易放过凯尔特人的。公元前58—前50年，征服者凯撒为捞取政治资本，把侵略矛头指向了你们在欧洲大陆仅存的家园——山北高卢。面对狡猾的凯撒，不够团结的凯尔特人在8年"抗战"中徒劳无功，终被击破。高卢凯尔特人要么被杀，要么被抓去当奴隶，要么在时间长河中被罗马人同化，失去了民族特征。

大约100年后，元首喀劳狄派大军渡海作战，从凯尔特人手中夺取了不列颠岛的南方地区。至此，你们只能蜷缩在苏格兰、威尔士、爱尔兰和欧洲大陆的布列塔尼半岛一带，为了守住这最后的家园同罗马人顽强斗争。现代苏格兰、爱尔兰之所以有风笛、格裙、踢踏舞、凯尔特民谣之类的特色文化，都有赖于你们当年对家园的固守。苏格兰人和爱尔兰人算是和你们血缘最接近的后裔吧。

日耳曼人

你看到了，凯尔特人没有前途。如果你属于另外一个印欧语系的大民族——日耳曼人，情况就会大大不同。日耳曼人起源于北欧斯堪的纳维亚半岛，一个经常被冰雪覆盖的寒冷地方。这样的地理气候条件让你的祖先在进化过程中形成了高大身材、白皙皮肤、金黄头发、高耸鼻梁和蓝色眼睛（在那时候，金发碧眼不是时髦的标志，而是野蛮的标记），也形成了冲动勇猛、耐心有限、讨厌劳作的性格。

你们和长着黑色头发、身材相对矮小的罗马人在外貌上实在差别太大，文明发展程度也比凯尔特人更加落后，所以是当之无愧的"蛮族"。随着时间流逝，你的祖先想明白了一件事。既然北方的生活条件这么恶劣，何必要一辈又一辈地住在这个地方呢？最好的办法就是搬家。南边暖和，就往南方迁移吧。

你的祖先成群结队来到中欧，发现那里已经有人居住。可惜资源实在紧缺，一山不容二虎，经历过苦寒磨砺的日耳曼人三下五除二就把原住民轰走了，赶到莱茵河西岸。后来人证实，被轰走的那帮人正是另一伙蛮族——凯尔特人。

那些人是谁不重要，反正你们用相当长的时间占据了莱茵河以东，多瑙河以北，直到北海和波罗的海的广大土地。这里后来被罗马人称为大日耳曼尼亚，包括今天的德国、丹麦、挪威、瑞典、芬兰、波兰、捷克、斯洛伐克等国家。据罗马学者塔西佗评价：大日耳曼尼亚"景物荒凉，风光萧瑟，密树参天（应该是指黑森林），泥泞满地"，† 没有哪个罗马人愿意离开物产丰美的亚细亚、阿非利加和意大利搬到那个鬼地方去住。

退到莱茵河西岸的凯尔特人对你们祖先的到来无可奈何，只好承认这群不速之客的土地占领权。为了表明自己和你们不同，特将你们称为"邻人"。在凯尔特语中，"邻人"这个词的发音就是"日耳曼"。

凯撒征服高卢时，罗马人第一次侵入日耳曼人的土地，认识到这是和凯尔特人不同的另一伙人，于是凯撒在他的日记体史书《高卢战记》中第一次把凯尔特人所说的"日耳曼"这个词记载下来，传诸后世。

---

† 详见塔西佗《日耳曼尼亚志》。

然而，你们从来就没认可过"日耳曼人"这个概念，因为你们这个群体根本就是松散的，没有统一的政府，没有统一的步调，各个部落仅仅在文化上有些相似。罗马帝国处于兴盛阶段的时候，日耳曼人没有拧成一股绳，你们分为许许多多名不见经传的小部落，各自占据一块土地，各自和罗马人过不去，当然也就各自被罗马人击破。

罗马学者塔西佗总结归纳，公元1到2世纪时，日耳曼人按部落划分主要有马昔人、甘卜累威夷人、斯维比人、汪底利夷人、佟古累人、汪基约内斯人、特里波契人、讷美特斯人、乌比夷人、巴达威人、马提雅契人、卡狄人、腾克特累人、弗里喜人、卡乌奇人、凯鲁斯奇人、辛布里人、马可曼尼人、夸迪人……†

都是些什么古怪名字，恐怕连你都搞不清谁是谁。部落之间互相仇视，为争夺霸主地位而彼此攻伐的事情时有发生。元首提比略统治时期，日耳曼的斯维比人竟然要求与罗马人联合对付凯鲁斯奇人，因为双方为了争夺领导地位而反目成仇。

可笑的是，在号称自己是日耳曼人的部落中居然有一些是冒牌货。毕竟日耳曼人脸上没写着字，北欧各个蛮族的人在长相和穿戴上也差不多，很容易冒充。特瑞维累人和纳尔威夷人的部落就值得怀疑，没有人能证明他们是日耳曼人，其实他们很可能是凯尔特人，但这两个部落的人却喜欢打着日耳曼人的旗号做事，和相对懦弱的凯尔特人划清界限。

凯撒征服山北高卢之前，你们日耳曼人和罗马人没有什么直接接触，可以说井水不犯河水，因为中间有凯尔特人作为缓冲。唯独公元前2世纪末，来自丹麦的无所畏惧的辛布里人和条顿人（注意，德国人认为这支部落是他们的祖先，那时候就很猛）千里奔袭入侵罗马共和国领土，连续三次打败罗马军队，使罗马人继高卢之患后又一次有了大难临头的感觉。可惜，日耳曼人的这次冒险行动最终被罗马军事理论大师马略粉碎掉了。马略刚刚进行了军队体制改革，正好用前来进犯的日耳曼人做了试验，证明改革的成功。

山北高卢被并入罗马帝国后，莱茵河成为罗马帝国的边境线。罗马人妄图把

---

† 详见塔西佗《日耳曼尼亚志》。

边境线向东推进到易北河，所以你们日耳曼人自然而然变成了拦路石，与罗马人成为死敌。最初，你们根本不是罗马人的对手，多次被罗马大军横扫腹地，险些重蹈凯尔特人的覆辙。当然，这期间你们也打了几次漂亮仗，比如在条托堡森林成功伏击3个罗马军团那次战役，迫使奥古斯都放弃了东进易北河的战略构想。

一直到公元3世纪之前，罗马人都在气势上压过日耳曼人。公元2世纪末，元首马可·奥勒留指挥了针对马可曼尼人的战争。这是一次惨烈战争，罗马人费了九牛二虎之力才取得战争胜利。罗马人明显开始占下风了，对日耳曼人已经力不从心。

而你们日耳曼人却越来越猛，逐渐化零为整，原来的小部落变成了大部落。如果你活在这个时代，就会骄傲地说自己是法兰克人、东哥特人、西哥特人、盎格鲁－撒克逊人或是汪达尔人，而不再是佟古累人、凯鲁斯奇人、弗里喜人……日渐壮大的日耳曼人吹响了向老朽衰败的罗马帝国大举进攻的号角，你们将是历史大变革的推动者，你们终将结束一个旧时代，创造一个新时代。

日耳曼人的形象

日耳曼人比凯尔特人还落后，但他们具有强烈的向往自由的民族精神，所以不会被罗马人轻易征服。罗马人突入日耳曼人的腹地后就会成为强弩之末，根本无力拿下日耳曼人的生存空间。

匈人

你还可能是匈人。很长时间里，大家都认为你们来自中国北方的蒙古高原，在中国史书中被称作"匈奴"。因为从公元前2世纪到公元1世纪，汉王朝对匈奴发动猛烈攻击，导致匈奴分裂成南匈奴和北匈奴。南匈奴逐渐融入汉族，北匈奴则远走高飞，不知去向。有人认为，谜一般的北匈奴于300年后重新出现在东欧平原，自称"匈人"。

这种说法缺乏足够的实物证据，匈人源于匈奴仅是一种有趣的假设。和匈奴有关也好，无关也罢，匈人的确是彪悍的游牧民族。你的祖先素来以牧养马、牛、羊为生，起初居住在黑海北岸水草丰美的地方，而后渐渐向西迁移到潘诺尼亚，也就是现代匈牙利，先后与日耳曼人和罗马人发生交锋。

匈人对得起这个民族名字，外表看起来确实很"凶"（当然，这是个汉语译名的谐音哏）。你们身材矮小而粗壮，脑袋又大又圆，脸庞很宽，颧骨很高，鼻子很扁（的确具有蒙古人种特点），还喜欢在耳朵上佩戴一只耳环，头顶仅留一束头发，其余部分都剃光。穿着上，你们通常头戴兽皮帽，足登兽皮鞋，身穿一种长及膝盖的宽松长袍。袍子下面是宽大的裤子，用皮带在踝部扎紧。你们擅长骑马射箭，习惯把弓箭袋系在腰带左边，把箭筒吊在后腰。有个名叫乔达内斯的哥特人可能被你们的样子吓怕了，在他笔下，你们简直就是一群魔鬼：

"他们（匈人）会让敌人狼狈逃窜，因为他们的外表太吓人了。与其说他们长着脑袋，还不如说他们颈子上长着一个大肿块；与其说他们长着眼睛，还不如说他们长着一双针孔。这帮人对自己的孩童很暴虐，每当男孩子出生，他们就要在孩子脸上用刀剑刻画出伤痕，让他们在学会喝奶之前就知道怎样忍受伤痛。所以，他们不长胡子，而且没有美男子，刀疤阻碍了胡子的生长，破坏了他们的容貌。匈人动作敏捷，能骑善射。他们虽然属于人类，却如同野兽一般凶残。"

除了乔达内斯说的故意在孩子脸上制造疤痕外，你们还习惯用挤压的办法把孩子的鼻子弄扁，这样就能使其长得像魔鬼一样，让敌人见了胆战心惊。

你们在"上帝之鞭"阿提拉的领导下，于公元5世纪前半期达到鼎盛，曾经在东欧到中亚的广大区域内建立了一个强大的匈人帝国，把罗马人打得魂不附体。然而好景不长，伟大国王阿提拉死后，匈人帝国迅速解体。匈人也就在历史文献中消失了，可能悄无声息地融入了东欧各民族中。

第二节

你有多野蛮

好勇斗狠

为什么你被罗马人称为蛮族？一方面，罗马人高傲自大，目中无人；另一方面，你确实有野蛮表现。

在战争中好勇斗狠、生猛无畏是许多蛮族的鲜明特点，你们取胜主要靠的是顽强的斗志、充足的体力、凶狠的战法和熟悉的自然条件，而不像罗马人那样讲

日耳曼人的头盔

究什么战术、阵型、装备、指挥等文明的作战策略。说到底，理论家和书呆子在蛮族部落混不下去，因为在生产力相对落后的蛮族社会，大家崇尚的是丛林法则。

你们从小就被灌输弱肉强食理论，相信只有勇者才能生存在这个残酷的世界上。如果你的行为不够野蛮，就算没被野兽或敌人消灭掉，也会被自己人挤对死。能当上部落领袖的必定是最能打仗、最能杀敌、最不怕死的人。只有这样的人才可以震慑住整个部落的成员，领导大家共同生存下去，防止被敌人吞并。

在求生本能的天然刺激下，你们一个比一个武艺高强，一个比一个野蛮凶恶。如果你是匈人，战争中最常使用的武器是弓箭和标枪，近战使用长剑和套索。伴随首领一声令下，你骑着战马飞驰在战场上，依靠行动灵活迅疾的优势将敌人打得措手不及。敌人还没回过神的时候，已经被你的弓箭射死了。为震慑敌人，你喜欢把敌人的头颅割下来挂在战马身上，血淋淋地冲锋陷阵。这场面，看起来就像是从地狱冲出来的索命者。

凯尔特人打仗时经常使用战车 ⛳ ⋯⋯1和战马，用长剑和长盾作为武器，十分坚强，让凯撒花了至少8年时间才将山北高卢的凯尔特人征服。和日耳曼人比起来，凯尔特人还不够野蛮。这也许是因为山北高卢长时间毗邻罗马，被罗马奢靡的生活方式和璀璨的物质文明给腐蚀了。

凯尔特金币上的战车图案

战车在罗马帝国已经成为过时武器，在凯尔特人那里仍然是战场主力。尽管罗马人有破解战车的策略，但他们在飞驰而来的战车面前也吃尽了苦头。

如果你是日耳曼人,那你和他们不一样。在你们眼里,金银财宝和破瓶烂罐价值差不多,所以你们很难为物质所左右,意志更加坚定。你们小时候虽然不像匈人被家长毁容,但要习武健身,准备在长大一些后独自到丛林中去"猎头"(卡狄人的习俗)。

这里说的"猎头"并不是去其他部落挖人过来,而是凭自己的本事割取别人的头颅。只有当你拎一颗面目狰狞的人头回到部落时,大家才认为你成年了。"猎头"之前,你始终不能理发也不能刮胡子,直到成功杀死一个人才能剃去长长的须发。如果你胆子很小,"猎"不到头颅,就让头发胡子长着吧,你到老也会被看作未成年人,为大家所不齿。

经过猎头这一关考验,你会迅速成长为一名合格的战士,不但会骑马打仗,还会从马背上跳下来徒步与敌人搏斗。更酷的是,你骑马时,根本不屑于使用马鞍之类的玩意儿,在你们眼中,用马鞍的人通通是懦夫。然而,逞能需要代价,你被狂奔的战马摔下来负伤甚至死亡的概率很大。

上阵之前,你和同伴们齐声高唱大力神之歌,或者发出呼啸声,借着声音来壮胆,并根据呼啸的情形来预测这场即将开始的战役的胜负。如果呼啸声整齐洪亮,说明大家士气激昂、信心十足;如果呼啸声杂乱低迷,就说明大家士气不振、惊慌失措,得考虑撤退的问题。大多数情况下,你们会把盾牌举到唇边,尽力发出一种粗暴的声音,并借着盾牌造成的回音使喊声变为狂吼声。战斗中,你们的战术是密集突击并把锋刃指向敌人正面。看准了就下手,下了手就要狠。

你们胆子大不怕受伤,据塔西佗说,你们既不穿铠甲也不戴头盔,甚至你们拿的盾牌下面都没有金属或牛皮垫加固,只用柳条编成,或者只是薄薄的一层涂色的板子。由于日耳曼部落缺铁,所以你们不使用剑和长矛,而是使用一种叫"夫拉"的短矛。它带有一个尖尖的铁头,非常轻便,在近战和长距离作战中都很实用。此外,你们还要带上一束标枪,作为远距离攻击武器。

打仗的时候你们要遵守两个原则。一是不管前方搏斗是否正酣,都要冒死将战友的尸体抢回;二是无论丢掉什么都不能丢掉盾牌,否则会被视作奇耻大辱,回到部落后不得参加宗教活动,也不能出席人民大会。

你们爆发力很强，耐力却不行。如果不能在短时间内将敌人打败，则容易陷入被动局面。你的很多同伴在战局不利的时候会突然情绪低落，有人甚至不管三七二十一就逃跑。但你别这么做，因为失去理智逃跑的人会被部落抓起来绞死，或者被装到用树枝编成的囚笼中扔到沼泽里溺死。与其这样不光彩地死去，还不如死在战场上。

在和罗马军团的长期对抗中，你们吃了很多亏，也长了很多记性，逐渐认识到光靠勇猛冲锋是不能克敌制胜的，罗马人的军事技术非常值得学习。正所谓要"师夷长技以制夷"，至少在公元1世纪初，过去日耳曼人作战时那种混乱的队列或是分散的混战已经不复存在了。你们从对罗马人的长期战争中已经学会按照军旗的指挥作战，学会了排兵布阵，学会了配备后备部队来接应主力部队。掌握了先进的军事科学之后，你们也没有丢弃勇武凶狠的精神，两者的结合使你们把优点发挥到最大，罗马军队在你们面前变得笨拙、腐朽、不堪一击，所以日耳曼大军在未来战争中所向披靡，天下无敌，成为西方世界的主宰。

另类生活

蛮族被罗马人瞧不起，主要因为在经济和文化上确实落后于罗马人。你们和罗马人交锋时，大概还没彻底脱离氏族社会这个阶段，过着刀耕火种的生活。

你在蛮族聚居地过日子，根本享受不到罗马帝国那些优越生活，没有别墅，没有花园，没有喷泉，没有雕塑，没有剧场，没有浴室，没有盛宴，没有美酒……你居住的可能是帐篷、茅草屋，甚至可能是半地穴。在氏族部落中谋生，处于军事首领、长老和祭司的管制之下。

如果你是凯尔特部落的普通一员，你受到的待遇跟奴隶差不多，经常被势力强大的贵族欺负，所以不得不依附于某个贵族寻求保护。你唯一享有的权利是对妻子和儿女的家长权。也就是说，你在社会上天天受气，回到家就可以作威作福，拿老婆孩子当出气筒，甚至可以杀掉他们。那些贵族更过分，他们对老婆非常不好，死了以后还要由家属质询妻子。如果调查者发现他们的死是由妻子造成的，则要把妻子用火刑或其他酷刑处死。别看凯尔特部落很落后，你在这样的地方生活却不能乱说话。如果你从别处听到一些和部落有关的大事，就必须马上报告给贵族，不能泄露给其他人。除了在人民大会上可以畅所欲言外，你在平时根本不能议论国事。贵族们也不会让你们知道全部情况。他们要把不利的信息隐瞒起来，防止老百姓产生恐慌。

你们特别爱美，喜欢佩戴黄金制成的项圈和手镯。你们计算时间的方法很特别，别人都是以白天为准，你们却以夜晚为准。这是因为你们相信自己是黑夜之神的后裔。

说到信仰问题，神灵在你们的生活中占有很大一部分空间。你们崇拜很多个主宰自然万物的神，膜拜他们的简陋雕像，为他们献上供品。作为普通群众，你们无权和神灵直接沟通，要通过祭司来帮你们实现各种愿望。在你们的社区里，祭司是比贵族还高贵的人，他们不用交税，不用打仗，都是精英知识分子，懂得希腊语，还懂得宇宙理论。祭司传授知识的时候不喜欢编教材，而是习惯于口头传授，因为他们认为文字会让人懒惰，变得不愿意动脑筋去背诵经典或思考问题。

大英博物馆馆藏凯尔特人的黄金项圈

凯尔特女神埃波娜

埃波娜女神通常以骑马的形象出现，保佑牲畜，并带来丰饶，是凯尔特社会中备受推崇的神灵之一。

祭司的重要职责是主持祭祀仪式。你们凯尔特人最残忍的一面就体现在这里，因为你们献祭给神的不是马牛羊等牲畜，而是活生生的人。你曾经看到，在祭祀仪式上，那些犯有盗窃、抢劫罪行的人，或者是一些无辜的人被用作牺牲品。祭司命人把他们装在用柳条编成的人形笼子里，然后放到烈火之中烧烤，直到把他们烧成灰烬。有时候，主持献祭的人用刀子插进牺牲品的胸膛，让鲜血喷涌而出。这个残酷的宗教被称为德鲁伊教，凯尔特祭司被称为德鲁伊祭司。

山北高卢的凯尔特人被罗马人征服之后，逐渐接受了罗马的生活方式，杀人祭祀的恶习也被喀劳狄颁布法令废止了。估计只有不列颠岛和爱尔兰的凯尔特人仍然延续着自己的生活习惯。

如果你是日耳曼人，生活方式会更加另类。和凯尔特人相比，你们这样的普通部落成员和贵族的关系没那么紧张，至少不至于像奴隶那样依附于贵族。你们在人民大会上有表决权，若是赞同某个人的讲话，就用力挥舞手中的矛，若是不同意发言者的意见，则发出啧啧的叹息声，类似集体起哄。

你们特别尚武，不屑于静下心来老老实实地耕种庄稼，而是热衷于到别人那里去抢夺。打猎也是你们的一项重要谋生手段。作为日耳曼男人，你们可以整天无所事事，吃喝睡觉，把家中一切活计都交给女人来做。

凯尔特人知道住在一种叫"寨堡"的镇子里保护自己，而你们根本不懂得什么叫城市，所以通通住在荒野之中，天天在户外玩，和大自然非常亲近。你们的房子彼此不能挨着，要各找各的地方。泉水边、草地旁、树林里，随便哪儿都可以定居。你们的房子都是用原木建成的，没有一块石头也没有一片瓦，保证冬暖夏凉。但这样的房子容易失火，所以每座房子周围都必须留出很大一片空地作为隔离带。

为储存食物，你们喜欢挖地窖，夏天把猎物放进去，然后用粪土封上，等冬天再取出来享用。你们的穿戴特别朴素：男人通常只穿一件外衣，用钩子或荆棘作为腰带，由于衣服单薄，天冷的时候只好围坐在火堆边取暖，哪儿也去不了；女人的衣服和男人差不多，从来就没有薄透性感的装束。

女人们穿得如此朴素，因为她们根本不会像罗马女人那样用美色来引诱男性，她们一旦结了婚就会死心塌地跟着丈夫。你在日耳曼部落生活，也绝对不能贪恋女色。其实你也不会有这个念想，在你们那儿，如果一个人20岁前就掌握了关于女性的知识，是会被人看不起的，因为到成年后，这些事自然而然就不是秘密了，你可以和女同胞们一起在河中洗澡。

复原的凯尔特寨堡

凯尔特寨堡被罗马化后，就成了法国、比利时的许多城市的发源之地。巴黎就起源于塞纳河畔一个叫巴里西的凯尔特聚居地。

日耳曼民族宗教画多纳尔橡树

　　总体来说，你们日耳曼人很淳朴，几乎每个人都很热情好客、潇洒奔放。若是你们家来了客人，哪怕这个客人只是一个过路人，也会受到盛情招待。有时候，你家境况有些窘迫，实在拿不出好东西来待客，不要紧，把客人随便介绍给部落中的另一家人就行了。那家人会和你家人一样慷慨实在地给他好吃好喝，大麦酒、野果、野味、乳酪……通通奉上，一定要管饱，不醉不罢休。客人离开的时候，他想要什么就毫不吝惜地给他什么。除了喝酒没命，你们还有一项恶习——赌博。有的人竟然把自己都给赌进去了，甘愿成为赢家的奴隶。

　　信仰方面，你们有自己的一套神灵体系。歌谣是你们记载历史和神话的方式，世世代代都在传唱。动听、凄美的日耳曼民谣中，大地之神推斯托和他的儿子曼努斯是你们所有日耳曼人的祖先，奥丁是主神、托尔是雷神、提尔是战神、弗丽嘉是爱神、弗雷是光明之神、霍尔德尔是黑暗之神……♪……2你们从来都不给神灵塑偶像，因为你们认为把神放在神庙之中关起来或者用人的形象来表现神都是大不敬的行为。想祈祷的时候，就在祭司引导下到森林中或溪水旁默默许愿，祈求神的帮助。后来，随着生活空间的变化，你们集体放弃了这些朴素的信仰，转而信奉了一种新的宗教——基督教，并且把基督教文化发扬到极致。

第三节

你的前途何在

被敌人消灭

罗马帝国对你们这些人深恶痛绝，不断派兵对你们攻击扫荡。你们在与强大的罗马军队交锋的过程中败多胜少，不小心就被人家从肉体上消灭了，或者被抓为奴隶。

凯尔特人早在凯撒征服时代就遭到了毁灭性打击。例如有个叫纳尔维的部落，跟罗马军队打了一仗，结果惨败。600名长老只剩下3个人，6万名能打仗的男丁只剩下500人。连纳尔维这个部落的名字几乎都被消灭掉了。凯撒所到之处，除了大屠杀就是纵火抢掠。每一个村庄，每一座房屋，只要能看到的，就给烧掉，牲口也都杀掉，值钱的东西则被拿走。

雕塑：垂死的高卢人

这件雕塑脖子上戴着一根项圈，是典型的凯尔特人的装饰。

267

如果你是日耳曼人，下场也好不到哪里去。罗马帝国初期，罗马大军经常侵入你们的家园，实行种族灭绝行动。你们除了打过不多的几次漂亮仗外，基本都是罗马军团的手下败将，因战争而死亡成了家常便饭。

受帝国招安

死亡并不是你唯一的前途。在那个根本不存在什么爱国主义、民族主义、集体主义的年代，你完全可以投靠罗马人。作为蛮族，你有选择生活方式的自由，也有选择政治路线的自由。如果帮着罗马人去杀死自己的同胞能给你带来好处，你可以毫不顾忌地这样做。不管怎样，一切都是为了生存。

罗马帝国的统治者心胸开阔，也讲求实用，有时候不计较你的身份而拉拢你进入编制外军队——辅军。这样做是因为你的勇猛深得他们认可，你的加入能解决帝国边境驻防军的人力资源不足之困难。奥古斯都根据罗马共和国时期某位将军曾经有过的经验创建了第一支由蛮族组成的辅军。这支辅军来自一个叫作巴达威的日耳曼部落，那里出产优秀的骑手。奥古斯都在收编凯撒部队并与安东尼对抗时雇佣了这支部队，使之成为对抗敌人的撒手锏。

蛮族的马头装饰

这件马头装饰是波斯帝国的手工艺品。除了波斯人，凯尔特人、日耳曼人等蛮族也善于骑马打仗，这方面正是罗马人的软肋。所以，罗马军队急需征召归降的蛮族入伍当辅助部队，以弥补这个巨大的缺陷。

罗马化高卢的墨丘利浮雕

在罗马文化的强势作用下，被征服的蛮族的艺术融入了罗马元素，土洋一结合，看起来总是怪怪的。

内战结束后，辅军保留下来，得到进一步发展，成为罗马帝国军团之外的重要军事力量。辅军基本由不具备罗马公民权的臣服于罗马帝国的蛮族构成，分为步兵队和骑兵队，总兵力和军团差不多，部署在帝国边境线上，与邻近驻防军团形成呼应。

加入辅军后，你就穿上了罗马式军装，使用了罗马式武器，采用了罗马式战术，要一口气服役20多年，直到光荣退伍后才能得到罗马公民权。服役期间，你们的待遇要明显低于禁卫军和普通军团。也许，你一个小小的部落普通成员当初并不是投降罗马的积极分子，无奈部落领袖带着你们接受了帝国的招安。对蛮族贵族而言，投降和效忠罗马帝国给他们带来的好处显而易见。

除了在帝国获得正式身份，许多投降的蛮族贵族还会得到非常实惠的物质奖励。公元14年，日耳曼尼库斯大举进攻日耳曼人，在与宿敌阿尔米尼乌斯交战之前，罗马派出阿尔米尼乌斯的兄弟佛拉乌斯在威悉河边跟他喊话。佛拉乌斯说他的饷银大大提高了，还得到项链、花冠和其他军事战利品。同时，他还强调罗马的伟大和元首的威力，对阿尔米尼乌斯威逼利诱。

拿人钱财，就得替人消灾。罗马帝国不是白白养活你们的。必要的时候，你们要充作帝国的炮灰，冲在队伍最前面，帮帝国军团披荆斩棘，冲锋陷阵。不仅你们这些普通士兵要面临更多的死亡危险，你们的领袖也常常难逃负伤或被杀的命运。

正因为看到你们是一帮命不值钱的蛮勇武夫，帝国才越发喜欢招收蛮族进入军队。特别是在公元3世纪危机时，军阀们混战连连，彼此都大量征募蛮族入伍，希望能用奇兵制胜。到帝国末期，堕落的罗马公民已经变得胆小怯懦，手无缚鸡之力，只好把国防重任交给了越来越生猛的蛮族。罗马帝国的军队竟然被蛮族充斥。蛮族哪里还是辅助部队？简直成了主力部队。连你也感到纳闷，为什么自己这个异族人会成为罗马帝国的保护者。这是罗马帝国自己造成的，它终将为这种引狼入室的做法付出最为惨重的代价！

干掉罗马

如果你既不愿被消灭，也不愿彻底臣服于罗马，那么只有最后一条路可走——把罗马帝国灭掉。当然，这个难度不是一般大，罗马城不是一日建成的，罗马帝国也不是一天就能摧毁的。灭掉这个庞然大物并非一日之功，但你总会等来合适的机会。机会来临时，你发现这件事也不是想象中那么难，一切皆有可能。

其实，对你们蛮族来说，灭掉罗马并不是故意行为，纯粹是迫不得已。公元3到4世纪，你们生活的环境突然发生了变化，和以往相比，天气变得异常寒冷。原本生活在亚欧大陆北方的那些游牧民族熬不住了，要想继续生存就必须搬家到温暖地带去。南方水草充足，气候宜人，处处都是鸟语花香。可惜，已经有人住在那里了。

怎么办？去跟他们和平共处，搞共同开发？没门儿。蛮族从来都不知道什么叫合作，只信奉不是你死就是我亡的极端主义。于是，在东方，匈奴、鲜卑、羯、氐、羌各个游牧民族开始行动，他们移民到长城以内，趁汉人内战，占据了长江以北，建立起五花八门的小朝廷，号称五胡十六国。在亚欧大陆西方，匈人也开始行动，率先进攻顿河平原上的哥特人，把哥特人打得落花流水，宛如看到世界末日。

如果你是哥特人，迫于匈人穷追猛打，只好选择向西逃跑。一场多米诺骨牌效应就这样猛然开始。哥特部落分为西哥特与东哥特。西哥特人在灭亡罗马帝国这个犯罪行为中扮演了主犯角色。东哥特人以及法兰克人、汪达尔人、盎格鲁－撒克逊人等算是从犯。匈人则是犯罪的始作俑者。

你跟着西哥特人跑到罗马帝国东部的多瑙河边境，请求渡河获得庇护。当时，罗马帝国君主狄奥多西大发善心，允许这帮难民进入罗马帝国这边来避难，并邀请他们加入罗马辅助军队，和罗马人共同迎战汹涌而来的匈人。

罗马人对你们这帮难民并不友好，居然残酷地压榨你们，让你们刚出龙潭又入虎穴。公元395年，狄奥多西死了。罗马帝国掌控在他的两个儿子手中。这哥儿俩决定分家，于是罗马帝国一分为二，成了西罗马帝国和东罗马帝国。趁着这股混乱，你们决定脱离十恶不赦的罗马人，另起炉灶。大家一致推举一个人做起义的领袖，他叫亚拉里克，是个被载入史册的人。亚拉里克带领你们这群穿着罗马军服、拿着罗马武器的家伙开始"干革命"，一上来就洗劫了东罗马帝国所属的希腊地区，迫使雅典人交出了很多保命赎金。

东哥特人的黄金盘
谁说蛮族就知道好勇斗狠，茹毛饮血？你看这件金灿灿的精美的大盘子就是出自哥特工匠之手。社会总是发展的，不要老戴着有色眼镜去看别人。

西哥特人洗劫罗马城

亚拉里克率领的西哥特大军攻陷罗马城后大肆劫掠，任意破坏，这是罗马城的灾难，也是人类文明的灾难。罗马城终结了800年间没有被外族攻陷的神话，从此不再是永恒之城。

当你们正准备把矛头指向东罗马帝国首都君士坦丁堡时，识时务的君主阿卡狄乌斯见大事不妙，果断地许诺给你们送赎金，并不怀好意地说西罗马帝国更有钱。亚拉里克听了这话，得意地带大家去跟西罗马帝国要钱。没想到，西罗马帝国顽固得很，竟然拒绝了你们打劫的要求。

很快，西哥特人横扫意大利，三次包围罗马城。尽管在第三次包围的时候你们才攻入这座800年来都没有遭到外族侵袭的永恒之城，但每次包围都给罗马居民带去了沉重灾难。由于被围困时食物短缺，罗马市民陷入大饥荒，很多人饿死，连养尊处优的元老们都不得不变卖家当去换取劣质食品。饿疯的人们偷偷杀死同胞，把他们的肉吃掉，甚至一些母亲把自己的亲生孩子都杀掉吃了。由于城外墓地都控制在你们西哥特人手中，罗马人无处掩埋尸体，只好任由尸体散发出的臭气弥散在空气中。结果，瘟疫又夺走了很多人的生命。

为了解除包围，罗马城的居民只好同意给你们赎金。据说，第一次包围时给的赎金是5000磅金子、3万磅银子、4000件丝绸袍子、3000件质地上乘的红衣和3000磅胡椒。罗马城中那本来就已经不再富足的国库几乎空了。

西哥特人是不讲信用的，收了人家的钱却并不善罢甘休，你们终于在公元410年攻陷了罗马城，对这座有着千年历史的伟大的城市血腥洗劫。杀戮、强奸、纵火、破坏……犯罪行为在这座城市中遍地开花。你们的到来解放了受苦的奴隶，奴隶也加入你们的队伍对过去的主人进行清算。

你们几乎抢走了一切值钱东西，尤其金子和珠宝这些体积小、价值高的东西最受欢迎。罗马宫殿里的富丽堂皇的陈设也被哄抢一空，成柜的贵重餐具、成箱的丝绸衣物都被堆积在紧随蛮族部队的大车上。大量精美的艺术珍品被砸碎、熔化，变成容易拿走的贵金属。许多贵重的器皿被劈成碎片，以方便你们平均分赃。很多古典风格的建筑葬身于熊熊大火之中，万劫不复……

西哥特人大肆洗劫罗马城之后并没有占领它，而是扬长而去，转战到高卢南部和西班牙，在那里建立了西哥特王国。随后，法兰克人占据了高卢大部分地区；盎格鲁－撒克逊人侵袭了不列颠；汪达尔人占据了北非，并于公元455年渡海远袭罗马城，给这座城市再次带来致命之击。由于汪达尔人手段残忍、破坏严重，所以这种暴殄天物的行为后来被称为"汪达尔主义"。

匈人也在阿提拉领导下远征了高卢和意大利北部，毁坏了很多自古以来就有的城市。被匈人赶出家园的难民不屈不挠，他们在东北意大利一个河道众多、遍布岛屿的地方安顿下来，逐渐在那里建立了一座新城。这座新城的名字很好听，叫威尼斯。

可见，西罗马帝国不是被蛮族突然灭掉的，而是在几十年不断蚕食中被肢解的。到公元5世纪末，西罗马帝国只剩下意大利和罗马，回到了公元前2世纪罗马人打赢布匿战争之前的状态。

自从被西哥特人和汪达尔人洗劫之后，罗马城元气大伤，苟延残喘不了多长时间。公元476年，受了多年折磨的西罗马帝国终于得以解脱。一个叫奥多亚塞的蛮族军官将最后一任罗马君主赶下宝座，建立了意大利王国。西罗马帝国正式覆灭。那位被废掉的罗马君主的名字颇具讽刺意味，因为他姓奥古斯都，名叫罗慕路斯。回顾历史，罗马城以罗慕路斯为开始，罗马帝国以奥古斯都为开始，而这一切在辉煌之后却都终结在罗慕路斯·奥古斯都手中。古典时代终结，中世纪来临了！

 注释

📖1　战车这玩意儿在凯尔特人部队中大量装备，给敌人极大的震撼。凯撒《高卢战记》有这样的记载："他们使用战车作战的方式大致如下：首先第一步，他们驾了它到处驰突，发射武器，通常光它那马群所引起的恐慌和车轮的噪声，就足以使敌人的阵伍陷入混乱。他们突入骑兵的行列之后，便跳下战车来进行步战。同时驾车的人驱车退到离战斗不远的地方，把它们安放在那边，以便车上跳下来的战士们因敌人人数众多，陷入困境时，可以随时退回到自己人这里来。这样，他们在战斗中便表现得跟骑兵一样灵活，步兵一样坚定。再由于日常的应用和演习，他们的技术变得纯熟，即使从极陡的斜坡上冲下来，也可以把全速奔驰的马突然控制住，使它在一瞬间停止或打转。他们又能在车杠上奔跑，或直立在车轭上，甚至在车子飞奔时，也能从那边一跃上车。"

📖2　你们用这些神灵的名字来计算星期，所以就有了以战神提尔为名的 Tuesday（星期二）、以奥丁为名的 Wednesday（星期三，"奥丁"在你们语言中发音为"Woden"）、以雷神托尔为名的 Thursday（星期四）、以弗丽嘉为名的 Friday（星期五），而 Sunday（星期日）是日耳曼人祭太阳的日子，Monday（星期一）则是你们祭祀月亮的日子。至于 Saturday（星期六），是你们在接触了罗马文化后，用他们的农业神萨图恩命名的。

附录

罗马帝国大事记

公元前31年 亚克兴战役，屋大维击败安东尼和埃及女王克娄巴特拉的联军，取得罗马国家统治权。

公元前27年 屋大维以一系列改革建立元首制，上尊号奥古斯都，标志着罗马帝国的成立。

公元前19年 奥古斯都彻底征服西班牙。

公元前16年 达尔马提亚叛乱。

公元前14年 潘诺尼亚叛乱。

公元前12年 德鲁苏斯进攻日耳曼尼亚。

公元前9年 德鲁苏斯抵达易北河，不久病亡。

公元6年 潘诺尼亚起义。

公元9年 条托堡森林战役，罗马帝国3个军团被全歼。帝国势力被迫放弃易北河，撤回到莱茵河边境。

公元14年 奥古斯都去世，提比略继位，喀劳狄王朝开始。日耳曼尼亚军区和潘诺尼亚军区军团哗变。日耳曼尼库斯率军突袭日耳曼人，大获成功。

公元19年 日耳曼尼库斯疑被政敌害死。

公元26年 提比略退隐卡普里埃岛。

公元43年 罗马军团大举进攻不列颠岛，将不列颠南部划进帝国版图。

公元64年 罗马大火。

公元68年 尼禄自杀。加尔巴起兵。

公元69年 罗马帝国内战。

公元70年 韦斯巴芗建立弗拉维王朝。提图斯指挥第一次犹太战争。

公元79年 维苏威火山爆发，埋没庞贝城。

公元80年 罗马发生大火和瘟疫。

公元96年 元首图密善被刺身亡。元老涅尔瓦登基。安敦尼努王朝开始。

公元101—106年 图拉真发动两次达西亚战争，为罗马尼亚的形成奠定基础。

公元114年 图拉真发动帕提亚战争，占领两河流域，攻陷帕提亚首都忒息丰。罗马帝国疆域直抵波斯湾，达到史上最大范围。

公元132—135年 哈德良发动第二次犹太战争。耶路撒冷彻底被毁。犹太人从此开始了长达近2000年的海外流亡历程。

公元166年 罗马帝国势力退出美索不达米亚。

公元167年 瘟疫在罗马帝国大肆蔓延，死者无数。

公元168年 日耳曼的马可曼尼部落对罗马帝国发起进攻。蛮族开始定居在帝国北部边境，并大量加入罗马军队。

公元180年 "哲学家"元首马可·奥勒留病逝。

公元193年 塞普提米·塞维鲁建立塞维鲁王朝。

公元212年 卡拉卡拉颁布敕令，把罗马公民权授予帝国境内所有自由民。

公元253—268年 三十僭主时代。

公元284年 戴克里先结束混战，自封为"皇帝"，并进行了一系列政治、经济、军事改革。

公元313年 君士坦丁大帝颁布米兰敕令，宣布基督教的合法化。

公元330年 君士坦丁大帝将帝国首都迁到拜占庭，将这座城市改名为君士坦丁堡。

公元395年 罗马帝国分裂为东西两部分。

公元410年 西哥特人攻陷罗马城。西罗马帝国将首都迁往拉文那。

公元419年 西哥特王国建立。西罗马帝国失去西班牙和高卢南部。

公元439年 汪达尔王国建立。西罗马帝国失去北非。

公元451年 匈人与西罗马、西哥特联军大战于塞纳河畔。

公元453年 匈人之王阿提拉病逝。

公元455年 汪达尔人从北非渡海进攻意大利，血洗罗马城。

公元468年 东罗马帝国派大军支援西罗马帝国，与汪达尔人会战于北非迦太基。罗马人战败。

公元476年 日耳曼雇佣军领袖奥多亚塞废黜西罗马皇帝罗慕路斯·奥古斯都。西罗马帝国灭亡。

公元1453年 东罗马帝国灭亡。

罗马帝国君主世系表

公元前27—公元14年 奥古斯都

公元14—37年 提比略

公元37—41年 卡里古拉

公元41—54年 喀劳狄

公元54—68年 尼禄

公元68—69年 加尔巴

公元69年 奥托

公元69年 维特里乌斯

公元69—79年 韦斯巴芗

公元79—81年 提图斯

公元81—96年 图密善

公元96—98年 涅尔瓦

公元98—117年 图拉真

公元117—138年 哈德良

公元138—161年 安敦尼努·庇乌

公元161—169年 马可·奥勒留与路西乌斯·韦鲁斯共治

公元169—180年 马可·奥勒留

公元180—193年 康茂德

公元193年 佩提尼纳克斯

公元193年 迪迪乌斯·尤利安努斯

公元193—211年 塞普提米·塞维鲁

公元211—212年 卡拉卡拉与盖塔共治

公元212—217年 卡拉卡拉

公元217—218年 马克里努斯

公元218—222年 埃拉伽巴卢斯

公元222—235年 塞维鲁·亚历山大

公元235—238年 马克西米努斯·特拉克斯

公元238—244年 戈狄亚努斯三世

公元244—249年 阿拉伯人腓力

公元249—251年 德基乌斯

公元251—253年 特里博尼阿努斯·加卢斯与沃卢西阿努斯共治

公元253—260年 瓦勒良与伽利埃努斯共治

公元260—268年 伽利埃努斯

公元268—270年 喀劳狄二世与戈提乌斯共治

公元270—275年 奥勒良

公元275—276年 塔西佗

公元276—282年 普罗布斯

公元282—283年 卡鲁斯

公元283—284年 卡里努斯与纽麦里安共治

公元284—305年 戴克里先

公元286—305年 马克西米安

公元305—311年 加勒里乌斯，在不同阶段与他共同统治的有君士坦提乌斯一世、克罗鲁斯、塞维鲁二世、李锡尼、君士坦丁一世和马克西米亚努斯·达扎，在309年共有六位君主

公元311—324年 君士坦丁一世和李锡尼共治

公元324—337年 君士坦丁一世

公元337—340年 君士坦丁二世、君士坦提乌斯二世和君士坦斯共治

公元340—350年 君士坦提乌斯二世与君士坦斯共治

公元350—361年 君士坦提乌斯二世

公元361—363年 尤利安

公元363—364年 约维安

公元364—375年 瓦伦提尼安一世和瓦伦斯共治

公元375—378年 瓦伦斯、格拉先和瓦伦提尼安二世共治

公元378—395年 狄奥多西一世，自378年至383年与格拉先和瓦伦提尼安二世一同统治，自383年至392年与瓦伦提尼安二世和阿尔卡狄乌斯一同统治，自392年至他死去的395年与霍诺留一同统治

公元395年 罗马帝国被划分为东部和西部，自霍诺留以下至罗慕路斯·奥古斯都仅在西部统治。

公元395—423年　霍诺留

公元423—425年　乔安奈斯

公元425—455年　瓦伦提尼安三世

公元455年　佩特罗尼乌斯·马克西姆斯

公元455—456年　阿维图斯

公元457—461年　马约里安

公元461—465年　利比乌斯·塞维鲁

公元467—472年　安特弥乌斯

公元472年　奥吕布里乌斯

公元473—475年　尤里乌斯·内波斯

公元475—476年　罗慕路斯·奥古斯都

参考文献

一、中文译著及专著

1. 凯撒. 高卢战记 [M]. 任炳湘，译. 北京：商务印书馆，1979.

2. 加图. 农业志 [M]. 马香雪，王阁森，译. 北京：商务印书馆，1986.

3. 瓦罗. 论农业 [M]. 王家绶，译. 北京：商务印书馆，1981.

4. 塔西佗. 编年史（上下册）[M]. 王以铸，崔妙因，译. 北京：商务印书馆，1981.

5. 塔西佗. 历史 [M]. 王以铸，崔妙因，译. 北京：商务印书馆，1981.

6. 塔西佗. 阿古利可拉传 日耳曼尼亚志 [M]. 马雍，傅正元，译. 北京：商务印书馆，1959.

7. 苏维托尼乌斯. 罗马十二帝王传 [M]. 张竹明，王乃新，蒋平，等译. 北京：商务印书馆，1995.

8. 优士丁尼 †. 法学阶梯 [M]. 徐国栋，译. 北京：中国政法大学出版社，2005.

9. 奥维德. 情爱录 [M]. 黄建华，黄迅余，译. 北京：北京出版社，2004.

10. 吉本. 罗马帝国衰亡史（D.M. 洛节编本）（上下册）[M]. 黄宜思，黄雨石，译. 北京：商务印书馆，1997.

11. 罗斯托夫采夫. 罗马帝国社会经济史（全两册）[M]. 马雍，厉以宁，译. 北京：商务印书馆，1985.

12. 周枏. 罗马法原论（上下册）[M]. 北京：商务印书馆，2002。

13. 杨共乐. 罗马史纲要 [M]. 北京：东方出版社，1994.

14. 李雅书，杨共乐. 古代罗马史 [M]. 北京：北京师范大学出版社，2004.

15. 雷立柏. 简明拉丁语教程 [M]. 北京：商务印书馆，2010.

16. 勒特韦克. 罗马帝国的大战略：从公元一世纪到三世纪 [M]. 时殷弘，惠黎文，

---

† 查士丁尼的另一音译方式。

译. 北京：商务印书馆，2008.

17. 高福进，侯洪颖. 角斗士：一段残酷历史的记忆 [M]. 上海：上海辞书出版社，2006.

18. 沃尔夫. 剑桥插图罗马史 [M]. 郭小凌，晏绍祥，崔丽娜，等译. 济南：山东画报出版社，2008.

19. 瓦歇尔. 罗马帝国 [M]. 袁波，薄海昆，译. 西宁：青海人民出版社，2010.

20. 马尔蒂诺. 罗马政制史 [M]. 薛军，译. 北京：北京大学出版社，2009.

二、洛布古典丛书（哈佛大学出版社）

1. JUVENAL, PERSIUS. Juvenal and Persius[M]. BRAUND S M, trans. Cambridge, MA: Harvard University Press, 2004.

2. HORACE. Odes and Epodes[M]. RUDD N, trans. Cambridge, MA: Harvard University Press, 2004.

3. PLINY. Natural History, Volume IX: Books 33-35[M]. RACKHAM H, trans. Cambridge, MA: Harvard University Press, 1952.

4. PLINY. Natural History, Volume X: Books 36-37[M]. EICHHOLZ D E, trans. Cambridge, MA: Harvard University Press, 1962.

5. CELSUS. On Medicine, Volume I: Books 1-4[M]. SPENCER W G, trans. Cambridge, MA: Harvard University Press, 1935.

6. CELSUS. On Medicine, Volume II: Books 5-6[M]. SPENCER W G, trans. Cambridge, MA: Harvard University Press, 1938.

7. CELSUS. On Medicine, Volume III: Books 7-8[M]. SPENCER W G, trans. Cambridge, MA: Harvard University Press, 1938.

8. VITRUVIUS. On Architecture, Volume I: Books 1-5[M]. GRANGER F, trans. Cambridge, MA: Harvard University Press, 1931.

9. VITRUVIUS. On Architecture, Volume II: Books 6-10[M]. GRANGER F,

trans. Cambridge, MA: Harvard University Press, 1934.

10. Anon. Historia Augusta, Volume I[M]. MAGIE D, trans. Cambridge, MA: Harvard University Press, 1921.

11. Anon. Historia Augusta, Volume II[M]. MAGIE D, trans. Cambridge, MA: Harvard University Press, 1924.

12. Anon. Historia Augusta, Volume III[M]. MAGIE D, trans. Cambridge, MA: Harvard University Press, 1932.

13. JOSEPHUS. The Jewish War, Volume I: Books 1-2[M]. THACKERAY H St J, trans. Cambridge, MA: Harvard University Press, 1927.

14. JOSEPHUS. The Jewish War, Volume II: Books 3-4[M]. THACKERAY H St J, trans. Cambridge, MA: Harvard University Press, 1927.

15. JOSEPHUS. The Jewish War, Volume III: Books 5-7[M]. THACKERAY H St J, trans. Cambridge, MA: Harvard University Press, 1928.

16. CASSIUS D. Roman History, Volume IV: Books 41-45[M]. CARY E, FOSTER H B, trans. Cambridge, MA: Harvard University Press, 1916.

17. CASSIUS D. Roman History, Volume V: Books 46-50[M]. CARY E, FOSTER H B, trans. Cambridge, MA: Harvard University Press, 1917.

18. CASSIUS D. Roman History, Volume VI: Books 51-55[M]. CARY E, FOSTER H B, trans. Cambridge, MA: Harvard University Press, 1917.

19. CASSIUS D. Roman History, Volume VII: Books 56-60[M]. CARY E, FOSTER H B, trans. Cambridge, MA: Harvard University Press,1924.

20. CASSIUS D. Roman History, Volume VIII: Books 61-70[M]. CARY E, FOSTER H B, trans.Cambridge, MA: Harvard University Press, 1925.

21. CASSIUS D. Roman History, Volume IX: Books 71-80[M]. CARY E, FOSTER H B, trans. Cambridge, Mass: Harvard University Press, 1927.

22. PLINY, Radice. Letters, Volume I: Books 1-7[M].BETTY, trans.

Cambridge, MA: Harvard University Press, 1969.

23. PLINY, Radice. Letters, Volume II: Books 8-10[M]. BETTY, trans. Cambridge, MA: Harvard University Press, 1969.

三、英文专著

1. CSAPO E. Actors and Icons of the Ancient Theater[M]. Chichester, UK: Wiley-Blackwell, 2010.

2. SANDRA R, JOSHEL. Slavery in the Roman World[M]. Cambridge, UK: Cambridge University Press, 2010.

3. MAAS M. Readings in Late Antiquity: A Sourcebook[M]. London: Routledge, 2010.

4. MEIJER F. Chariot Racing in the Roman Empire[M]. WATERS L, trans. Baltimore, MD: Johns Hopkins University Press, 2010.

5. ERIC M, ORLIN. Foreign Cults in Rome: Creating a Roman Empire[M]. Oxford: Oxford University Press, 2010.

6. RIGGSBY A M. Roman Law and the Legal World of the Romans[M]. Cambridge, UK: Cambridge University Press, 2010.

7. KELLY C. The End of Empire: Attila the Hun and the Fall of Rome[M]. New York: W. W. Norton & Company, 2009.

8. ANDO C. The Matter of the Gods: Religion and the Roman Empire[M]. Berkeley, CA: University of California Press, c2008.

9. COOLEY M G L. The Age of Augustus[M]. WILSON B W J G, trans. ABDY R A, et al, major contr. London: London Association of Classical Teachers, 2003.

10. CUOMO S. Technology and Culture in Greek and Roman Antiquity[M]. Cambridge, UK: Cambridge University Press, 2007.

11. HINNELLS J R. A Handbook of Ancient Religions[M]. Cambridge,

UK: Cambridge University Press, 2007.

12. DE BLOIS L, ELIO L C. The Impact of the Roman Army (200 B.C. —A.D. 476): Economic, Social, Political, Religious, and Cultural Aspects[M]. HEKSTER O, DE KLEIJN G, contr. Leiden: Brill, 2007.

13. RIVES J B. Religion in the Roman Empire[M]. Malden, MA: Wiley-Blackwell, 2006.

14. DE STE CROIX G E M. Christian Persecution, Martyrdom, and Orthodoxy[M]. Whitby M, STREETER J, ed. Oxford: Oxford University Press, 2006.

15. HUMPHRIES M. Early Christianity[M]. London: Routledge, 2006.

16. POTTER D S. A Companion to the Roman Empire[M]. Malden, MA: Wiley-Blackwell, 2006.

17. ERDKAMP P. The Grain Market in the Roman Empire: A Social, Political and Economic Study[M], Cambridge, UK: Cambridge University Press, c2005.

18. KONIG J. Athletics and Literature in the Roman Empire[M]. Cambridge, UK: Cambridge University Press, 2005.

19. WINKLER M M. Gladiator: Film and History[M]. Malden, MA: Wiley-Blackwell, 2005.

20. WOLFRAM H. The Roman Empire and Its Germanic Peoples[M]. DUNLAP T, trans. Berkeley, CA: University of California Press, 2005.

21. GRUNEWALD T. Bandits in the Roman Empire: Myth and Reality[M]. DRINKWATER J, trans. London: Routledge, 2004.

22. MCHARDY F, MARSHALL E. Women's Influence on Classical Civilization[M]. London: Routledge, c2004.

23. ROYMANS N. Ethnic Identity and Imperial Power: the Batavians in the Early Roman Empire [M]. Amsterdam: Amsterdam University Press, c2004.

24. BURNS T S. Rome and the Barbarians, 100 B.C. —A.D. 400[M]. Baltimore, MD: Johns Hopkins University Press, 2003.

25. DICKIE M W. Magic and Magicians in the Greco-Roman World[M]. London: Routledge, 2001.

26. NOVAK R M. Christianity and the Roman Empire: Background Texts[M]. Harrisburg, PA: Trinity Press International, c2001.

27. SANTOSUOSSO A. Storming the Heavens: Soldiers, Emperors, and Civilians in the Roman Empire[M]. Boulder, CO: Westview Press, c2001.

28. ANDO C. Imperial Ideology and Provincial Loyalty in the Roman Empire[M]. Berkeley, CA: University of California Press, c2000.

29. HUSKINSON J. Experiencing Rome: Culture, Identity and Power in the Roman Empire[M]. London: Routledge in association with Open University Press, 2000.

30. BARBARA L. The Government of the Roman Empire: A Sourcebook[M]. London: Routledge, 2000.

31. LAURENCE R, BERRY J. Cultural Identity in the Roman Empire[M]. London: Routledge, 1998.

32. TURCAN R. The Cults of the Roman Empire[M]. Cambridge, MA: Blackwell Publishers, 1996.

33. DUNCAN-JONES R. Money and Government in the Roman Empire[M]. Cambridge, UK: Cambridge University Press, 1994.

34. CHEVALLIER R. Roman Roads[M]. FIELD N H, trans. Berkeley, CA: University of California Press, 1976.

35. MACMULLEN R. Romanization in the Time of Augustus[M]. New Haven, CT: Yale University Press, 2000.

36. JONES M W. Principles of Roman Architecture[M]. New Haven, CT: Yale

University Press, 2000.

37. ADKINS L, ADKINS R. Handbook to Life in Ancient Rome[M]. New York: Facts on File, 1994.

38. FREEMAN P. War, Women and Druids[M]. Austin, TX: University of Texas Press, 2002.

39. Anon. The Roman Empire: Augustus to Hadrian[M]. SHERK R, trans. Cambridge, UK: Cambridge University Press, 1988.

40. DAVIES R W. Service in the Roman Army[M]. BREEZE D J, MAXFIELD V, ed. Edinburgh: Edinburgh University Press, 1989.

41. RENATUS F V, MILNER N P. Epitome of Military Science[M]. MILNER N P, trans. Liverpool: Liverpool University Press, 1993.

42. SHERWIN-WHITE A N. The Roman Citizenship[M]. Oxford: Oxford University Press, 1973.

43. WEBSTER G. The Roman Imperial Army[M]. New York: Barnes & Noble Books, 1985.

44. CAMPBELL B. The Roman Army, 31 B.C. —A.D. 337: A Sourcebook[M]. London: Routledge, 1994.

45. BOWMAN A, CHAMPLIN E, LINTOTT A. The Cambridge Ancient History, Volume X: The Augustan Empire, 43 B.C. —A.D. 69[M]. Cambridge, UK: Cambridge University Press, 1996.

46. GARNSEY P, RATHBONE D, BOWMAN A. The Cambridge Ancient History, Volume XI: The High Empire, A.D. 70—192[M]. Cambridge, UK: Cambridge University Press, 2000.

47. BOWMAN A, CAMERON A, GARNSEY P. The Cambridge Ancient History, Volume XII: The Crisis of Empire, A.D. 193—337[M]. Cambridge, UK: Cambridge University Press, 2005.

48. CAMERON A, GARNSEY P. The Cambridge Ancient History, Volume XIII: The Late Empire, A.D. 337—425[M]. Cambridge, UK: Cambridge University Press, 1998.

49. WARD-PERKINS B, WHITBY M. The Cambridge Ancient History, Volume XIV, Late Antiquity: Empire and Successors, A.D. 425—600[M]. Cambridge, UK: Cambridge University Press, 2000.

图书在版编目（CIP）数据

如果你生在罗马帝国 / 薄海昆著. -- 长沙：湖南文艺出版社, 2023.6

ISBN 978-7-5726-1143-8

Ⅰ.①如… Ⅱ.①薄… Ⅲ.①罗马帝国—历史—通俗读物 Ⅳ.①K126-49

中国国家版本馆 CIP 数据核字（2023）第 072399 号

上架建议：历史·文化·世界史

RUGUO NI SHENG ZAI LUOMA DIGUO
如果你生在罗马帝国

著　　者：薄海昆
出 版 人：陈新文
项目策划：崔　岩
责任编辑：刘雪琳
监　　制：张　娴　魏　丹　毛闽峰
策划编辑：云　逸
特约编辑：史义伟
文字编辑：朱东冬
营销编辑：张　丛　刘　珣　焦亚楠
封面设计：何　睦　王喜华
封面绘画：stano
版式设计：田金泓
出　　版：湖南文艺出版社
　　　　　（长沙市雨花区东二环一段 508 号　邮编：410014）
网　　址：www.hnwy.net
印　　刷：北京尚唐印刷包装有限公司
经　　销：新华书店
开　　本：787 mm×1092 mm　1/16
字　　数：305千字
印　　张：19
版　　次：2023 年 6 月第 1 版
印　　次：2023 年 6 月第 1 次印刷
书　　号：ISBN 978-7-5726-1143-8
定　　价：78.00 元

若有质量问题，请致电质量监督电话：010-59096394
团购电话：010-59320018